Brigitte Klump, Tochter eines Landwirts, studierte Journalistik an der Karl-Marx-Universität in Leipzig und Publizistik an der Freien Universität in West-Berlin. Während ihres Studiums lernte sie Helene Weigel kennen, Wieland Herzfelde, Wolf Biermann, Reiner Kunze und viele andere Künstler und Intellektuelle der DDR. Sie lebt heute mit ihrer Familie in Bayern. Ihr erstes Buch »Das rote Kloster«, ebenfalls ein zeitgeschichtliches Dokument, erregte großes Aufsehen.

Von der Autorin erweiterte und aktualisierte Taschenbuchausgabe
Droemersche Verlagsanstalt Th. Knaur Nachf. München
Lizenzausgabe mit freundlicher Genehmigung der
F. A. Herbig Verlagsbuchhandlung, München

Satz IBV Lichtsatz KG, Berlin
Druck und Bindung Clausen & Bosse, Leck
Printed in Germany · 1 · 8 · 184
ISBN 3-426-03717-3

1. Auflage

Brigitte Klump:
Freiheit hat keinen Preis

Ein deutsch-deutscher Report

Knaur

ISBN 3-426-03717-3 780

Traum

Eine menschenleere Straße führt auf eine Fassade zu. Eine prächtige Fassade mit Säulen und Steinfiguren, reichgegliedert wie ein griechischer Tempel. Die Säulen tragen einen steinernen Sims. Hinter der Fassade ist – nichts. Kein Tempel. Nichts. Steinerne Figuren, vergoldet, blitzen in der Sonne. Funkelnde Reflexe tanzen über rosa und hellblau getünchte Säulen, pastell-geschminkt, aufgeputzt wie eine Hure.

Die Tempelfassade ist Theaterfassade.

Eine Stimme sagt: Wer hinaufsteigt, bringt sie zum Einsturz.

Zwei Menschen wollen hinaufsteigen.

Warnend rufe ich ihnen zu:

»Wer hinaufsteigt, stürzt ab!«

Sie hören nicht auf mich, klettern hinauf.

Das Blendwerk kracht in allen Fugen, wankt, stürzt zusammen. Staub steigt auf, verdunkelt den Himmel. Menschen strömen herbei, diskutieren, eine aufgeregte Menge. An die Verschütteten denkt niemand.

Begeistert rufe ich meinen Mann in der Redaktion an. »Jetzt ist die Fassade eingestürzt. Der Prophet hat recht gehabt. Er hat gesagt, sie wird einstürzen. Aber sie wollten nicht glauben, sie sind raufgeklettert.«

»Sind sie tot?«

»Tot? Weiß ich nicht.«

»Was kümmert das auch einen Idealisten.«

»Hör doch mal, der Prophet hat recht gehabt, sie sind abgestürzt, und mit ihnen ist dieses schreckliche Bauwerk zusammengekracht. Der Prophet hat recht gehabt, darum geht's!«

»So? Ich denke, es geht dir um die Menschen?«

»Sie waren gewarnt, sie haben nicht hingehört. Aber das Bauwerk ist weg, nur noch Schutt. Und weißt du, was hinter dem Schutt zu sehen ist?«

»Na?«

»Eine Straße. Eine freie Straße.«

Inhalt

Vorwort

›Hüte dich, bleib wach und munter…‹

Mit diesen Worten endet Eichendorffs Gedicht »Zwielicht«. Eine Mahnung, nicht nur für die Stunde der spürbaren Unsicherheit, der sichtbaren Gefahr.
Brigitte Klump hat diese Mahnung vernommen. Ihre Bücher zeugen davon. Bislang liegen uns zwei vor: »Das rote Kloster« und »Freiheit hat keinen Preis«. Sie gehören thematisch zusammen, bedingen und erklären einander und sollten nicht eines ohne das andere gelesen werden.
Es sind Werke zur Verteidigung der Rechte der Person. Ihre Erfahrungen teilt Brigitte Klump sachlich und sachkundig mit. Sie versteht es, die Nöte der Menschen zu artikulieren, unpathetisch, ohne gehässige Töne. Dennoch sind ihre Werke ein Protest. Die Denkanstöße kamen zunächst von Brechts Frau, Helene Weigel, von ihrer Einsicht, ihrer Entschiedenheit. Dann gehen sie von einem geheimnisvollen Botschafter aus, von seiner Menschenkenntnis, seiner Umsicht, seiner Gelassenheit.

»Das rote Kloster« – so heißt im Volksmund die Sektion Journalistik der Karl-Marx-Universität Leipzig, de facto ein Lehr- und Lerninstitut des ZK der SED, das nur formal der Universität unterstellt ist. Es dient der Ausbildung der »führenden Kader der Nation«. Das pädagogische Ziel ist der sozialistische Journalist, dessen dreifache Aufgabe Lenin in seiner Schrift »Womit beginnen« formuliert hat: als Agitator, Propagandist und Organisator hat er Sprachrohr der Partei, Kontrolleur und Erzieher der Masse zu sein.
Sich der Überwachung der Partei unterzuordnen, ist eine Frage von Ruhm und höchster Ehre. Nicht jedem, dessen Geist (noch) zu schwach oder schlecht arbeitet, ist das ohne weiteres einsichtig. Deshalb tut Schulung not. Die Erteilung des Diploms ist abhängig vom erfolgreichen Nachweis erfüllter Bewährungsaufgaben für das MfS. Diplomanden genießen das Privileg, zeitlebens zur Nomenklatura zu gehören. Sie können in unaufhaltsamem Aufstieg zu höchsten Staatsstellen gelangen.
Brigitte Klump studierte an der Fakultät Journalistik in den Jahren

1954–1958. Viele ihrer Kommilitonen gehören heute zu den Personen, die in der DDR die Hebel der Macht in den Händen halten – eine Chance, die Brigitte Klump verspielt hat. Sie gehörte nicht zu den »Stahlharten«, aus deren Reihen die »Verläßlichen« hervorgehen.
Mehrmals hat sie erklärt, warum sie zwanzig Jahre gezögert hat, ihr erstes Buch zu schreiben: sie brauchte die *Entwicklungsbögen* der Personen, um ihnen nicht durch einen vorzeitigen Bericht Unrecht zu tun. Heute noch ist sie äußerst diskret. Auskünfte geben, die jemandem schaden könnten, ist ihre Sache nicht. Sie versteht es, geflissentlich zu überhören. Oder sie wehrt bescheiden lächelnd ab. Überheblichkeit ist ihr fremd. Charme und eine gewisse Unbekümmertheit sind manchmal ihre Tarnkappe – wenn sie nichts mehr zu sagen und eben doch unsagbar viel zu sagen hat. Hüte dich, bleib wach und munter ...

Ihr literarisches Thema heißt: Manipulation. Die Verführbarkeit des Menschen zum Zwecke der Machterlangung, Machterhaltung, Machtverteidigung. Das Aufdecken der Doppelzüngigkeit, der listenreichen Spiele und erfindungsreichen Lügen, die man aus einem Körnchen Wahrheit züchtet und die erhabenen Zielen dienen.

Am Anfang war die Fraglosigkeit. Die Überzeugung, mit der eigenen Arbeit zum Sieg einer herrlichen Sache beizutragen, deren kleiner, aber wichtiger Bestandteil man ist. Lehrsätze nicht zu glauben, ohne sie zu überprüfen, ist eine Unsitte der Skeptiker und verrät Mangel an proletarischem Bewußtsein. Man lerne die Antworten und suche nicht zu verstehen, was über menschliches Verständnis hinausgeht.
Natürlich gibt es Verdrießlichkeiten aller Art, aber man fühlt sich durch die Gewißheit entschädigt, einer neuen, einer freudenreichen Welt anzugehören, einer garantiert glücklichen Zukunft. Den Kapitalismus zu kritisieren, ist nicht schwer. Man kann es mit der ehrlichsten Überzeugung tun. In den kapitalistischen Ländern herrschen krasser Egoismus, Besitzdenken, unnütze Schöngeisterei, Gefühlsluxus, *taedium vitae*. Ästhetische Kultur ist unverbindlich. Die Menschen leben ziellos, ohne Ideal, verkümmerten Beziehungen und labilen Selbstgefühlen ausgeliefert. Ihr psychischer Überdruß gründet im materiellen Überfluß. Sowieso ist unvorstellbar, daß jemand denken könne, ohne Marx gelesen zu haben. Eine verhätschelte Gesellschaft, aber auch eine brutale Gesellschaft. Das Recht ist dort eine Fiktion, es

regiert die nackte Gewalt. Unfreiheit und Ungleichheit bestimmen die Existenz. Was Brüderlichkeit bedeutet, hat man nie erkannt oder längst vergessen. Kurzum: ein Leben in Saus und Graus.
Doch dann kam der Zweifel.
Sind da nicht schielende Augen, lauschende Ohren? Zeugt Hartnäkkigkeit im Eigenlob von einem gesunden Selbstvertrauen?
Die Partei, die Partei hat immer recht.
Hat sie immer recht?
Sie verteidigt die Menschheit, heißt es. So weit, so gut. So gut? Wie verteidigt sie eigentlich die Menschheit? Freunde, oder solche, die man dafür hielt, gestehen, daß sie von der Partei zu Gedankenwächtern bestellt wurden. Denunziantentum hat die Würde einer Tugend.
Das Kriterium der Selektion heißt Anpassung an die politische Linie. Die größten Erfolgsaussichten haben die Mittelmäßigen, die servilen Kreaturen, die schlauen Klein Zaches, die windig-pfiffigen Opportunisten. Geringe Talente werden gestärkt, große vernichtet, da sie häufig von Skrupel-Bakterien infiziert sind.
Aber kann man eigentlich selbst noch unterscheiden, was eigen ist und was angelernt? Hat das Sein schon das Bewußtsein verändert? Ist man nicht schon so verwachsen mit der Rolle, daß man alle erdenklichen Mittel der Täuschung gebrauchen und dabei sogar eine gewisse Befriedigung empfinden mag?
Ist man nicht selbst schon abgetragen und neu zusammengesetzt? Sind alle irrationalen Neigungen schon kanalisiert, alle Emotionen dienstbar gemacht?
Nein. Da ist eine breite Zwischenzone, die zur Wachsamkeit veranlaßt. Indem man die Lebensweisen verändert, verändert man nicht grundsätzlich und bei jedem die Denk- und Verhaltensweisen.
Ein Huhn kann man schließlich nicht das Schwimmen lehren, einen Fisch nicht das Gehen, einen Igel nicht das Fliegen.
Singt der Rabe wie die Nachtigall?
Gibt es nicht bei aller Gleichheit ein Recht auf Ungleichheit? Natürlich ist man guten Willens und begreift den Menschen in seiner Funktion als Kollektiv-Wesen. Aber hat er nicht auch ein Bedürfnis nach spontanem Verständnis, nach nicht gesteuerten Aktionen? Wo Unterordnung die geforderte Norm ist, muß Selbständigkeit, auch die des Geistes, gerade die des Geistes, als verwerflich gelten. Eine Obrigkeit, Anhänger »kollektiven Persönlichkeitsumbaus durch Umerziehung«, muß individuelle Regungen als feindliche Regungen werten.

Aber heißt es nicht in Goethes »Maximen und Reflexionen«: »Was nicht originell ist, daran ist nichts gelegen, und was originell ist, trägt immer die Gebrechen des Individuums an sich«?
Und hat schließlich nicht selbst Marx behauptet: »Jeder Tautropfen, in dem die Sonne scheint, glitzert in unerschöpflichem Farbenspiel, aber die geistige Sonne, in wie vielen Individuen, an welchen Gegenständen sie sich auch breche, soll nur eine, nur die offizielle Farbe erzeugen dürfen!«
Man kann es nachlesen in der Schrift »Über die neueste preußische Zensurinstruktion«.
Wo bleibt im Indikativ des Alltags der Optativ der Phantasie? Natürlich kann ein guter sozialistischer Journalist schreiben, was man von ihm erwartet, was man von ihm fordert. Aber wie ist das mit der Kunst? Serienproduktion nach derselben Devise, oder Sprechen in Chiffren, die einem zur zweiten Haut geworden sind?
Brigitte Klump wollte Theaterkritikerin werden. Was steht in den großen Dramen der deutschen Literatur? »Und wer der Dichtkunst Stimme nicht vernimmt / Ist ein Barbar, er sei auch, wer er sei«, läßt Goethe gegen Ende seines »Tasso« den Herzog Alfons sagen. Wie muß Dichtkunst beschaffen sein?
Lobenswert waren und bleiben Bücher, die sich »durch Parteilichkeit, Volksverbundenheit und sozialistischen Ideengehalt auszeichnen und das Fühlen und Handeln der Werktätigen im Sinne der Ideale und Werte des Sozialismus zu beeinflussen vermögen.« So Erich Honecker, Generalsekretär der SED, in einer Grußadresse zum IX. Schriftsteller-Kongreß der DDR, die das »Neue Deutschland« am 31. Mai 1983 abdruckte.

Brigitte Klump fällt ins Schweigen. Helene Weigel drängt sie, zu schreiben: »Die Auskünfte über Ihre Person dürften Auskünfte über unsere Politik sein, wie sie auf den Menschen einwirkt, was sie aus Menschen macht.«
Brigitte Klump bleibt schweigsam.
Sie ist nicht mehr fähig, die Meinung der Partei zu ihrer eigenen zu machen, sie kann nicht mehr die Grenzen verwischen zwischen Literatur und Propaganda, sie kann nicht mehr nur in politischen Begriffen denken.
Der Neue Glaube ist ihr abhanden gekommen.
Sie ist sprachlos geworden.
Was tun?

Sie weiß, es gibt nur einen Weg. Sie geht ihn. Nicht mit leichtem Herzen, nicht mit frohem Sinn. 1958 ist sie in West-Berlin. Entscheidungen aus Gewissensgründen sind keine kriminellen Straftaten. Oder doch? Ein Brief erreicht sie, der sie zum Schweigen auffordert, denn Worte von Davongelaufenen können nur Worte von Renegaten sein, von Verrätern an einem Volk, dessen Schicksal man nicht zu teilen wagte. Einzelne Sätze wollen ihr nicht aus dem Kopf:
»Durch Schweigen wird man mitschuldig«, so Helene Weigel.
»Die Lüge bei Euch, Brigitte, liegt im Verschweigen«, so Wolf Biermann.
Die Lüge. Die Wahrheit.
»Freunde, bedenkt euch wohl, die tiefere, kühnere Wahrheit / Laut zu sagen: sogleich stellt man sie euch auf den Kopf«, so Schiller.
Begreifen lernen, was Freiheit ist. Der demokratische Gedanke ist in dem Ideal der Freiheit gegründet. Dies gilt als selbstverständlich. Nicht aber, was Freiheit bedeutet. Artikel 27 der Verfassung der DDR garantiert den Bürgern ihres Staates das Recht, ihre Meinung frei und öffentlich zu äußern. Aber öffentliche Äußerungen von oppositionellem Charakter sind doch staatsfeindlich und Sabotage... Oder sind sie etwa Zeichen von Unabhängigkeit von äußerem Zwang und fremder Gewalt?
»Der Mensch ist frei geschaffen, ist frei ... Vor dem freien Menschen erzittert nicht...« Sind dies die Worte des Wahns oder die Worte des Glaubens?
Sich fragen lernen: was will ich? Und nicht: was soll ich wollen? Informationen sammeln. Nicht im Ausleseverfahren, um eine vorgefaßte Meinung zu begründen, sondern um eine Situation so richtig wie möglich zu erkennen. Wissen, daß Gefahr besteht, immer und überall. Nicht die Augen schließen vor der erstickenden Selbstbezogenheit mancher bundesdeutschen Milieus. Nicht vergessen, daß in der Politik Interessen zählen und nicht Freundschaften. Nicht alle Klagelieder über die Mängel der Demokratie in der Bundesrepublik Deutschland gleich als unsinnig verurteilen, aber stets den achtbaren Versuch, das Wort »Demokratie« nicht nur im Munde zu führen, sondern in die Tat umzusetzen, im Gedächtnis behalten. Unbestechlich bleiben. Niemandem zu Gefallen handeln.
Und nicht mehr schweigen. Nie mehr schweigen.
»Ich hoffe, wir überleben den Völkermord. Ich hoffe, dann kommt wieder eine Zeit, in der man sagen kann, was man denkt«, so der Vater während der NS-Zeit.

». . . nur der Mensch ist wahrhaft privilegiert, der sagen kann, was er denkt«, so Brigitte Klump heute.
Ihr Ziel: aktive Bürgerhilfe mobilisieren mit der UNO-Resolution 1503.

1978 hatte Brigitte Klumps Neffe Klaus einen Fluchtversuch unternommen. Seit Adam und Eva drängt es den Menschen, das Paradies zu verlassen, das gehört zu den beklagenswerten Unvollkommenheiten der Schöpfung. Klaus wurde in der DDR verurteilt: Fluchtversuch gilt als ein schweres Vergehen. Republikflüchtige schädigen den Arbeiter- und Bauernstaat. Die DDR ließ Klaus Klump nicht freikaufen. Freikaufen? Da republikflüchtige DDR-Bürger durch lügnerische Versprechungen imperialistischer Betrüger der BRD verführt worden sind, ist es nur recht und billig, daß die BRD dieses überaus mißliebige Verhalten wieder gutmacht . . . in Form von finanziellen Entschädigungen.
Die DDR trifft die entsprechende Auswahl: hie ein spezialisierter Arbeiter. Stückpreis ca. 30000 DM. Hie ein Volksschullehrer. Stückpreis ca. 40000 bis 50000 DM. Hie ein Arzt. Stückpreis ab 120000. Hie ein Fluchthelfer. Eigentlich unbezahlbar.
Inhaftierte der DDR, die den Willen bekunden, nach Verbüßung der Strafe in die Bundesrepublik Deutschland entlassen zu werden, können auf diese Weise vom Ministerium für innerdeutsche Beziehungen freigekauft werden. Verständlicherweise ist es empfehlenswert, in der bundesdeutschen Publizistik darüber zu schweigen.
Übersetzungen aus fremdsprachlicher Publizistik freilich sind nicht immer vermeidbar. Michel Meyer, Korrespondent des französischen Fernsehens, hat 1977 ein sehr informatives Buch veröffentlicht: »Des hommes contre des marks«. 1978 erschien die deutsche Fassung: »Freikauf. Menschenhandel in Deutschland.« Die Zahlen sind aufschlußreich und bestürzend genug. Seit dem Mauerbau wurden von der Bundesrepublik Deutschland rund zwei Milliarden DM für Tausende von Menschen ausgegeben, die dadurch von dem einen Deutschland in das andere hinüberwechselten.
Freiheit hat . . . einen hohen Preis.
Doch Brigitte Klump gelingt es, die Resolution 1503 des Wirtschafts- und Sozialrats der UNO (Ecosoc) ausfindig zu machen, und dazu eine Methode zu entwickeln, mit der sie anwendbar wird, in Form von Sammelbeschwerden über nachgewiesene Verletzungen der Menschenrechte; damit wird das internationale Gremium der UNO-Men-

schenrechtskommission ermächtigt, sich mit der *Situation* innerhalb von Staatsgrenzen zu befassen, obwohl die UN-Charta Art. 2, Abs. 7 die Nichteinmischung in die inneren Angelegenheiten der Mitgliedsstaaten statuiert. Brigitte Klump nennt diese Methode »Ein Bürger hilft dem andern«. Diese Resolution 1503, wenngleich bereits am 27. Mai 1970 vom Wirtschafts- und Sozialrat der UNO verabschiedet und von sämtlichen Vertragsstaaten der UNO mit ihrem Zutritt ratifiziert (so auch von beiden deutschen Staaten seit 1973), war seltsam lange im Dunkeln geblieben. Brigitte Klump veröffentlicht sie zum ersten Mal im Anhang der Taschenbuch-Ausgabe von »Das rote Kloster« (1980). Da ist sie nachzulesen und wird nicht mehr in Vergessenheit geraten. Sie bietet DDR-Bürgern die Möglichkeit, auf legalem Wege auszureisen, mit Hab und Gut, ohne daß sie Übergriffen örtlicher Behörden in Zusammenarbeit mit dem Staatssicherheitsdienst ausgeliefert sind. Sie werden durch Staatsentscheide aus der Staatsbürgerschaft der DDR entlassen, an den angegebenen Zielort.
Neue Wege. Auch ein neuer Kurs?
Über hundert Menschen hat Brigitte Klump inzwischen zu einer Freiheit verholfen, für die... kein Preis mehr bezahlt werden muß. Ihr Einsatz ist mutig. Sie nennt ihn selbstverständlich.

Die UNO-Resolution 1503 ist anwendbar für *alle* Staaten, wo nachgewiesene Rechtsbrüche vorliegen.
Auch für Chile. Auch für die Türkei.
Auch für Afghanistan.
Sie ist ein Verfahren, das Freiheit nicht dialektisch verspricht, sondern konkret verschafft.
Diktaturen können dem Menschen alle Rechte nehmen.
Es gilt Wege zu finden, die diese Rechte schützen, effektiv, nicht nur verbal.
Wie es Wege zu finden gilt, den Frieden zu erhalten.
Nicht, indem man mit dem Wort »Frieden« Feuer schürt. Nicht, indem man das Wort »Widerstand« umfunktioniert in das Wort »Angriff«.

Der Menschheit Würde ist in Eure Hand gegeben!

Die Vorfahren Brigitte Klumps stammen aus Frankreich. Hugenotten aus dem Geschlecht der Renauds, Fürsten der Provence, sind sie für

ihre Glaubensfreiheit ermordet worden oder haben ihr Land verlassen müssen.
Nicht nur in Deutschland, auch in Frankreich sieht Brigitte Klump ihre geistige Heimat.
Dieses Vorwort ist ein Ausdruck der Freundschaft und der Solidarität über die Grenzen hinweg.

Erika Tunner
Professeur à l'Université de Lille III
Paris, Juli 1983

I. Das Buch der Werbung

Januar 1977

Presseball in Hamburg.
Das Glücksrad dreht sich – mein Los gewinnt.
»Hecki, ich hab' gewonnen. Das erste Glückslos meines Lebens.«
»Keine Ente[1]?«
Gefrier-Enten sind Trostpreise bundesdeutscher Pressebälle. Zentnerweise Enten, halbaufgetaut, liegen am Morgen nach dem Ball in Pfützen unter den Tischen, vergessen – zur Freude des Putzpersonals.
Der Gast am Tisch, Konsul – ohne Ehren – trinkt mir zu.
»Glück im Spiel – Pech in der Liebe.«
Hecki blockt ihn ab.
»Sie brauchen ihr kein Wasser in den Wein zu schütten. Alles, was sie trinkt, ist – Wasser.«
Mein Mann im schwarzen Rolli, weißes Dinnerjackett, »als Gentleman verkleidet«, wie er das nennt, hält nichts vom *small talk*. Der Presseball, früher eine noble, hanseatische Mischung aus Geschäft, Diplomatie und Politik, hat eine abgleitende Tendenz zum Massenball der Möchtegern-Prominenz. Hecki fühlt sich wohl unter seinesgleichen. Fliegen, fischen, jagen, zeitungmachen – das ist seine Welt.
»Freu dich nicht zu früh, Brigitte, wart ab, was du bekommst.«
»Wo kann ich meinen Gewinn abholen?«
»Gleich da oben, die Rolltreppe hoch.«
»Kommst du mit?«
»Hol dir dein Glück allein. Unernste Männer müssen Ernsthaftes trinken, um den Abend zu retten.«
Er winkt dem Ober.
Mein Glückstreffer ist ein Schinken.
In Folie eingeschweißtes, dunkelrotes Fleisch. Ein Riesenfleisch, kaum zu schleppen.
»Darf ich tragen helfen?«
Jemand spricht mich an, ich sehe nur die rote Nelke im Knopfloch und sage nein, bevor ich nachdenken kann.
»Warum Opposition gegen eine höfliche Frage?«

Sein prüfender Blick aus schräggestellten Augen verwirrt mich. Schwarze Haare, Teint wie helles Gold, fremd im Aussehen.
»Es lohnt nicht mehr, zehn Meter weiter steht mein Tisch.«
»Dann darf ich um den nächsten Tanz bitten.«
»Nein.«
»Schon wieder nein?«
»Ich will jetzt nicht tanzen, ich habe Durst.«
»Ich kann warten.«

»Hecki, Wasser! Mir ist, als hätte ich den Schinken schon verzehrt, so trocken ist mein Mund. Da hinten steht ein Gastarbeiter mit einer roten Nelke im Knopfloch, der möchte mit mir tanzen. Soll ich mit ihm tanzen?«
»Tu ihm doch den Gefallen, der will auch mal mit 'ner Blonden tanzen.«
»Blonde gibt es hier genug im Saal, soll er sich eine andere suchen.«
Als ich mein Wasser trinke, fällt er mir wieder ein. Er steht noch immer an der Tür zum Ballsaal.
»Also, Hecki, ich bin ein höflicher Mensch, dann geh' ich halt zu meinem Gastarbeiter.«
»Sie haben mich lange warten lassen.«
»Hab' ich das?«
»Die Uhr zeigt – zwanzig Minuten.«
»Sie tragen ja gar keine Uhr.«
»So. Sie haben mich also doch schon angesehen.«
Spott steht in seinen Augen. Etwas arrogant gebe ich zurück: »Wie sind Sie denn an die Presseballkarten gekommen?«
»Warum? Ist das schwierig?«
»Teuer. Das Hamburger Abendblatt schreibt heute, sie würden schwarz gehandelt zum Preis von 10000 Mark pro Karte.«
»Interessant, ich hätte ein Geschäft machen sollen, als ich sie auf meinem Schreibtisch fand.«
Gastarbeiter mit Schreibtisch?
»Seit wann leben Sie in Hamburg?«
»Seit – zwei Tagen.«
»Und schon auf einem Ball?«
»Ich wollte nicht. Ich bin gezwungen worden.«
»Lassen Sie sich zwingen?«
»Ja. Vom Schicksal.«
»Ich möchte an meinen Tisch zurück nach diesem Tanz.«

»Warum?«
»Ich habe Durst.«
»Nehmen Sie ein Glas Sekt... von einem Botschafter[2] an?«
»Mineralwasser für mich.«
»Wie schön, ich bin ein armer Mann.«
»In drei Sekunden drei Überraschungen: Sie sind schicksalsgläubig. Sie sind Botschafter. Sie sind arm. Haben Sie noch mehr Märchen auf Lager?«
»Hören Sie gern Märchen?«
»Ich habe lange keine mehr gehört. Fangen Sie an.«
»Also. Mein Gepäck ist noch auf dem Schiff. Mein Konto ist noch nicht eröffnet. Kein Geld, kein Smoking, aber eine Einladung zu einem Ball. Lächerlich. Ich wollte die Karte zurückgeben. Das Ballbüro hat das nicht akzeptiert. Vorhin ging ich auf dem Jungfernstieg spazieren, da war ein Smoking im Fenster, sehr elegant. Ich fragte den Geschäftsführer: ›Welche Größe? Meine Größe?‹
›Probieren Sie an, wenn er paßt, nehmen Sie ihn mit.‹
›Geht nicht. Ich habe kein Geld.‹
›Ich bitte Sie, Sie haben ein Hotel, das Hotel hat Geld. Ich schicke den Anzug in Ihr Hotel.‹ Höfliche Menschen gewinnen bei mir, ich gebe ihm die Hoteladresse. Als ich im Hotel eintreffe, ist mein Smoking schon da. Der Hotelier hat schon gezahlt. Was sollte ich machen? Hier bin ich, kein Geld, aber sehr elegant, hoffe ich.«
»Bitte, lieber Gott, nicht schon wieder ein Hochstapler. Einer sitzt schon an unserem Tisch.«
»Sie hätten keinen zweiten Tanz mit mir gemacht, deshalb hab' ich gesagt, Botschafter. Ohne Titel bin ich für Sie ein Nichts, eine Null, ein Untermensch. Stimmt das?«
»Aber was sind Sie wirklich?«
»Botschafter, Brigitte.«
»Woher wissen Sie meinen Namen?«
»Du kannst gar nicht anders heißen als Brigitte. Du bist Brigitte.«
»Können Sie Gedanken lesen?«
»Ich habe dich gesucht.«
»Quatsch.«
»Ich bin durch die ganze Welt gewandert, um dich zu finden.«
»Zu Fuß!«
»Wie bitte?«
»Zu Fuß durch die ganze Welt gewandert!«
Wir lachen vergnügt wie Kinder.

»Ich wußte nicht, daß ich dich heute treffen würde. Ich wußte nur, der Tag kommt. Heute ist der Tag. Jetzt bin ich angekommen. Aber ich habe dich noch nicht erreicht.«
»Ich schlage vor, Sie begleiten mich an meinen Tisch.«
»Nein. Ich will dich kennenlernen, nicht deinen Mann. Wir suchen einen anderen Platz.«
Hinter einer Schwingtür steht ein kleines Sofa. Es ist Märchenstunde, ich möchte mehr hören.
»Sie kennen meinen Namen? Was wissen Sie noch von mir?«
»Sag bitte Du zu mir. In meinem Land sagen Gleichgestellte Du. Wenn ich Sie zu dir sagen würde, wärst du unter mir im sozialen Rang. Beleidige mich bitte nicht, Brigitte, mit Sie.«
»Ich fühle mich beleidigt durch Du.«
»Dann auf der Stelle – Freundschaft. Gib mir einen Kuß.«
»Freundschaft ja. Kuß nein.«
»Gut so. Du wohnst in einem Wald.«
»Nicht direkt. An einem Waldrand.«
»Aber am Haus sind hohe Bäume.«
»Ja. Riesige Tannen.«
»Du hast zwei Kinder.«
»Ja.«
»Und du bist eine Schriftstellerin.«
»Stop. Das kannst du nicht wissen, das weiß niemand.«
»Sag die Wahrheit, du bist.«
»Also, mein erstes Manuskript ist gerade fertig. Aber es hat noch niemand gelesen. Ich habe auch noch keinen Vertrag.«
»Der Vertrag kommt.«
»Wann?«
»Der Vertrag kommt. Warte. Du wirst eine bekannte Schriftstellerin.«
»Das kannst du nicht wissen. Kein Mensch kennt meinen Text.«
»Das ändert sich bald. Aber an dem Tag, an dem ich dich treffe, ahnt das noch kein Mensch. Nur ich erkenne es. Das ist eine Weissagung.«
Er lehnt sich zurück, entspannt. Niemals habe ich ein solches Gesicht gesehen. So fremd und so vertraut. In welchem Land gibt es Menschen dieser Art?
Menschen?
Ein mystischer Bann umgibt mich. Gewaltsam zerreiße ich die Stimmung: »Botschafter, du lügst. Viele Damen schreiben, eine wird da-

von möglicherweise berühmt. Du hast ein Schrotschußsystem. Jeder Dame, die schreibt, ein Kompliment dieser Art, und eine wird dann berühmt. Dann sagst du, siehst du, ich habe es dir gesagt! Du bist ein hinterlistiger Charmeur.«
»Gib mir einen Kuß.«
Ich will aufstehen und gehen. Er hält mich zurück, sanft, aber befehlend.
»Bleib. Ich will dir noch etwas sagen. Du wirst später wissen, daß es wahr ist. Heute hört es sich wie ein Märchen an. Ich habe dich am Fleisch erkannt.«
»Am Fleisch?«
»Ich habe dich am Fleisch erkannt. Das Zeichen war, ich sollte dich am Fleisch erkennen.«
»Aber ich bin doch nicht dick.«
»Nein, nein, das Fleisch, das dunkelrote Fleisch in deiner Hand, das war's.«
»Der Schinken?«
»Erst sah ich den Schinken. Dann sah ich dich. Eine sehr elegante Dame auf einem Ball schleppt Fleisch, und sie hat einen Zopf. Ein Zopf in einem Ballsaal. Unmöglich. Die Welt stand auf dem Kopf durch dich!«
»Mein Zopf ist die neueste Mode aus Paris.«
»In meinem Land trägt keine Dame einen Zopf. Nur Personal. Und dann dein Kleid, entsetzlich.«
»Was hast du gegen rosa?«
»Pink!«
»Also, was hast du gegen pink?«
»Zu grell für dich.«
»Grell? Es ist leuchtend.«
»Du kannst deine Sprache besser als ich, aber es ist grell. Schreit. Tut weh. Falsch für dich.«
»Emilio Pucci hat das entworfen.«
»Pucci? Muß man den kennen?«
»Das ist ein Mailänder Aristokrat, der Stoffe und Farben zusammenstellt wie ein Maler. Mein Kleid ist ein Kunstwerk aus Seide.«
»Laß es einrahmen, aber trage es nie mehr.«
Er betrachtet mich prüfend.
»Wenn dir diese Farbe gefällt, bist du aus der Balance, aus der Harmonie mit dir selbst. Du mußt sie wiederfinden. Das ist ein Befehl.«
»Warum?«

»Gehört dazu. Zum Erfolg im Leben gehört Balance. Wer das richtige Maß hat, findet das richtige Maß.«
»So einfach ist das?«
»Glaubst du mir jetzt, Brigitte? Ich habe dich erkannt. Das Zeichen war das Fleisch. Und auch dein Satz: ›Ich habe Durst.‹ Christus hat am Kreuz gesagt: ›Ich habe Durst.‹ Durst auf die Welt, Brigitte.«
Tränen steigen in meine Augen.
»Stimmt. Ich kenne die Welt nicht.«
»Ja. Du weißt nichts von der Welt. Geh jetzt zu deinem Mann. Nichts bleibt, wie es ist. Wart ab.«

Hecki sieht mich an.
»Ein langes Gespräch – mit einem Gastarbeiter?«
»Der Gastarbeiter ist Botschafter.«
Der Konsul an unserem Tisch legt Tremolo in seine Stimme:
»Botschafter müßte man sein.«
»Konsul müßte man sein, Herr Konsul!«
»Aus welchem Land?«
»Das hat er nicht verraten.«
»Sein Name?«
»Weiß ich nicht.«
»Aha, gibt sich geheimnisvoll, der Herr. Nicht unbedingt die dümmste Masche.«
»Kann er auch fliegen?« fragt der Konsul.
»Fliegen?«
»Ja. Fliegen. Mit dem Flugzeug. Wie der Hecki.« Er macht mit den Armen Bewegungen wie mit Vogelschwingen.
»Ach so, fliegen meinen Sie. Ich glaube – er kann fliegen.«
Freundin Birgit, Auslandskorrespondentin, formschön im schwarzen, etuischmalen Abendkleid, schlendert an unserem Tisch vorbei und sieht mich nicht. Ich falle Birgit um den Hals.
»Schön, daß du mal wieder im Land bist.«
Ihr Begleiter schmunzelt.
»Und wer küßt mich?«
»Brigitte, das ist Gabriel Laub. Präsident vom PEN-Club. Exil-PEN-Club. Gabriel lebt seit '68 in Hamburg. Ihr habt vergleichbare Erfahrungen. Er hat das Diplom der Fakultät Journalistik, Prag.«
»Mit allen Konsequenzen?«
Irritiert blickt er mich an.
»Wie meinen Sie das?«

»Och... ich hab' in Leipzig an der Fakultät Journalistik studiert.«
»Ja, dann... wissen Sie Bescheid, mit allen Konsequenzen. Aber ich habe schon '51 mein Diplom gemacht. Studiert von '46 bis '51.«
»Glück gehabt. Damals fing es an. Wie haben Sie sich verteidigt?«
»Ich... ich bin stark im Sprücheklopfen.«
»Sie sind Tscheche?«
»Geboren in Polen, aber mir ist die ganze Welt um die Ohren geflogen.«
»Wir stehen unbequem, wollen wir uns nicht setzen?«
Hecki murrt.
Birgit denkt nicht dran.
»Jetzt wird getanzt, in ein paar Tagen können wir bei Freunden schwatzen, wir sehen dort auch Gabriel.«
»Wenn wir uns treffen, werde ich sagen, wer ist diese schöne Frau, macht mich bekannt. Und dann werde ich dir um den Hals fallen, Brigitte!!! Und du wirst sagen, Gabriel!!! Und die Leute werden Augen machen, daß wir uns kennen.«
Hecki senkt aus seiner Höhe seine Hand auf meine Schulter.
»Du darfst mich auch mal wieder zur Kenntnis nehmen, Weib, geliebtes.«
»Nur, wenn du mit mir tanzt.«
»Schweres muß man durchmachen, man ruiniert sich das Leben mit Verrenkungen unsinniger Art, tanzen! Kinder, heiratet nie!«
Gabriel: »Eine gute Ehe überdauert so manches. Auch die Lebensfreude. Ich sage immer so. Jeder Mensch braucht im Leben drei Frauen. Die Mutter, die Ehefrau, und wenigstens eine, die ihn für einen Mann hält.«
Birgit: »Ihr bemerkt, Gabriel ist Satiriker, seine Aphorismen sprechen für sich selbst.«
»Laßt mich nicht sprechen, lest meine Bücher. Es sind nur drei ganz dünne mit knapp 1000 Aphorismen.«
»Er wirbt schon wieder, ganz bescheiden, ganz nebenbei für seine Bücher.« Birgit zieht ihn weg von unserem Tisch ins Getümmel des Ballsaals. Wir tanzen auch, aber nur bis zur nächsten Bierbar.

Ein Herr lehnt an einer Säule und mustert mich mit Interesse. Wolf sieht den Blick.
»Hallo, Herr Bölling, darf ich Sie mit meiner Frau bekanntmachen? Ich glaube, Sie kennen sie noch nicht.«
Bölling, Staatssekretär, Leiter des Bundespresseamtes, ist perplex.

»Ihre Frau? Also wissen Sie, was ich gedacht habe, als ich ihren Zopf bewunderte, ist das nun seine Freundin oder seine Geliebte. Das ist Ihre Frau?«
»Seit sechzehn Jahren.«
»Ich muß mich beschweren, Wolf Heckmann. Helmut Schmidt hat Ihr Rommel-Buch bekommen. Ich nicht. Aber ich bin Ihr Geldgeber.«
»Schon abgesandt. Ich ahnte nicht, daß der Haudegen Rommel Sie interessiert?«
»Vergessen Sie die Widmung nicht.«
Weil mir sein Kompliment gefallen hat, sage ich, ohne nachzudenken: »Herr Bölling, ich mache das gut. Sie bekommen mein Buch als Vorausexemplar, noch ehe es erscheint.«
»Sie schreiben auch? Haben Sie noch mehr Überraschungen auf Lager?«
»Es ist ein Buch über die Erziehung von Journalisten zur Machtelite in der DDR. Sie sind auch mehr Machtpolitiker als Journalist. Stimmt's, Herr Bölling?«
»Meinen Sie?«
»Sie finden sicher verbindliche Formulierungen, falls es Ärger gibt mit der DDR. Werden Sie mir Schützenhilfe geben, im Notfall?«
»Als Demokrat, ja.«
»Versprochen?«
»Versprochen.«
Im Weggehen ruft er zurück: »Ich kriege Ihr Buch bestimmt?«
Wir sagen beide JA. Hecki und ich.

»Deinen Humor möchte ich haben, Brigitte. Wo ist dein Buch? Du hast noch nicht einmal einen Vertrag.«
»Der Vertrag kommt.«
»Wann, meine Dame, wann? Zur Buchmesse werden jedes Jahr im Herbst etwa 80000 Neuerscheinungen auf den Markt geworfen. Warum soll gerade dein Buch sich durchsetzen und auch noch zum Politikum werden? Bedenk die Flut von Büchern, Jahr für Jahr.«
»Mein Buch ist ein Politikum. Du kannst es nicht wissen. Du hattest bis heute noch keine Lust, mein Manuskript zu lesen.«
»Keine Zeit.«
»Keine Lust.«
»Ich bitte dich nur um eins, blamier mich nicht, Brigitte, vor Kollegen. Noch gibt es kein Buch von dir. Willst du den Kuchen essen, be-

vor er gebacken ist? Du... du... leidest ja unter Realitätsverlust. Operiere nicht mit der Zukunft, wenn deine Gegenwart noch nicht erreicht ist. Dein Buch existiert noch nicht. Es ist doch nur ein Manuskript.«

»Die Gegenwart ist immer auch die Zukunft. Meine Zukunft sind meine Bücher.«

»Du... du bist ein Visionär.«

»Mir erscheint die Zukunft wie die Gegenwart, real. Und ein, zwei Jahre später ist sie da. Ich hab' doch Glück. Was ich sage, stimmt. Verzögerungsquote ein, zwei Jahre. Denk an den armen Nietzsche. Der hatte eine Zugriffszeit von 100 Jahren. Nietzsche hat seine Zukunft nie erreicht, solange er lebte. Er war 100 Jahre zu früh in unserer Zeit.«

⋆

Ich sitze zu Hause in Bendestorf und warte darauf, daß ein Verleger anruft und sagt: Wissen Sie überhaupt, daß Sie ein großartiges Buch geschrieben haben?

Verleger, ruf an!

Mit dem Lineal klopfe ich rhythmisch auf die Schreibtischplatte: *Ver-le-ger-ruf-jetzt-an!*

Das Telefon klingelt.

Klingelt es wirklich?

Oder war das nur mein knallendes Lineal?

Es klingelt.

»Hallo, Brigitte.«

»Hallooo?«

»Hilfst du mir Möbel zu kaufen?«

Der Botschafter.

»Woher hast du meine Telefonnummer?«

»Unwichtig. Du langweilst dich zu Hause. Komm zu mir.«

»Wie bitte?«

»Treffpunkt vier Uhr. An der Alster gibt es ein Terrassencafé. Du kommst bestimmt?«

Und dann – kommt er nicht.

Die zweite Kanne Tee. Versetzt? Unglaublich. Ich gehe. Als ich die Straße überqueren will, hupt ein Auto neben mir einmal ganz kurz.

Der Botschafter.

Ich öffne den Wagenschlag und setze mich neben ihn.

»Hallooo.«
Er sitzt da im eleganten grauen Flanell und sagt kein Wort, starrt mich nur an wie einen Geist, fassungslos.
»Botschafter. Die Autos hupen hinter uns. Gib Gas.«
»Du bist das?«
»Du hast doch gehupt. War ich nicht gemeint?«
»Entschuldigung. Ich bin verwirrt. Eine Dame geht über die Straße, ich drücke auf die Hupe, nur so, als Anerkennung. Da öffnet sie meine Tür und steigt ein. Keine Dame steigt in ein fremdes Auto ein.«
»Sich mit mir verabreden und nach fremden Damen hupen! Gleich steig' ich wieder aus.«
»Ich bin verabredet mit einem langen Zopf. Dich hab' ich nicht erkannt mit deinen offenen Haaren. Du bist... eine andere.«
»Welche gefällt dir besser?«
Er blickt mich prüfend an.
»Unglaublich... zwei Gesichter. Wie viele hast du noch?«
»Ein Gesicht. Zwei Frisuren.«
»Nein, das ist es nicht. Du bist zweifach, oder dreifach, vielfach. Ich kenne dich noch nicht. Sag mir, warum hast du gewartet?«
»Ich wollte mir den Mann ansehen, der eine Dame warten läßt – über eine Stunde lang.«
»Ich schäme mich – aber ich hatte die Pressekonferenz vergessen.«
»Was hast du auf Pressekonferenzen verloren?«
»Es war meine. Leider wurde ich die Journalisten nicht wieder los. Die Zeit flog weg. Husch.«
»Kauf dir eine Uhr.«
»Meine innere Uhr sagt mir Bescheid. Du siehst, ich bin hier, wenn auch in der allerletzten Sekunde.«
»Merk dir eine Regel! Botschafter...«
»Jetzt kommt eine Belehrung. Habe ich verdient.«
»In Deutschland gilt c.t., cum tempore. Eine Viertelstunde zu überziehen ist erlaubt, jede weitere Minute Unhöflichkeit.«
Er lacht. »Höflichkeit, Pünktlichkeit, Ehrlichkeit, Gründlichkeit, Sauberkeit, Fleißigkeit... wirst aus mir einen Preußen machen, Brigitte. Einen Muster-Preußen mit Orden, alle von dir verliehen. Die ganze Brust voll Orden. Klasse.«
»Botschafter, du bist ein Kind.«
»Danke für das Kind. Für wie alt hältst du mich?«
»Weiß ich nicht. Von neunundzwanzig bis neunundvierzig – alles möglich. Jetzt bist du – neunundzwanzig!«

»Danke für neunundzwanzig. Einen Orden habe ich übrigens schon. Siehst du das Bändchen am Revers?«
»Schwarz-rot-gold. Bundesrepublik. Ich habe ihn dir nicht verliehen, da bin ich sicher.«
»Du nicht. Genscher. Aber was jetzt? Zurück in dein Café? Oder soll ich dir mein Büro zeigen.«
»Büro, du hast ein Büro?«
»Botschafter ohne Büro, geht das?«
»Ich halte dich für eine – Unperson. Deinen Namen kenne ich nicht. Dein Land weiß ich nicht. Warten läßt du mich.«
»Habe ich dich neugierig gemacht. Wie schön.« Er lacht.

Noble Adresse, Jugendstilbau. Langsam fasse ich Vertrauen.
»Einen Whisky zur Begrüßung?«
»Mineralwasser.«
»Trink einen Whisky mit mir. Zum Umschalten.«
Er gießt einfach ein.
»Prost, Brigitte. Du sollst mein Berater für Möbel sein. Immer wollte ich englische Möbel kaufen. Aber jedesmal habe ich gedacht, lohnt nicht, der Transport ist zu teuer. Also habe ich mir in jedem Land neue Möbel gekauft und wieder verkauft bei der Abreise. Schluß damit. Jetzt will ich englische Möbel kaufen für mein Haus.«
»Möbel mußt du kaufen mit deiner Frau.«
»Ich will meine Möbel mit dir kaufen.«
»Abgelehnt.«
»Warum abgelehnt?«
»Das fände mein Mann recht merkwürdig.«
»O Brigitte. Eine Ehe ist nichts weiter als ein Vertrag. Selbst Völker annullieren Verträge. Von Einzelpersonen gar nicht zu sprechen.«
»Ich denke nicht daran Verträge zu brechen, Botschafter, merken Sie sich das.«
»Gratuliere.«
»Warum gratulierst du mir?«
»Nur so.«
»Warum, zum Donnerwetter?«
»Es war eine Prüfung. Prost, Brigitte.«
Das Telefon schrillt. Als er den Hörer abnimmt, wechselt er die Sprache. Ich begreife kein Wort, nur seine Betroffenheit. Er spricht weiter in dieser Sprache, nachdem er aufgelegt hat, düster, klagend, rhythmisch wie ein Gedicht.

Hay golpes en la vida, tan fuertes... Yo no sé! Golpes como del odio de Dios; como si ante ellos, la resaca de todo lo sufrido se empozara en el alma... Yo no sé!«[3]

Seine Hand fährt über das Gesicht, als streife sie eine Maske ab.

Es gibt Schläge im Leben, so hart... Ich weiß es nicht!

Automatisch korrigiere ich ihn, stolz, das Gedicht zu erkennen, wenn auch anders im Wortlaut:

Es gibt Schläge im Leben, so hart... Ich begreife es nicht. Als schlüge Gott zu in seinem Haß.

Er unterbricht mich.
»Unglaublich. Was ist das für eine Übersetzung?«
»Von Enzensberger.«
»Kein Gefühl für Sprache. Keine Vorstellungskraft.
César Vallejo sagt *Yo no sé – Ich weiß es nicht!*
Es trifft dich wie ein Schock. Wie ein Blitz. Elementar. Ein Hammerschlag ohne Vorwarnung. Du kannst dich nicht schützen. Solch ein Schlag vernichtet. Wie kann ein Übersetzer sagen *Yo no sé – Ich begreife es nicht!*
Das ist schwach. Ohne Blut. Begreifen ist berühren, abtasten, erkennen. Nicht begreifen, das ist, erfahren haben, aber noch nicht einordnen können. Dem Sinne nach: macht nichts, kommt schon in Ordnung, die Zeit bringt die Ordnung. Man muß die Zeit abwarten. César Vallejo ist ein Riese in der spanischen Literatur. Seine Worte sind wie in Stein gehauen, mit Kraft. Bildhaft. Kennst du sein Schicksal?«
»Nein?«
»Vallejo ist in Paris verhungert, dieser reichen Stadt. Nicht im Krieg. 1938. Niemand hat ihm geholfen zu leben. Ratten haben ihn gefressen. Wer wagt, Vallejos Sprache zu schänden? Was ist das für ein Mann?«
»Hans Magnus Enzensberger gilt als Kenner der spanischen Sprache und Literatur. Er hat einen guten Ruf als deutscher Lyriker.«
»Soll er seinen Ruf behalten. Ich flechte ihm keinen Kranz. Kein Lorbeerblatt für ihn. Nicht eins.«
»Du bist hart im Urteil!«

»Kunst ist nicht der Platz für Mittelmaß!«
»Dich möchte ich nicht zum Feind haben.«
Der Botschafter schiebt die Schreibtischlampe zurück. Der Lichtkegel erreicht jetzt sein Gesicht nicht mehr. Zurückgelehnt im Sessel entzieht er sich meinem Blick.
»Ich bin ein... friedliebender Mensch.«
»Aber du machst dir Feinde im Handumdrehen.«
»Kommt nicht darauf an. Ich verlange Qualität. Das ist mein Anspruch.«
»Aber du kennst von Enzensberger nur einen Satz.«
»Ein Satz genügt. Ein Blick genügt.«
Er versinkt in Schweigen.
Leise nehme ich meinen Mantel, will gehen, ohne Abschied. Als ich die Türklinke berühre, hält er mich zurück.
»Bleib. Laß mich jetzt nicht allein. Aber laß uns schweigen.«
»Schweigen – wie lange?«
»Ein paar Jahre... drei... vier Jahre.«
»Verfügst du über meine Zeit?«
»Ich verfüge.«
Gehorsam setze ich mich wieder hin.
»Mach das Licht aus, Brigitte!«
»Bin ich Personal?«
»Deine Haare leuchten wie ein Magnet. Wie soll ich da brav bleiben?«
»Das Licht bleibt an.«

*

Die Wintersaison ist in Hamburg Saison für Einladungen, stapelweise. Heute abend steht »Bier bei Böhme« auf unserem Programm. Eine Public Relations Agentur, die den Bauer-Verlag vertritt, hat auf die »Wappen von Hamburg« geladen, ein Fährschiff, jetzt im Winter an der Mole verankert und mit Lampions drapiert.
Es ist kurz vor Mitternacht. Hecki sitzt beim Fliegerlatein in einer Runde von Journalisten.
»Laß dich nicht stören. Ich nehme mir ein Taxi nach Hause.«
»Kannst du nicht einmal bleiben, Brigitte?«
»Nein. Ich trinke nicht, ich rauche nicht, was soll ich noch hier.«
»Reden.«
Eine junge Dame rutscht zu mir auf die Bank.
»Reden Sie mit mir.«

Mich aufhalten, wenn ich gehen will? Das Kunststück ist noch keinem gelungen. Sie plaudert unbefangen weiter:
»Wie würden Sie das nennen, was die beiden Damen da an der Bar tragen?«
»Kaminkleider.«
»Wieso – hier ist doch gar kein Kamin.«
»Eben.«
Sie fragt mich etwas konsterniert:
»Sagen Sie, *müßte* ich Sie kennen?«
»Warum das denn?«
»Ich bin erst seit fünf Wochen in Hamburg, als Volontärin, und treffe ununterbrochen auf Leute, die ich kennen müßte, aber nicht kenne.«
»Wo volontieren Sie?«
»Bei der ›Morgenpost‹.«
»Na ja – also, mein Mann war einer der Chefredakteure der ›Morgenpost‹.«
Sie, emphatisch:
»Ich halte die ›Morgenpost‹ für die beste Zeitung Hamburgs.«
»O – und ich halte die Morgenpost für die am schlechtesten gemachte Boulevardzeitung Deutschlands.«
Sie ringt nach Worten.
»Vielleicht... vielleicht ist sie heute nicht mehr das, was sie einmal war...«
»Sie ist das Flaggschiff der SPD, das gerade sinkt.«
»Sinkt? Wer hat sie auf den Grund gebohrt?«
»Die... Medienpolitiker der SPD.«
»Finden Sie die Medienpolitik der SPD zu... ideologisch?«
»Ideologisch? Lächerlich. Die Medienpolitik der SPD ist nicht mehr als ein Gelächter wert.«
»Dann finden Sie die Medienpolitik zu kaufmännisch?«
»Investitionspolitik wäre kaufmännisch gedacht. Stattdessen schluckt die SPD-Kasse jeden Gewinn, den die Zeitung macht. Der Schatzmeister der SPD, Alfred Nau, nennt sich selbst Oberbuchhalter der Nation. Er ist es. Im Kleingärtnerformat. Für Leute seiner Art ist das Gütesiegel eines Journalisten das Parteibuch – mit sorgfältig geklebten Beitragsmarken. Sie haben aus sechsundzwanzig blühenden SPD-Zeitungen sechsundzwanzig Leichen gemacht. Geschäftsleute würden dafür fristlos gefeuert, die Herren Politiker sind noch im Amt.«
»Warum ist Ihr Mann nicht Chefredakteur geblieben?«

»Imagefrage. Auf das untergehende Schiff gehören die Medienpolitiker. Nicht Leute seiner Klasse.«
Die Journalisten der Runde sind belustigt. Einer wirft ein: »Die Parteipolitik ist Kirchturmpolitik. Morgens um sieben ruft der Bürgermeister schon an, um sich zu beschweren, wenn er zu kurz oder gar nicht zitiert worden ist. Gefälligkeitsjournalismus hätten sie gern. Und die Herren Politiker rechnen vor, wenn ein Kollege von der anderen Fraktion einmal mehr im Blatt erwähnt worden ist. Sie zählen sogar die Fotos!«
Hecki lacht:
»Ein Senator beschwerte sich bei mir: Eure Reporter fotografieren mich nur saufend und fressend. – Tja, mein Lieber, das passiert, wenn man ständig säuft und frißt!«
Im allgemeinen Gelächter reiche ich die Hand zum Abschied.
Die Volontärin flüstert mir zu, ganz verlegen, »Ich bin aus – Paderborn.«
Jetzt verstehe ich. Alles, was nicht ganz schwarz und nicht ganz rechts ist und nach Weltstadt aussieht, muß sie ja beeindrucken.
»Rufst du mir ein Taxi, Hecki?«
»Punkt Mitternacht, Maßarbeit. Auf die Sekunde hingekriegt, ich dachte schon, du überziehst.«

*

Das Telefon klingelt, der Botschafter.
»Hast du vergessen, daß du mein Berater für Möbel bist? Ich sitze noch immer in meinem leeren Haus. Meine einzige Gesellschaft sind Enten – unter der Trauerweide im Garten.«
»Ich vergehe vor Mitleid.«
»Soll ich dich abholen in deinem Haus?«
»Wenn du es findest?«
»Kein Problem mit Radar. In fünf Minuten bin ich da.«

Fünf Minuten später ist er da.
»Bist du geflogen?«
»Mit meiner Düsenmaschine, ja.«
Die Düsenmaschine ist ein Mercedes, nicht das neueste Modell. Als ich mich anschnallen will, fehlen die Gurte.
»Also wirklich ... mein Mann würde mir eher einen Liebhaber erlauben, als zu gestatten, daß ich nicht angeschnallt in einem Auto fahre.«

In seinen Augen explodieren Sonnen.
»Du bist wirklich unmöglich. Aber du bekommst deinen Gurt.«

Seine Hamburger Räume sind hoch und vollkommen leer, kein Stuhl, keine Gardine, nichts. Vor der Terrassentür dehnt sich der vergilbte Rasen bis zur Alster.
»Im Frühling wird das hier ein Paradies sein.«
An der Wand hängt ein Leintuch, merkwürdig drapiert, da ist doch etwas versteckt.
»Was hast du da zugehängt, Botschafter? Ein Geheimnis?«
Er reagiert nicht, sieht aus dem Fenster. Aber da gibt's nichts zu sehen, außer den Enten und dem Schneewolkenhimmel.
»Darf ich nachsehen?«
Er nimmt das Leintuch ab und läßt es fallen.
Ein Tafelbild. Vor dunkelbraunem Grund steht eine Madonna im Prachtgewand, mit Lilien bestickt. Eine Madonna mit Hut. Ihr Umhang bedeckt das Haar, fällt bis zum Goldsaum. Lieb lächelnd, mit geneigtem Kopf, trägt sie das Jesuskind im rechten Arm, auch mit Hut. Schmucklos ist sein Kleid, eine braune Kutte. Die ernsten Augen des Kindes sehen mich an, verfolgen mich, wo ich auch stehe. Sein Blick ist Zentrum des Bildes. In der Hand hält es an goldener Kette ein Täschchen fest. Die Madonna präsentiert zwei, aber größer im Format, mit zierlicher Geste.
»Täschchen mit Kreuz-Symbolen, was sind das für Täschchen?«
»Reliquiar, Brigitte.«
»Reliquiar?«
»Reliquiar... sind Behälter für Reliquien von katholischen Heiligen. Reliquien, die verehrt werden.«
»Haben die goldenen Striche auf den Täschchen eine Bedeutung?«
»Fünf goldene Zeichen auf dem größten Reliquiar – das ist die Zeit der Vereinigung der fünf spanischen Provinzen, aus denen das Königreich Spanien entstand: Aragonien, Sizilien, Sardinien, Neapel, Kastilien.«
»Wann entstand das *Königreich* Spanien?«
»1469 durch die Heirat Ferdinands II. mit Isabella I.«
»Und das *Weltreich* Spanien – wann entstand das?«
»Das siehst du an dem Reliquiar mit den drei Zeichen.«
»Striche«, verbessere ich ihn.
»Zeichen, die Striche sind Zeichen. Symbole der Geschichte. Die Zeichen sind Zeiten. Es ist die Zeit der Eroberung Granadas und des

Raubs von Mittel- und Südamerika. Die Zeit der Schuld. Spanien wurde zu einem Reich, in dem die Sonne nicht unterging.«
»Aber die Sonne ging unter.«
»Naturgesetz. Ja. Im Dreißigjährigen Krieg hat es zuerst ein Land verloren – Portugal, 1640, und dann die Weltmachtstellung an Frankreich – zwanzig Jahre später.«
»Ein Land verloren – die Weltmacht verloren. Ist das so?«
»Ja. Mit kleinen Dingen fängt es an. Veränderungen fangen mit kleinen Dingen an. Große Dinge fangen immer klein an.«
»Deine Ahnen sind Franzosen, Botschafter?«
»Ja.«
»Meine auch.«
»Dann haben wir uns damals schon getroffen. Siehst du, ich wußte es.«
»Was bedeuten die vier Zeichen auf dem Reliquiar in Jesus' Hand?«
»Ich weiß es wirklich nicht, Brigitte, zu lange her. Vielleicht – erster Machtmittelpunkt der spanischen Krone. Das christliche Königreich Leon, Zeichen I, das sich 755 von den Arabern befreit hatte, gliederte sich in der folgenden Zeit, Zeichen II Asturien, und Zeichen III Galicien an und vereinigte sich später mit Zeichen IV Kastilien. Na bitte, haben wir schon. Aber Schluß jetzt mit spanischer Geschichte. Ich bin kein Spanier.«
»Aber du hast eine rote Nelke im Knopfloch getragen, auf dem Presseball, und das heißt auf spanisch: ›Ich bin noch frei‹.«
»Niemals würde ich so etwas tun.«
»Du hast eine rote Nelke getragen.«
»Ohne Bedeutung. Nur eine Blume im Knopfloch.«
»In der DDR trägt man die rote Nelke am 1. Mai als Symbol. Es ist die rote Nelke der Arbeiterbewegung.«
»Jetzt verstehe ich. Du hast mich für einen Arbeiter gehalten. Einen Gastarbeiter.«
»Hab' ich das?«
»Du hast.«
»Wenn ich dein Bild richtig lesen kann...«
»Ablenkungsmanöver, Brigitte?« Er schmunzelt. »Gib zu, ich habe dich durchschaut.«
»Wenn ich dein Bild richtig lesen kann, werden die Reliquien seit 755 verehrt. Deine Madonna ist eine verehrte Madonna aus der Renaissance – also gemalt vor dem Zusammenbruch des Weltreichs.«
»Das Alter weiß ich nicht. Niemand weiß es in meiner Familie. Sie ist

schon immer da. Sie ist... gewissermaßen... eine Kostbarkeit. Mit Gold gemalt.«
Er zündet ein Streichholz an. In der schwachen Helligkeit tritt die Verwandlung ein. Die Madonna funkelt. Stumm steh ich vor ihr. Als das Streichholz verlischt, sagt er freundlich:
»Jetzt hat sie dich gesehen.«
»Und was bedeutet das?«
»Wir werden sehen.«
»Was bedeutet sie für dich, Botschafter?«
»Hoffnung.«
»Hoffnung?«

Später lese ich im Lexikon:
Die Lilie war bei den Römern das heilige Symbol der Hoffnung. Im Juden- und Christentum gilt sie als Symbol der Reinheit, sie wird daher in der Malerei vor allem des Mittelalters häufig als Symbol der Jungfrau Maria dargestellt. Seit 1179 findet sich die Lilie im Lilienbanner der Bourbonen. Die verehrte Madonna des Botschafters trägt ein weißseidenes Liliengewand. Inkarnation der Hoffnung.

*

Wir telefonieren jeden Tag.
»Ich hab' geträumt, Botschafter. Ein wirrer Traum, schwer wie ein Alptraum. Jetzt bin ich krank.«
»Du hast von... deinem Mann geträumt.«
»Von Hecki träum' ich nicht. Er lastet nicht auf mir. Und wenn er in meinem Traum erscheint, dann ist es ein freundlicher Traum.«
»Du kämpfst also auch im Traum mit mir.«
»Viele Menschen waren da. Ein Durcheinander. Und wenn ich auf jemand zuging, trug er dein Gesicht. Wie eine Scheibe, eine Fotoscheibe.«
»Dia.«
»Ja. Immer wieder dein Gesicht. Deine Augen waren überall. Sehr ernste Augen.«
»Es ist ernst, Brigitte.«
»Hast du schon einen Schrank gefunden?«
»Schrank?«
»Du suchst doch einen Schrank.«
»Ich habe ihn gesehen. Den Schrank aller Schränke. Und wollte ihn haben. Aber dann zögerte ich, zu teuer. Vielleicht gibt es einen ande-

ren, genauso schön und zu bezahlen. Ich bin durch die ganze Stadt gelaufen, kam zurück, um ihn zu besitzen. Was soll ich machen? Der Schrank war verkauft.«

»Dann bleibt dir auch ein Traum. Der Traum vom Schrank aller Schränke.«

»Jetzt hab' ich meinen Schrank im Kopf wie meine Stereoanlage. Als ich Legationssekretär in Bonn war...«

»Du warst schon mal in Bonn?«

»Ja, vor Jahren. Da hatte ich eine Stereoanlage, schrecklich teuer, aber wunderbarer Klang. Als ich von Bonn wegging, hab' ich sie verkauft. Das war mein Fehler. Jedesmal, wenn ich eine neue kaufen will, für weniger Geld, stelle ich fest, es geht nicht. In meiner Erinnerung ist der Klang von meiner Stereoanlage eingegraben. So muß sie sein. Sonst keine.«

»Hast du ein so extrem feines Ohr?«

»Meine Erinnerung hat gespeichert, wie es sich anhören muß. Ich muß warten, bis mein Geld reicht.«

»Armer Botschafter.«

»Bist du heute abend zu Hause, Brigitte? Ich muß nach Kiel zu einem Empfang, danach hole ich dich ab. Wir nehmen einen Drink im ›Meinsbur‹, einverstanden?«

★

Nachmittags bin ich beim Arzt.

»Ich blute.«

»Warum das denn?«

»Heute nacht ist mir eingefallen, daß in meinem Manuskript noch ein Kapitel fehlt. Das war ein großer Schock für mich. Nun blute ich.«

Er untersucht mich.

»Das scheint eine Hormonstörung zu sein. Was für eine unverdaute Geschichte lastet denn auf Ihrer Seele?«

»Ich habe mein Buch gar nicht als Bundesbürger geschrieben, sondern als... Soldat der Volksarmee.«

»Sie, Soldat? Ich lach' mir einen Ast.«

»Offiziersanwärter. Den Eid der Nationalen Volksarmee habe ich vor Walter Ulbricht geleistet, ein Eid ohne zeitliche Begrenzung. ›Bereit, wenn der Staat mich ruft, die DDR mit der Waffe zu verteidigen.‹ Meine Flucht in die Bundesrepublik war gleichzeitig eine Fahnenflucht. Damit ist nach dem Strafgesetzbuch der DDR der Tatbestand

des Landesverrats erfüllt und unterliegt – im schweren Fall, wie der Veröffentlichung meines Buches – der Todesstrafe.«
Mein Arzt lacht.
»Also, Offiziersanwärter Brigitte, ich bin sicher, daß da nichts dran ist. Fragen Sie einen Juristen, am besten einen Völkerrechtler. Und dann schreiben Sie sich die Geschichte von der Seele. Vielleicht kommt dann alles wieder in Ordnung mit der Hormonstörung.«
»Keine Spritze?«
»Den Deibel werd' ich tun. Schreiben Sie erst mal Ihre Geschichte. Wenn die Blutung nicht aufhört, werden wir weitersehen.«

Welchen Völkerrechtler soll ich fragen? Persönlich kenne ich keinen. Also rufe ich wie immer in der Not einen Freund im Ministerium an.
»Helfen Sie mir mit einem Rat?«
»Immer.«
»Also – ich habe einen Eid geschworen als Soldat der Nationalen Volksarmee. Vor zwanzig Jahren. Bin ich noch Soldat? Wenn auch fahnenflüchtig? Gilt der Eid? Ich muß das wissen. Sonst stellt sich eines Tages nach Veröffentlichung meines Buches heraus, daß ich es nicht als Bundesbürger, sondern als Soldat der Volksarmee geschrieben habe. Und das hätte Konsequenzen juristischer Art.«
»Wer hat Ihnen denn solch einen Bären aufgebunden?«
»Mein Cousin Erich Buchholz, Dekan der juristischen Fakultät in Ostberlin und beratendes Mitglied der Generalstaatsanwaltschaft der DDR. Er hat zu mir gesagt: ›Mit Landesverrätern, die die Republik verlassen haben, pflege ich keinen Kontakt.‹ Das Wort Landesverräter traf mich wie ein Donnerschlag. Seit meiner Flucht sitze ich in der Bundesrepublik und sage und schreibe kein Wort, und dann solch ein Satz, Landesverrat!«
»Wann hat er das gesagt?«
»Im vorigen Jahr. Daraufhin habe ich mich hingesetzt und mein Rotes Kloster geschrieben. Wenn schon solche Beleidigung, dann bitte mit Grund.«
Mein Freund lacht: »Typisch Brigitte. Aber er hat Sie... nicht eingehend informiert, nur über das Strafrecht.«
»Ja, er ist Strafrechtler.«
»Nach dem Völkerrecht der DDR sind Sie seit 1972 endgültig aus der Staatsbürgerschaft der DDR entlassen. Das Gesetz stammt vom 16. Oktober 1972, § 1. Und § 2 besagt, eine strafrechtliche Verfolgung findet nicht statt.«

Mein Problem ist ein Witz!
Ich bin Bundesbürger und nicht mehr greifbar für die Rechtsprechung der DDR. Erich wollte mir Angst machen.
Leute in Angst zu versetzen, um ihren Willen zu lähmen, und so die eigenen Interessen ungestört durchzusetzen, das ist die Strategie des organisierten Verbrechens. Strategie der Angst, die haben nicht nur die Mafiosi erfunden. Wie gut, daß ich Freunde habe.
Ich bin nicht nur gesetzlich im Recht, sondern auch moralisch. Unantastbar? Das ist eine Herausforderung für... Mafiosi.
Aber jetzt bin ich müde, müde... und verbringe den Rest des Tages im Bett.

Abends klingelt der Botschafter an meiner Haustür, elegant im Smoking, keine rote Nelke. Und ich stehe im Hausgewand vor ihm, fließend schwarze Seide, immerhin.
»Was ist passiert, Botschafter? Du wolltest doch nach Kiel zum Empfang?«
»Schon zurück, eine halbe Stunde hat genügt, die Leute waren langweilig, schon bin ich weg. Komm mit, wir fahren zu deinem schönen ›Meinsbur‹, da ist es gemütlich.«
Am liebsten sitzen wir im Biedermeierzimmer mit Wiege und Kachelofen und handgewebten Leinendecken, die Bohlen unter der Decke sind in Jahrhunderten geschwärzt, und die Dielen rundgetreten. Der »Meinsbur« ist ein reetgedecktes Bauernhaus aus dem 17. Jahrhundert, seit 1930 stilvolles Restaurant im Herzen Bendestorfs.[4]
»Trink deinen Whisky heute bei mir. Ich mag nur Kamillentee und keine Menschen.«
»Du bist wirklich krank?«
»Erschöpft, völlig erschöpft.«
»Das kommt vom Kämpfen gegen mich.«
Er wandert durchs Wohnzimmer und bleibt vor einem Gemälde stehen.
»Was ist das für ein großartiges Bild?«
»Das ist kein Bild mehr, das ist eine Mahnung.«
Durch die Nacht, durch Eis und Schnee, schiebt sich ein dunkler Strom von Menschen in die Kirche. Wegweiser ist das leuchtende Portal.
»Mein einziger Besitz, den ich in unsere Ehe eingebracht habe, ist dieses Gemälde. Es war durch reflektierendes Glas geschützt, das beim Betrachten störte. Von blendfreiem Glas hatte ich, kurz nach meiner

Flucht aus der DDR, noch nichts gehört. Wir wohnten damals in Westberlin.
Am 12. August 1961 – der Tag ist festgeschrieben in meinem Kopf – steht meine Putzfrau vor mir. Von oben bis unten blaubestaubt, die Haare blau, die Schürze blau, mit beleidigtem Gesicht.
›Ich weiß nicht, was das ist, ich glaube, Ihr ganzes Bild besteht aus Staub. Ich wisch' und wisch', er nimmt kein Ende. Sehen Sie selbst, ist das die Möglichkeit?‹
Sie fährt mit ihrem Tuch noch einmal in die zerstörte Pracht der Kirche und reibt die Leinwand ab.
›Alles Staub!‹
›Staub? Das ist Pastellkreide. Franz Hecker aus Rostock hat das Bild gemalt. Er starb in den letzten Kriegstagen bei einem Bombenangriff. Fast alle seine Gemälde sind damals mit ihm verbrannt. Und nun haben Sie sein letztes Pastellbild in Staub verwandelt, Frau Dustmann.‹
Tränen überfluten ihr Gesicht.
›Ach Gott, ach Gott, ich bin ganz durcheinander, die machen die Grenze dicht.‹
Frau Dustmann sucht nach einem Taschentuch, nimmt dann den Staublappen. Ihr Gesicht wird zur dunkelblauen Farbmaske, rosa leuchtet nur ihr zitternder Mund.
›Ich war gestern mit meinem Mann spazieren, im Grenzgebiet zwischen Ost- und Westberlin. Sie haben da viele Pfähle und Stacheldraht an der Grenze aufgeschichtet, und auf uns haben sie die Hunde gehetzt. Die machen die Grenze dicht.‹
›Unsinn.‹
›Wenn die Grenze dicht ist, kann ich nicht mehr putzen kommen. Das schöne Geld! Mein Mann arbeitet bei der Reichsbahn, und ich verdiene durch den Umtausch mehr Geld als der Generaldirektor der Reichsbahn.‹
Frau Dustmann kam zum Putzen aus Ostberlin. Zwei Mark West pro Stunde, das waren, schwarzumgetauscht, zehn Mark Ost. Ein fürstlicher Stundenlohn für einen DDR-Bürger, das Durchschnittseinkommen lag 1961 bei vierhundert Ostmark monatlich.
›Fahren Sie zur Grenze mit Ihrem Mann. Ich sag' Ihnen die Stelle, sehen Sie sich das an. Die machen die Grenze dicht. Ich lüge nicht, bestimmt nicht, was hätte ich davon.‹
Ich wecke meinen Mann, Nachrichtenchef einer Westberliner Tageszeitung.

›Wenn da was dran wäre, gäbe es Informationen. Nichts weist auf so eine Situation hin.‹
›Sehen wir uns die Situation an.‹
›Ich denk nicht dran. Wir haben genügend Geheimdienste hier in Westberlin versammelt, kannst dich drauf verlassen, daß die die Flöhe husten hören. Die Dustmann will dir was unterjubeln, um von ihrer Bilderstürmerei abzulenken. Kalter Kaffee, kannst du vergessen.‹
›Was Frau Dustmann angerichtet hat, das hat sie noch gar nicht begriffen, sie ist total verstört.‹
›Denk an ihren Mann, den Dichter. Seine Gedichte, die sie dir immer mitbringt, stammen von Uhland und Mörike, von Dustmann mit der Hand kopiert. Eine Heldentat für heute reicht, keine zehn Pferde bringen mich aus dem Bett.‹
Der nächste Tag war der 13. August. Seit diesem Tag ist die Grenze dicht. Seitdem gibt es die Mauer quer durch Berlin und einen Schießbefehl. Wer zu flüchten versucht, wird erschossen. Frau Dustmann hatte uns eine Weltnachricht ins Haus gebracht. Wir haben sie verschlafen.
Seit diesem 13. werde ich jedesmal hellwach, wenn mich jemand mit den Worten abzuspeisen versucht: wenn das so ist – dann wäre es bekannt.
Die Wahrheit trägt nicht das Kleid der Personen im Amt. Wahrheit kommt nicht daher im Prachtgewand.
Sie kommt zu dir, mit Staub bedeckt, unglaubhaft noch dazu. Welche Verkleidung sie auch trägt, hör hin.«
Mein Botschafter ist beeindruckt.
»Welch dramatisches Talent, schon wieder eine neue Brigitte. Jetzt brauche ich einen Whisky.«
Als ich ihn serviere, elegant auf Silbertablett, meinen Kamillentee daneben, hat er einen Entschluß gefaßt.
»Verkaufe mir dein Haus, wenn du weggehst von Hamburg.«
»Wie bitte?«
»Dein Haus gefällt mir. Es ist wie du. Habt Ihr es schon lange?«
»Wir haben es selbst gebaut.«
»Wie schön. Dein Haus bist du, kein Mensch soll es besitzen, ich will es haben.«
»Botschafter, du bist arm. Dieses Haus ist teuer, es kostet eine halbe Million. Außerdem, mein Haus behalte ich selbst.«
»Nur so gesagt, merk es dir für später.«[5]
»In welchen Zeiträumen denkst du denn?«

»Ich sitze da und warte, daß du mich akzeptierst, aber immer nur nein, zu jedem Vorschlag *nein.*«
»Das habe ich gewußt. Du wartest auf deine Sekunde, willst deinen Willen durchsetzen gegen mich.«
»Falsch, ganz falsch. Ich sitze ganz brav da und warte, ich habe noch keine Minute gekämpft. Hör auf zu kämpfen gegen mich, Brigitte, damit ich nicht kämpfen muß. Wenn ich anfange zu kämpfen, dann – ist es nicht gut. Dann nehme ich auf nichts Rücksicht. Nicht einmal mehr auf meine Verantwortlichkeit, auch nicht auf meine Karriere. Kämpf nicht gegen mich, damit ich nicht kämpfen muß.«
»Du... du bist destruktiv! Ich halte dich nicht aus.«
»Das bin ich nur, um herauszufinden, was echt bei dir ist. Ich bin nicht destruktiv. Aber du hast so viele Gesichter.«
Als mir gar nichts mehr einfällt, sage ich:
»Außerdem... bist du eine Hormonstörung für mich.«
Peng.
»Hormonstörung? Was ist das?«
»Spurenstoffe, von der Hirnanhangdrüse produziert, die den Körper im Gleichgewicht halten. Ich bin aus dem Gleichgewicht. Du hast mir schon geschadet, körperlich. Ich blute.«
»Brigitte, Brigitte!«
Er zündet eine Zigarette an.
»Du hast mir auch geschadet, sieh meine Hand.« Sie vibriert.
»Du bist – meine Hormonstörung. Es ist gegenseitig. Wie schön. Endlich ein Schritt weiter. Chemische Reaktion wie bei Fischen. Sie laichen in einer bestimmten Gegend, wie magnetisch davon angezogen, und der Samen fließt auf sie zu, um sie zu befruchten. Zwischen uns ist so etwas wie Chemie wirksam.«
»Danke für die Fische. Aber deine Hände zittern bestimmt bei jeder Eroberung. Du bist doch der Verführer par excellence.«
»Danke für Verführer! Komm mit in den ›Meinsbur‹, unter Menschen, sonst kann ich für nichts mehr garantieren. Du verführst mich... mit deinem hinreißenden Negligé.«
»Und wenn da Bekannte sitzen? Dann wird ein Gerücht seinen Anfang nehmen: ›Brigitte hat etwas mit einem... Fremden!‹«
»Dann wirst du dementieren: ›Was? Mit einem Gastarbeiter? Unmögliche Vorstellung.‹ Das kannst du doch so gut, Gastarbeiter? Unmöglich.«
»Botschafter, gib auf. Du gehörst nicht in meine Welt. Außerdem ist sie verplant bis... bis ins Jahr 2000.«

»Eine Ecke wird doch wohl noch übrig sein, die nicht verplant ist?«
»Du wärst mit keiner Ecke zufrieden.«
»Gefühle lassen sich nicht einplanen, und sie lassen sich auch nicht ausplanen. Akzeptiere mich. Was uns passiert, wünschen sich Millionen Menschen nachts im Bett, und sie werden es nie erleben. Es bleibt für sie ein Traum.«
»Ich warne dich. Ich werde dich in Literatur verwandeln. Dann wirst du Papier und landest in meinem nächsten Buch. Und ich bin dich los!«
»Versuch's.«
»Ach hör doch auf, das kann sich ein Diplomat gar nicht leisten.«
»Fang an. Es wäre eine Ehre für mich.«
»Bist du sicher?«
»Absolut.«
»Kann man dich mit nichts erschrecken?«
»Du nicht. Ich bin entschlossen, dich auszuhalten.«
»Dann flieg' ich weg.«
Schweigen. Die Idee ist mir selbst neu.
Der Botschafter schenkt sich einen neuen Whisky ein.
»Prost, Brigitte, auf die schöpferische Kraft deiner Fantasie.«
»Beschlossen und verkündet, ich flieg' in ein Sonnenland.«
»Wenn du wirklich wegfliegst... dann... dann...«
»Komm doch mit, Botschafter.«
»Unmöglich. Residenzpflicht. Aber du kannst jetzt nicht wegfliegen, wir müssen... unsere Hormonstörung in Ordnung bringen.«
»Nein. Das ist mir zu gefährlich. Ich fliege weg.«
»Dann... dann... hol ich meine Frau zurück.«
»Ooo?«
»Ja, Brigitte.«
»So ist das gedacht – Du suchst eine Geliebte. Pech für dich. Geliebte bin ich nicht. Das ist nicht mein Platz in dieser Welt.«
»Wer hat dir deinen Platz genannt? Hat Gott dir deinen Platz genannt?«
»Ein paar Dinge weiß man über sich. Geliebte bin ich nicht. Aus für dich.«
»So. Du denkst, ich habe auf Zero gesetzt? Auf Null? Die Null hat nicht meinen Einsatz. Das Spiel geht weiter.«
»Du bist ein Spieler?«
»Wußtest du das nicht? Das neue Spiel heißt: Brigitte auf Platz eins.«

Das hört sich bedeutsam an. Aber es ist wieder nur ein Satz, der den Inhalt versteckt, ein Satz, der nichts besagt. Gleich fasse ich nach:
»Wie viele Felder hat ein Spiel?«
»Warst du nie in einer Spielbank?«
»Natürlich nicht.«
»Dann wirst du eine kennenlernen mit mir.«
»Lenk nicht ab. Wie viele Felder hat Roulette?«
»Null – und fünfunddreißig andere Felder, also sechsunddreißig Möglichkeiten.«
»Dachte ich mir doch. Dein charmanter Satz hat einen Pferdefuß. Brigitte auf Platz 1 – gilt nichts. Ich flieg' weg.«
»Dann nimm Bücher mit.«
»Welche Bücher schlägst du vor?«
»Vielleicht – Carlos Fuentes, Mario Vargas Llosa, Gabriel García Márquez ›Cien anos de soledad‹ – ›Hundert Jahre Einsamkeit‹. Da hast du große Literatur für dein Gepäck. Du wirst neue Welten kennenlernen.«
»Aus welchen Ländern stammen diese Dichter?«
»Fuentes, Mexikaner, war eben noch Botschafter Mexikos in Paris. Mario Vargas Llosa, geboren in Peru, ist Präsident des International PEN. Márquez, Kolumbianer, Jurist und Journalist, ist ein großartiger Erzähler. In diesem Buch hat er die geschichtliche Wirklichkeit Lateinamerikas beschrieben und die Tragödie seiner Einsamkeit und Verlorenheit. Literatur als Schöpfungsbericht. In Europa gibt es kein Buch dieser Art.«
»Botschafter, wenn ich wiederkomme von meiner Reise, habe ich eine Einladung von Gabriel Laub zu einer Podiumsdiskussion mit Mario Vargas Llosa ›Verantwortung des Schriftstellers‹. Willst du mich begleiten?«
»Du sagtest, Diskussion?«
»Ja.«
»Ich bin Botschafter.«
»Und? Warum sagst du das? Du wärst anwesend als Privatperson.«
»Man kann offiziell und privat nicht trennen. Wenn falsche Meinungen, also falsche Informationen weitergegeben werden, muß ich Einspruch erheben. Ich kann nicht dasitzen und schweigen. Jeder Diskussionsbeitrag von mir wäre aber ein offizieller Beitrag. Und ich kann keine offiziellen Erklärungen abgeben zu diesem kontroversen Thema. Aber ich werde dich abholen, das verspreche ich dir.«
»Erst flieg' ich in mein Sonnenland.«

»Nimm Llosa mit, ›Conversación en La Catedral‹, damit du mitreden kannst. Die deutsche Übersetzung heißt ›Die andere Seite des Lebens‹, lies, damit du verstehen lernst.«
»Dich?«
»Nein, nein! Andere Vorstellungen von Politik. Von Moral, von Leuten ganz anderer Art, als du es bist, Brigitte.«
»Noch einen letzten Whisky auf den Weg, Botschafter?«
»Was mich interessiert – welches Sonnenland wirst du dir aussuchen?«
»Afrika? Italien? Ich weiß noch nicht.«
»Kennst du Malta?«
»Nein.«
»Dann Malta. Die Bevölkerung ist gemischt, aber zivilisiert. Und das Land hat eine alte, kulturelle Tradition. Überall Kulturstätten, Kirchen. Fahr nach Malta.«
»Ich brauche Sonne und Meer und...«
»Da ist Sonne und Meer ringsum.«
»... und Sand.«
»Sand? Weniger.«
»Heißen Sand brauche ich. Wasser und heißen Sand. Ich will schwimmen und schreiben.«
»Und träumen. Träum von mir. Aber versprich mir, nicht Afrika, nicht Italien, wenn du deine Flugkarte kaufst. Eine schöne Frau allein in Italien, das wird eine Katastrophe. Du kommst mit... Drillingen zurück.«
»Eine Woche Italien, das ist so gut wie nichts.«
»Keine Woche. Keinen Tag. Italiener! Unmöglich! Erlaube ich nicht.«

*

Unser Haus liegt, versteckt zwischen Tannen, auf einem Hügel vor Bendestorf, mit unbegrenztem Blick über Wälder und Felder bis hin zu den Schwarzen Bergen vor Hamburg. Fasane fliegen auf, und Rehe äsen nahe am Gartenzaun. Da wir kein Gegenüber haben, brauchen wir in unserer Schwimmhalle auch keinen Badeanzug zu tragen.
Die Worpsweder Möbel im Eßzimmer stammen von der Mutter meines Mannes, buchstäblich vom Hauklotz gerettet. Sie stand mit dem Beil in der Hand auf dem Hof in Asseln und wollte gerade die Worpsweder Bank in Feuerholz verwandeln, als wir auf den Hof fuhren. »Was soll ich mit dem alten G'lump in meinem neuen Haus. Meine

Söhne haben keinen Sinn für Tradition, und ich schleppe die Möbel seit meiner Hochzeit mit. Wenn sie keiner erben will, ins Feuer damit.«
»Mein Gott, die sind ja handgeschnitzt. Ein Fischer mit Südwester und Pfeife, und da die Fischerin in der Festhaube. Jugendstilzeit?«
»Ja, aus der Künstlerkolonie Worpswede. Die haben da ja nicht nur Bilder gemalt, sondern auch Möbel gebaut. Spartanisch in der Form, Reaktion auf den Pomp der Gründerzeit. Gefallen sie Ihnen etwa?«
»Unbeschreiblich.«
»Dann retten Sie sie vor meinem Beil, nehmen Sie sie mit.«
»Danke... darf ich sie als Hochzeitsgeschenk betrachten?«
»Als was?«
Wolf erklärt hastig:
»Tja, Friedchen, deshalb sind wir hier. Ich möchte dir meine Frau vorstellen.«
Mein Mann stammt wie ich aus einem alten Bauerngeschlecht. Aber ortsansässig seit Jahrhunderten, nicht wie wir, ständig auf der Flucht. Die Geschichte der Familie Heckmann läßt sich bis ins Jahr 1486 verfolgen, im Ort Asseln bei Dortmund. Der alte Heckmannhof in Asseln aus dieser Zeit, das Fachwerkhaus »Am Hagedorn« fiel jüngst der Spitzhacke zum Opfer – wegen einer Straßenverlegung.

»Da ist auch noch eine alte Truhe aus dem Kohlenkeller. Wollen Sie die auch? Ich fürchte mich davor, sie sieht aus wie ein Sarg mit dem gewölbten Deckel, schwarz vor Alter, Eiche. Könnten Sie ja abschleifen lassen, wenn Sie wollen.«
Hecki klappt den Deckel auf.
»Mit Holznägeln gefügt, Donnerwetter, die ist wirklich alt. Und so was steht bei uns im Kohlenkeller?«
»In welcher Zeit haben die Schreiner mit Holznägeln gearbeitet?«
»So um 1700 oder früher, weiß ich nicht.«
Als ich die Truhe gereinigt und mit Sonnenblumenöl getränkt habe, wird sie zu einem Prachtstück. Die Handschrift der Jahrhunderte wird nicht abgeschliffen. Sie bleibt, wie sie ist. Darüber das Bild von Hekker. Kein Bild mehr, die Erinnerung an ein Bild. Mein Rettungswerk schmückt unseren Bungalow in Bendestorf. Ein wenig gerettete Tradition macht unser Eßzimmer zum gemütlichsten Raum im Haus.

Sonntägliche Idylle am Frühstückstisch.
Inga, in eine rotkarierte Flickendecke gehüllt, von unserer Haushälte-

rin mit viel Liebe zu Weihnachten genäht, lobt die Brötchen. Inga ist gerade zehn.
»Kaiserbrötchen. Toll. Die kosten dreißig Pfennig.«
Hecki hebt die Braue.
»Warum so teure Brötchen? Sind wir Millionäre?«
»Also, übertreib nicht so. Unter achtzehn Pfennig gibt's gar keine Brötchen mehr. Die Zeiten, in denen Brötchen billig waren, sind vergangene Zeiten. Deshalb esse ich auch lieber Kuchen zum Frühstück als die teuren Brötchen.«
»Bescheiden wie Marie Antoinette.«
»Wie wer?«
»Marie Antoinette. Aber nach ihrem Spruch: Warum essen sie denn keinen Kuchen? Als das Volk Brot verlangte, war sie dann auch bald geköpft.«
Inga: »Versteh ich nicht. Warum hat sich denn das Volk kein Brot gebacken? Die konnten sich doch selbst Brot backen, warum wollten sie denn das geliefert haben?«
Hecki: »Sie hatten kein Mehl. Sie konnten sich nicht mal Brot backen, sie waren arm, du Wohlstandstochter.«
»Ach so, kann ich ja nicht wissen, daß Leute so arm sind und nicht mal Mehl haben.«
Götz sagt zu Inga, er ist fünfzehn Jahre alt und hat schon eine Meinung: »Bist auch eine Marie Antoinette. Warte ab, wirst auch deinen Kopf los.«
»Aber zuerst Mami. Sie ist auch nicht besser.«
»Heckiiii«, fang ich an mit sanfter Überredungskunst, »du siehst, es besteht ein zwingender Grund, daß Inga mich nach... Tunesien begleitet.«
Tunesien ist mir gerade eingefallen.
»Sie muß die Welt kennenlernen. Sie muß selbst sehen, welches Gesicht die Armut trägt.«
»Vom Luxushotel aus betrachtet.« Hecki schmunzelt.
»Wie bitte?«
»Was wirst du von Land und Leuten kennenlernen? Badestrand! Da verwette ich meinen Kopf.«
»Vor allen Dingen will ich ja schreiben. Diese paar Seiten über den Offiziersanwärter Brigitte, die will ich aus meinem Gedächtnis rausholen. In sieben Tagen hab' ich das geschafft. Sieben Tage lang werden wir aushalten, was auch passiert.«
»Im Luxushotel.«

Götz schlägt spottend in die Kerbe seines Vaters.
Inga mault beleidigt:
»Ich werde wohl gar nicht gefragt, ob ich mitwill? Kannst alleine fliegen, Mami. Denkst du, ich hab' Lust, mich zu langweilen, wenn du schreibst? Ich bleib' lieber zu Hause und spiel' mit Carola.«
Meine Familie weiß ich bei unserer Haushälterin gut versorgt. Die Buchung klappt. Schon bin ich mit Koffer und Schreibmaschine weg.

*

Vom Flughafen rufe ich den Botschafter an.
»Auf Wiedersehen. In einer Woche bin ich wieder da.«
»Paß gut auf dich auf, Brigitte. Stop. Sag mir dein Hotel in Malta.«
»Malta...? Ach so, nein, ich fliege nach Hammamet, Tunesien. Gleich geht mein Flugzeug.«
»Chaos.«
»Wie bitte? Ich verstehe nicht?«
»Du hattest gesagt, Malta. Ich habe mich darauf verlassen.«
»Du hast gesagt, Malta. Ich nicht.«
»Brigitte, Brigitte, was hast du wieder angerichtet.«
»Wieso? Was hab' ich angerichtet?«
»O... nichts. Schreckliche Vorstellung, eine Frau allein in einem Hotel, noch dazu in einem fremden Land. Du wirst Probleme haben. Für Afrika bist du zu blond.«

*

Probleme?
Schon am ersten Abend im Hotel »Les Orangers« in Hammamet sind sie da. Nach der Seezunge beugt sich der Ober diskret zu meinem Ohr: »Sie sind allein. Wollen Sie heute abend mit mir tanzen?«
Innerlich schnappe ich nach Luft, aber ich lächele freundlich: »Danke, nein.«
»Ich lade Sie ein. Ich habe Geld. Ich will Ihnen ein paar Bars zeigen.«
Alles auf deutsch.
»Wirklich nicht.«
Weise ich ihn schroff ab, wird er mir ab sofort den schlechtesten Platz im Speisesaal geben und mich möglicherweise unhöflich bedienen, ahne ich. Da fällt mein Blick auf mein Buch, in dem ich gelesen hatte.
»Das würde mir... mein Freund nicht verzeihen«, hauche ich und

zeige auf den Namen *Mario*. Instinktiv habe ich Freund gesagt. Ein Ehemann, der seine Frau allein verreisen läßt, ist kein Schutz. Aber ein Freund? Pikant, pikant.
Der Ober buchstabiert: »Mario Vargas Llosa. Wer ist das?«
»International President of PEN. Literature Organisation.«
»President – ooo!«
Seine Stimme ist voller Respekt.
»Erlauben Sie mir, meinen Freund zu holen? Er versteht mehr von Literatur.«
Er kommt mit zwei Kellnern zurück.
Der ältere fragt mißtrauisch, aber sehr höflich:
»Was ist das für ein Buch? Darf ich sehen? Von wem?«
»Von Vargas Llosa.«
»Aus welchem Land, sagten Sie?«
»Peru.«
»Peru. Peru.«
»Latein-Amerika«, helfe ich.
»Ich weiß. Ich habe Bücher von Vargas Llosa. Er ist ein Freund von Ihnen?«
»Wenn ich zurück nach Hamburg fliege, ist er da.«
Tief beeindruckt sagt er zu seinen beiden Freunden: »Weltberühmt. Ein weltberühmter Dichter ist ihr Freund.«
Der gar nicht gekränkte Ober, begeistert:
»Wenn Sie morgen einen Tisch wünschen, werden Sie den besten bekommen, den besten vom ganzen Saal. Ich werde aufpassen.«
»Danke... helfen Sie mir bitte. Niemand darf sich mit mir verabreden. Auch kein Gast.«
»Wir werden aufpassen. Jeder!«
»Danke!«

Llosa möge mir verzeihen.

Hinfort bin ich »Madame no« und mein Tisch ist jeden Tag mit Blumen geschmückt. Jeden Tag mehr Blumen.
Als ich meinen Hummer zum Abschied verzehre, ist er unter Jasmin fast nicht mehr zu entdecken. Dabei ist es ein Riesenhummer. Am zweiten Tag hatte ich ihn bestellt. Jetzt liegt er vor mir auf dem Tablett, am letzten Tag meines Urlaubs. Ich wußte nicht, in welche Verlegenheit ich die Küche stürzen würde mit meinem Wunsch: »Am liebsten... ein ganz großer Hummer!«

Im Bassin krabbeln Langusten, gut ein Pfund schwer, zur Auswahl. Gern hätte ich davon eine gehabt, aber bestellt ist bestellt. Warte ich eben auf meinen großen Hummer. Jeden Tag frage ich:
»Ist er schon ins Netz gegangen?«
»Morgen. Bestimmt morgen.«
Große Hummer gibt es nicht im Mittelmeer. Sie ließen ihn aus der Karibik einfliegen. Einhundertachtundfünfzig Mark stehen auf meiner Rechnung. Kleinigkeit... für die Freundin eines Präsidenten!
Ins Taxi vor dem Hotel steigt der örtliche Polizist mit ein. Er setzt sich neben den Taxifahrer, als sei es die selbstverständlichste Sache der Welt, auf meine Kosten nach Hammamet zu fahren.
»Wollen Sie Geld sparen?« spotte ich auf deutsch.
Und er antwortet mir radebrechend:
»No, Madame, no, ich aufpassen. Unsere Männer Respekt vor Polizei. Wollen du kaufen?«
»Vielleicht... einen Teppich?«
»Du kaufen bei Amari Moktar, staatlicher Teppichhändler in den Souks, seriöser Mann, spricht deutsch. Gut Preis. Du mitkommen.«
Als ich aussteige, schenkt mir der Taxifahrer eine Handvoll Jasminblüten. Überrascht sehe ich in sein freundlich nickendes Gesicht, eine Hand hat er auf sein Herz gelegt.
Der Polizist sagt:
»Jasmin bringt Glück.«
Die Medina Hammamets ist von einer guterhaltenen Stadtmauer aus dem 12. Jahrhundert umgeben. In den überwölbten Souks ist es kühl, Architektur als Klimabewältigung. Die Sonne scheint nur auf die äußerste Rundung der Kuppeln, nicht prall wie auf unsere Flachdächer in Europa.
Der Teppichhändler begrüßt mich:
»Du hast einen Zopf wie unsere tunesischen Mädchen – die Guten. Du gefällst mir sehr.«
Er reicht mir einen Fingerhut voll Pfefferminztee, süß, stark aromatisch.
Meinen Jasmin lege ich auf einem Kupfertischchen ab, direkt neben bizarrgeformten Mineralien, gelblich, wie erstarrte Rosen.
»Wunderschön. Sind das Rosen aus Stein?«
»Rosen aus Sand.«
»Haben Sie die gemacht?«
»Produkt der Natur. ›Roses de sable‹ sind Rosen unserer Wüste. Merkwürdig, sie haben dieselbe Farbe wie deine Haare.«

Er hält eine lichtgelbe Rose neben meinen Zopf.
»Genau die Farbe, identisch.«
»›Rose de sable?‹ Im französischen Wappen unserer Familie ist neben dem geöffneten Maul des Löwen eine ›rose de sable‹ beschrieben. Ich wußte nicht, daß es solche Rosen in Wirklichkeit gibt.«
»Unter bestimmten Naturbedingungen formt sich der Sand unserer Wüste durch Wind, Sonne und Regen zu Rosen. Bis zu dreißig Meter hoch können sie sich türmen. Sandrosen findest du nur in der Sahara, nirgendwo sonst in der Welt.«
»Finden? Einfach so?«
»An den Karawanenwegen nicht mehr. Alles geplündert. Kameltreiber bringen manchmal welche aus der Wüste mit.«
»Wie lange dauert es, bis sich solche Kristalle aus Sand formen?«
»Hunderttausend Jahre – eine Million Jahre? Ich weiß es nicht.«
Er klatscht in die Hände. Knaben rollen Teppiche aus, halten sie ins Licht.
»Beduinenmotiv mit der Hand Fatimas. Vierzigtausend Knoten pro Quadratmeter, Normalausführung.«
»Fatima? Wer war Fatima?«
»Tochter von Prophet Mohammed. Fatima ist die erste Frau, die an den Islam geglaubt hat. Die Hand Fatimas ist ein Glückssymbol. Gegen bösen Blick, bringt Glück.«
Mein Blick schweift ab zu den Sandrosen.
»Würden Sie mir eine ›rose de sable‹ verkaufen?«
»Eine? Du kannst alle haben.«
»Nein, nein, ich will Sie nicht berauben.«
»Wirklich, nimm sie alle mit.«
»Zwei?« Er sucht mir die beiden schönsten aus.
»Wieviel muß ich zahlen?«
Er nennt einen Preis im Werte von zwei Mark.
»Kommt nicht in Frage, zu billig, hier haben Sie das doppelte.«
»Nein, bitte, das darfst du nicht tun.«
»Was darf ich nicht tun?«
»Du mußt handeln, du mußt sagen, zu teuer! Dann gehe ich im Preis herunter. Handeln mußt du.«
»Nein. Solche Schönheit für ein paar Pfennige? Ich würde mich schämen zu handeln.«
»Handeln ist ein Spiel. Du mußt handeln. Das gehört dazu. Verdirb mir nicht den Tag.«
»Handeln? Ich denk' nicht dran.«

»Nicht handeln? Unvorstellbar. Sie handelt einfach nicht! Was soll ich machen? Hier. Geschenkt. Aber geh! Sofort! Sonst schenke ich dir auch noch meine Teppiche. Schnell! Schnell! Raus mit dir! Gleich bin ich ein armer Mann. Ich kann es bemerken. Gnade!«

★

Hecki holt mich mit Rosen vom Flughafen ab.
»Ich habe hier mit einem Freund auf deine Maschine gewartet. Er holte seine Freundin ab. Die kam aus Düsseldorf. Ein wunderschönes Mädchen.«
»Armer Hecki. Und du mußt deine alte Ehefrau abholen. Aber du hattest alle Zeit der Welt und alle Gelegenheit. Du hättest Dutzende schöner Mädchen vom Flughafen abholen können.«
Er stutzt einen Moment.
»Willst du dir ein Alibi verschaffen?«
»Was heißt Alibi?«
»So sprichst du doch sonst nicht, brauchst du ein Alibi?«
»Wofür?«
»Mir scheint, nicht nur die fünfzehn ungeschriebenen Seiten sitzen auf deiner Seele.«
»Auf meiner Seele sitzt nichts mehr. Die fünfzehn Seiten sind fertig. Hat der Verlag schon angerufen?«
»Weit und breit nichts zu hören und zu sehen von einem Verleger.«
Zu Hause ist alles unverändert. Nur ich bin braungebrannt und noch blonder geworden, dank der tunesischen Sonne.

★

Der Botschafter sagt:
»Wo du bist, geschieht Unsinn. In einer Sekunde, knips, die Welt steht auf dem Kopf durch dich. Welche Kraft. Du bist auf Gegenkurs in dieser Welt. Ich sehe es.«
»Aber nicht mit Absicht.«
»Nein. Es passiert ganz einfach. Du kommst – ist schon passiert. Schneller als man denken kann. Man kann sich nicht schützen.«
»Was passiert?«
»Gegenkurs. Chaos.«
»Aber aus dem Chaos entsteht jedesmal Gutes.«
»Einigen wir uns so, Chaos zum Guten. Aber teuer, teuer, teuer.«
»Wie meinst du das?«

»Man muß in Ordnung bringen. Ordnung machen. Das ist teuer.«
»Ach so meinst du das.«
»Hast du an mich gedacht in Tunesien?«
»Ja. Ich habe Dir eine ›rose de sable‹ mitgebracht. Und mein Gedicht.«
»Für mich? Wirklich für mich?«
»Freu dich nicht zu früh. Dichten kann ich nicht.«
Ich lese vor.
Er hört zu, mit schmalen Augen, kritisch:

Rose der Wüste,
erstarrt zu Kristall,
durchscheinend
undurchsichtig,
sandfarben,
zart,
aber
unzerstörbar,
blühst Du,
alt wie die Welt,
Rose aus Sand und Zeit.

»Darf ich dein Gedicht verändern, Brigitte? Ich will es verändern, damit es stimmt. Du mußt schreiben:

Rose der Wüste,
erstarrt zu Kristall,
durchsichtig
und
undurchscheinend,
sandfarben,
zart,
und,
zerstörbar,
blühst Du,
alt wie die Welt,
Rose aus Sand und Zeit.

Nicht *aber*. Du mußt *und* sagen. Du bist für mich durchsichtig und zerstörbar. Man muß dich beschützen.«

»Danke. Also... dann werden wir wohl mein nächstes Buch gemeinsam schreiben müssen, damit ich treffe, im Wort, was ich denke.«
»Wir werden. Schon versprochen.«
»Du bist ein Dichter, Botschafter.«
»O nein, ich bin... ein frustrierter Mensch.«

Ganz nebenbei, im Konversationston, fragt er mich: »Welche Blume liebst du vor allen?«
»Rosen.«
»Welche Blume noch?«
»Sonnenblumen.«
»Schließ die Augen. Welche Farben siehst du?«
Gehorsam schließe ich die Augen.
»Farben? Felder. Blaue Felder bis zum Horizont. Und jetzt verschieben sich die Farben. Gelbe Felder. Blühender Flachs und blühender Raps, leuchtend in der Sonne.«
»Lavendelfelder, Sonnenblumenfelder.
Ein Zweig deiner Familie stammt aus Frankreich?«
»Ja.«
»In Südfrankreich gibt es Sonnenblumenfelder. Alles, was dir gefällt. Gelbe Sonnenblumen, blauer Lavendel und rote Rosen. Sag, welchen Vogel liebst du vor allen?«
»Möwen.«
»Möwen?«
»Wenn Möwen schreien, fühle ich mich frei. Weiße Möwen – das ist für mich Freiheit und Geborgenheit zugleich.«
»Die weißen Möwen... sind die Tauben der Provence. Was ist das für eine Familie, deine Familie aus Frankreich?«
»Die Renauds – waren Fürsten der Provence.«
»Das habe ich geahnt.«
»Generäle, Dichter und Juristen. Am Anfang der Sippe stand ein Heiliger.«
»Ein vollkommenes genetisches Programm. Und in der Generationenkette der Klumps... bist du das 14. Geschlecht!«
»Weiß ich nicht.«
»Schlag nach. Du hast doch eine Ahnentafel?«
»Ja. Hier steht Brigitte Klump, 14. Generation. Wie konntest du das wissen?«
»Lies die Bibel.«
»Verrat es mir, bitte.«

»Unwichtig. Brigitte, du mußt wissen: du bist nicht, wer du bist. Du bist eine andere. Du bist auch dein Gegenbild. Dein Gegenbild ist vielfach, facettenreich. Ein Gegenbild hab' ich erkannt, es stammt aus Frankreich. Ich habe es erkannt, weil eins meiner Gegenbilder auch aus Frankreich stammt.«

»Dann stammt meins aus einer alten Zeit, aus einer Zeit ohne Technik offensichtlich. Mein Programm für Technik fehlt total.«

»Mein Programm für Technik ist vorhanden, steht dir zur Verfügung. Einer meiner Ahnen besorgte die Elektrifizierung Londons. Aber du hast es schon selbst gesagt, Brigitte, dein Gegenbild ist dein genetisches Programm. In Zellschrift sind deine Erfahrungen eingeschrieben, auch aus deinem vergangenen Leben, dir nicht bewußt, aber dein Handeln bestimmend. Du bist vielfach, wie jeder Mensch. Aber ich bin anspruchsvoll, ich will keine Facetten von dir, kein Kaleidoskop. Ich will die Übereinstimmung von Bild und Gegenbild.«

»Keinen Zirkus mehr? Wie langweilig.«

»Du sollst nicht deine Kraft hergeben für Zirkus. Richte sie auf ein Ziel, keine Zersplitterung mehr.«

»Ziel?«

»Wir werden schon eins finden für dich. Aber eins steht fest, du mußt schreiben, das ist ein Befehl.«

»Den Befehl brauch' ich nicht, den hab' ich in mir. Schreiben will ich selbst. Gib mir das Thema.«

»Das Thema kommt, wart ab, die Zeit schenkt dir dein Thema.«

»Botschafter, wenn du schon alles weißt, sag mir, warum ich das Meer so liebe und heißen Sand?«

»Denk nach.«

»Vielleicht war ein Gegenbild von mir... ein Moslem? Die ›rose de sable‹ im Wappen stammt aus der Sahara. Der Koran arbeitet mit Verboten, kein Alkohol, kein Schweinefleisch. Ein Schluck Wein – schon habe ich Kopfschmerzen. Eine Scheibe Schinken – schon bekomme ich Pickel. Schweinefleisch-Allergie nennt das mein Arzt. Vielleicht ist das die Strafe für den Verstoß gegen Gebote des Islam? Und noch etwas, ich rauche nicht und spiele nicht, weil ich jedes Spiel verliere...«

»Vergiß nicht, einmal hast du gewonnen. Mich.«

»Das verstehe ich bis heute nicht, aber unterbrich mich nicht. Ich bin eine Blondine und müßte die Sonne scheuen, aber sie verbrennt mich nicht, ich werde nicht mal rot im Gesicht bei dreißig Grad Hitze. In der Hitze erwacht mein Verstand. Ich bin ein Moslem.«

»Ein Moslem weiß, wo es die schönsten Sandrosen gibt, du nicht. Deine Renauds waren Generäle, Eroberer also, denk an die Kreuzzüge, Brigitte. Sie werden Land in Tunesien geraubt haben, daher die ›rose de sable‹ im Wappen.«
»Ein Gouverneur von Malta war ein Renaud.«
»Ein Grund mehr für dich, nach Malta zu fliegen. Warum bist du meinem Wunsch nicht gefolgt? Verrätst du mir das?«
»Instinktive... Abneigung.«
»Gegen mich?
Oder gegen Malta?«
»Eine Warnung ist in mir. Wohl aus der Literatur. Bei dem Wort Malta steigt vor mir eine graue Festung auf aus dem Meer. Mit Kanonen. Kein Entkommen möglich. Hat... Othello seine Desdemona nicht auf Malta umgebracht?«
»Nein. Das war auf Zypern. Vielleicht hat dein Gegenbild schlechte Erfahrungen gemacht auf Malta?«
»Mit dir! Weißt du, warum ich dich nicht beim Namen nenne, Botschafter? Es gibt nur einen Namen auf der Welt, den ich ablehne. Du trägst ihn.«
»So ist das. Deine Aggressionen gegen mich kommen aus deinem Unterbewußtsein. So ist das. Aber es ist nur ein Name, Brigitte, zufällig ein Name.«
»Nein. Nicht nur der Name. Du bist es. Du selbst. Ich fürchte mich vor dir. Du bist nicht zu erkennen. Ich weiß nicht, wer du bist. Immer nur Fragen nach meiner Person. Von dir weiß ich nichts.«

»Warum fürchtest du mich?«
»Du sagst, was du denkst, aber du tust nicht, was du sagst, und du sagst nicht, was du tust. Ich halte dich nicht aus.«
»War ich jemals zornig mit dir?«
»Nein.«
»Bin ich nicht immer freundlich?«
»Doch.«
»Habe ich mich beleidigt gefühlt von dir?«
»Niemals.«
»Bin ich immer da für dich?«
»Ja.«
»Immer zu erreichen? Auch telefonisch?«
»Immer.«
»Was also habe ich dir getan, Brigitte?«

»Nichts... aber... was hast du meinem Gegenbild getan?«
»Vielleicht muß ich büßen, Schuld tilgen? Einer meiner Ahnen war Erfinder der Guillotine.«[6]
»Vielleicht bist du meine humanitäre Aufgabe, außerhalb von Logik und Rationalität? Vielleicht hat das auch zu tun mit Liebe?«
»Liebe?«
»Sagen wir, mit allgemeiner Menschenliebe, besser so?«
»Also – dann bin ich wohl eine Strafe Gottes für dich, Botschafter.«
»Ich akzeptiere. Du bist mir willkommen, Strafe Gottes. Aber deine Ansicht von Malta ist falsch. Du mußt dich umprogrammieren, sofort. Das ist ein Befehl. Ich bin nicht hier, um dir zu schaden, ich will dich schützen.« –
»Schützen, wovor? Siehst du, das ist es, ich verstehe nichts, ich verstehe nichts, ich verstehe dich nicht.«
Er rezitiert:

Beschäftigung, die nie ermattet,
die langsam schafft, doch nie zerstört,
die zu dem Bau der Ewigkeiten
zwar Sandkorn nur für Sandkorn reicht,
doch von der großen Schuld der Zeiten
Minuten, Tage, Jahre streicht.[7]

»Botschafter, was ist das für ein Gedicht?«
»Kein Gedicht, eine Aufgabe.«
»Eine Aufgabe? Ich verstehe nicht.«
»Du wirst verstehen, bald.«
»Ein Wort hab' ich verstanden, Sand. Sand ist mir willkommen.«
Der Botschafter ruft an:
»Komm mit nach Hittfeld ins Spielcasino. Ich habe ein System. Gestern habe ich in Travemünde vierzehnmal gewonnen, plain.«
Als ich Tschüß zu meinen Kindern sage, drücken sie mir schnellentschlossen ihr Taschengeld in die Hand.
»Verdoppel das, Mami.«
»Und wenn ich verliere?«
Götz: »Unser Risiko.«

Im Autoradio tönt Schmalz von Elvis.
»Igitt!« Ich drücke auf die Aus-Taste.
»Was hast du gegen Elvis Presley, Brigitte? Diese Augen, blauuu!

Diese schwarzen Haare, diese Nase – alles edel. Er ist der schönste Mann der Welt.«
»Botschafter, du willst mich verspotten.«
»Er ist der schönste Mann der Welt.«
»Nicht für mich. Diese Art Männer gefällt mir nicht. Er wirkt... klebrig.«
»Was für eine Art Männer gefällt dir?«
»Kantige Männer, keine weichlichen. Diszipliniert müssen sie sein bis in die Fingerspitzen.«
»Elvis – das ist die Verkörperung des Männlichen.«
»Ein Fettkloß?«
»Jetzt. Aber er war das Idol der Jugend meiner Zeit.«
»Da bin ich aber froh, daß du nicht sagst, dein Idol.«
»Warum lehnst du ihn ab?«
»Für mich ist er die Verkörperung der amerikanischen Unkultur. Der Plastik-Gesellschaft. Der Wegwerfgesellschaft. Sieh dir doch nur seine Kleidung an. Flitter und Tand.«
»Aus dir spricht deine puritanische Erziehung!«
»Er ist ein Showtalent, ein Clown. Unbekümmert, das gefällt mir.«
»Für dich ist er kein Sex-Symbol?«
»Sex-Symbol? Vielleicht war er zu seiner Zeit für Jugendliche ein Symbol der Unabhängigkeit, der Revolte, der Befreiung... auch vom Puritanismus. Vielleicht ist er für Unfreie ein Symbol der Hoffnung. Für mich... hat er absolut keine Bedeutung.«
»Du interpretierst politisch. Lehrsatz Nummer 1 für dich: In der Politik zählen nicht Freundschaft noch Ideologie, sondern Interessen.«

Das Spielcasino ist ein umgebautes Bauernhaus, reetgedeckt, mit Bussen vor der Tür. Wagenladungen von Rentnern versuchen nachmittags, mit Minimaleinsätzen Zeit totzuschlagen. Das große Geld geht nachts über die Tische.
»Wieviel Mark willst du riskieren, Brigitte? Du wirst gewinnen.«
»Ich gewinne niemals.«
»Falsch, ganz falsch. Mit dem Schinken hast du mich gewonnen auf dem Presseball.«
»Also – das Taschengeld meiner Kinder, und hundert Mark von mir. Aber ich werde jede Mark verlieren.«
»Mein System siegt. Dein Geld bleibt bei dir. Aber du mußt meinem Rat folgen.«
Beim Taschengeld meiner Kinder folge ich seinem Rat. Dann verliere

ich die Lust, wandere weg vom Botschafter an einen anderen Tisch, setze alles auf die Eins – und verliere.
Mein Blick sucht den Botschafter, er steht schon hinter mir.
»Du bist ja ganz furchtbar, Brigitte, auf einmal verlierst du die Lust und wirfst alles weg. Doch nicht alles auf einmal, den Einsatz mußt du zurückbehalten.«
»Dein System ist zu langwierig. Es langweilt mich.«
»Schon habe ich etwas gelernt, ich werde aufpassen müssen, daß Spannung bleibt, sonst – keine Lust mehr, und Brigitte ist weg. Einfach verschwunden.«
»Verstehe ich dich richtig – du machst schon wieder einen Test mit mir?«
»Ein neues Spiel, Brigitte. Wir setzen in Gedanken tausend oder zweitausend Mark auf eine Zahl, und dann werden wir sehen, ob wir gewinnen oder verlieren. Kein wirkliches Geld, wir tun, als ob wir spielen, und dann rechnen wir zusammen, einverstanden?«
»Also, da du ein System hast, werden wir wohl Millionäre werden.«
Wir verlieren jedes Spiel, trotz System, und werden immer vergnügter. Die drei Croupiers an den Tischen und der Mensch auf seinem Stühlchen, der die Oberaufsicht führt, werfen irritierte Blicke auf uns. Wir sind unangemessen fröhlich bei diesem ernsthaft betriebenen Verlustgeschäft.
Mein Resümee:
»Botschafter, du bist ein Spieler wie ich, aber keiner, der aus Spielleidenschaft Geld riskiert, sondern ein Erfinder von Spielen.«
Wir gehen lachend die Treppe zur Garderobe hinunter.
»Hast du zusammengezählt, was wir verloren haben, Botschafter?«
»Zwanzigtausend Mark verloren, futsch.«
»Zwanzigtausend, in so kurzer Zeit?«
»Das ist ja das Gefährliche am Casino, man vergißt, daß man um Geld spielt, es sind so hübsche Chips. Und jeder Chip repräsentiert ein Vermögen, zwanzigtausend Mark sind weggeflogen.«
Die Garderobenfrau blickt auf:
»Endlich mal Menschen, die fröhlich sind. Immer kommen hier traurige Herrschaften die Treppe herunter. Haben Sie sooo viel gewonnen?«
»Gewonnen, Brigitte? Haben wir?«
»Das würde ich nicht gerade so nennen.«
Der Toilettenmann sieht erstaunt aus seiner Toilettentür: »Aber Sie lachen trotzdem?«

»Ja, es amüsiert uns.«
»Sie machen das richtig, ich sag' immer zu meinem Kollegen, wenn sie wissen, daß sie traurig werden, wenn sie ihr Geld verlieren, warum kommen sie dann überhaupt spielen? Dann sollen sie doch zu Hause bleiben.«

*

Pfingsten ißt Gabriel Laub bei uns meine Buttercremetorte nach Großmutterart. Wir sitzen auf der Terrasse.
»Kommt mit ins Casino nach Hittfeld. Ich habe das Gefühl, ich werde heute mein Geld abholen.«
Mein Mann protestiert:
»Ohne mich, Gabriel. Der Gewinner bleibt die Bank.«
Ich überlege.
»Hittfeld? Kenne ich schon. Travemünde wäre mir recht. Die Spielbank soll da noch diesen pompösen Stil haben.«
Gabriel: »Zu teuer mit Taxi. Ich gehöre zu den wenigen, die Auto fahren können und trotzdem nicht fahren.«
»D'accord, Gabriel. Mein Verhältnis zur Technik ist Null.«
Aber dann wende ich mich meinem Mann zu, mit beginnendem Zorn:
»Interessierst du dich nicht dafür, mit wem ich in Hittfeld dein Geld verspielt habe? Du fragst nicht, mit wem? Wann das war? Warum fragst du mich nicht?«
»Solange du mich nicht ruinierst...«
»Keine Gefahr. Alles oder nichts – das langweilt mich. Keine Dramatik, keine Spannung, die sich aufbaut, alles geht zu schnell, und ist zu schnell vorbei. Zuerst hatte ich mit Vergnügen Ingas und Götz' Taschengeld verdoppelt, sie wollten, daß ich es versuche. Dann hatte ich auf einmal keine Lust mehr. Mein eigenes Geld komplett auf die Eins – schon war es weg. Spielen am Roulette ist... einfältig. Man kann keinen Einfluß nehmen. Die Kugel fällt, wohin sie will.«
»Mami – wenn du die Kugel manipulieren könntest in ihrem Lauf, wetten, du würdest zur leidenschaftlichen Spielerin.«
»Du hast mich durchschaut. Gratuliere, Götz.«
»Wer hat versucht, dich zum Spielen zu verführen, Brigitte?«
»Gabriel, das soll mich Hecki fragen.«
»Nein. Was du mir sagen willst, wirst du mir sagen.«
Gabriel: »Toleranz ist eine Stufe des Erwachsenseins. Die Geschichte kennt einige Menschen, die sie fast erreichten.«

»Toleranz? Du bist genauso gleichgültig wie die Frau des Botschafters, Hecki. Sie fragt nie, woher er kommt. Versteh' ich nicht, ich würde an meinen Fragen ersticken. Ich muß fragen.«

»Was ändert das?«

»Leb' ich denn hier in einer Familie von ..., von Monolithen? Steine, die nicht reden? Keiner fragt den anderen. Himmel, was für eine englische Familie.«

»Sag ruhig langweilig, Mami, wir vertragen deine Kritik, wir haben gelernt, damit zu leben.«

»Wenn ihr mich nicht als Kontaktperson hättet, als Vermittler, keiner wüßte etwas von dem anderen.«

»Mami, was soll's, wir haben ja dich.«

Gabriel fragt interessiert:

»Darf man fragen, was das eigentlich für ein Botschafter ist?«

Hecki zuckt die Achseln:

»Weiß ich nicht, irgend so ein Bananenhändler, diese Klasse, denk' ich mir, aber pfundweise Charme, das beeindruckt Brigitte.«

»Charme mit Verstand, das beeindruckt mich. Bananenhändler! Du bist genauso arrogant wie ich, Gastarbeiter habe ich gesagt. Gabriel, weißt du, mein Freund hatte darauf nur eine Antwort: ›Ihr Deutschen habt euren Hitler verdient, keinen Respekt vor dem anderen, nur Herabsetzungen, Beleidigungen für den, der euch fremd erscheint. Ihr habt euren Hitler verdient. Er ist ein Teil von euch selbst.«

»Donnerwetter, das könnte von mir sein, so gut ist das.«

Hecki reicht mir seine Teetasse.

Aus der Kanne fließt nur noch ein Rinnsal.

»Vergiß nicht deine Pflichten, Hausfrau, wenn es hier keinen Tee mehr gibt, wenden wir uns schärferen Sachen zu.«

»Du hättest ihn längst kennenlernen können, Hecki, aber ich habe gemauert.«

»Warum das denn?«

»Er wollte uns zum Essen einladen, in sein Haus, hättest du es akzeptiert?«

»Warum?«

»Siehst du, ich habe geahnt, daß du so reagieren würdest. Ich habe abgelehnt. Du hättest die Einladung zerrissen.«

»Das war aber häßlich von dir. Natürlich hätte ich sie nicht zerrissen, ich würde schriftlich ablehnen, aus Zeitgründen. Aber du verteidigst ihn so. Ist der Botschafter mein Kontrastprogramm? Ein eleganter Mann?«

»Ein Herr.«
»Damit kann ich nicht konkurrieren, ich bin ein Bauer.«
»Vorschlag, Hecki. Kehr dein Inneres nach außen. Kleide dich in englischen Zwirn, dann wird dich jeder für einen Gentleman halten. Du *verkaufst* dich als Bauer. Du *bist* es nicht. Deinen Charakter kenne ich. Dein Charakter ist vornehm. Aber du machst einen Fehler. Du zeigst dich anderen unterlegen, im Geschmack.«
»Also, Brigitte, so beleidigt hat mich noch keiner. Ich ein vornehmer Mensch? Ich bin ein Bauer und bleibe ein Bauer. Ich spiel' dir nicht den Diplomaten.«
»Vornehm an dir ist, du... übst keinen Zwang aus. Du läßt Menschen gewähren. Du versuchst nicht, sie nach deinen Vorstellungen umzuformen oder zu manipulieren. Nicht mal deine Kinder. Kinder, stimmt's?«
»Stimmt«, sagen beide aus einem Mund.
»Natürlich nicht, warum auch. Menschen kann man nicht ändern, man muß sie verbrauchen, wie sie sind. Verhältnisse kann man ändern, das ist alles. Wenn man den richtigen Blick hat, findet man für jede Aufgabe seinen Mann.«
Inga macht eine Anmerkung, zögernd und leise:
»Mann? Frau und Mann.«
Gabriel: »Lauter, Inga! Manchmal hört man nicht hin, wenn sich einer zu leise meldet.«
»Wenn er beim erstenmal übersehen worden ist, beim zweitenmal wird er schon lauter rufen, verlaß dich drauf, Gabriel. Jeder Mensch braucht Chancen, und Wohlwollen. Jeder bekommt seine Chance. Chancen erkennen, zupacken, festhalten – daran mangelt es.«
»Der Mensch verpatzt schon so manches im Leben, aber nichts ist so vollkommen, wie das Leben selbst.« Gabriel hat für alles seine Weisheit.
Götz erhebt sich.
»Entschuldigt mich. Ich will zum Reiterfest.«
Inga piepst:
»Nimm mich mit!«
Götz hört nicht hin.
»Brüll, Inga, brüll, damit er dich hört. Sonst bleibst du vergessen am Teetisch sitzen.«
»Mami, unmöglich. Du weißt, Kraftfahrzeug-Zulassungs-Ordnung. Mein Moped ist kein Lastwagen. Inga kann brüllen, wie sie will, ich höre nicht hin.«

»Mein Gott, Götz, der kurze Weg! Keine Gefahr! Wird schon kein Polizist hinter unserer Hecke auf dich warten.«
»Mami, ich lasse mich auch von dir nicht beeinflussen, eine Verordnung zu übertreten. Immer wieder versuchst du, mich auf den Weg des Rechtsbruchs zu schicken. Was versprichst du dir davon?«
»Charaktertest.«
»Hab' ich mich schon mal von dir reinlegen lassen, Mami, na?«
»Keinmal, mein Sohn.«
Gabriel: »Eins rauf mit Mappe, Götz. Skepsis ist Voraussetzung des selbständigen Denkens.«
»Danke.«
Hecki lacht: »Brigitte ist ein Diktator, wie er im Buche steht.«
Gabriel: »Ein Diktator in einer demokratischen Familie, interessant. Demokratie ist die einzige Gesellschaftsform, die man auf demokratischem Weg – abschaffen kann.«
Götz: »Ihre Aphorismen sind weder kapitalistisch noch sozialistisch. Mich würde interessieren, wie sie Diktaturen und Demokratien definieren.«
»Die Diktatur nimmt den Menschen alle Rechte. Mehr kann sie nicht tun. Die Demokratie gibt den Menschen alle Rechte. Mehr kann sie nicht tun.«
»Papi, fahr du mich mit dem Auto zum Reitfest.«
»Aber gern, sehen wir uns die Cowboys an. Mein Vater hat mich immer verspottet, wenn ich ausritt: ›Der hängt auf seinem Pferd wie ein Cowboy.‹«
»Kannst du reiten, Papi? Tollll!«
»Tja, aber nicht vorschriftsmäßig wie ein Kavallerist. Ich bin kein Herrenreiter!«
Gabriel: »Fliegen kann er. Reiten kann er – du kannst Kunst!«

*

Der Botschafter lädt mich ein zu seinem Empfang.
»Ich will, daß du meine Leute kennenlernst und... meine Welt.«
»Mein Mann hat abgelehnt.«
»Dann bring zwei Freundinnen mit zu meinem Gartenfest. Ich will, daß du in Begleitung bist.«
Um 16 Uhr ruft der Botschafter an.
»Wenn arme Leute Wäsche waschen, regnet es auf die Wäsche. Jetzt muß ich ein Zelt aufbauen, sonst werdet ihr naß.«

Freundin Olivia Molina, Sängerin, und Frau Dr. Jessen, Ärztin, begleiten mich. Und Olivias Mutter kommt auch mit, kurzentschlossen: »Damit ihr unter Aufsicht bleibt.«
Die Straße zum Haus wird von uniformierter Polizei und Funkwagen kontrolliert. Im Haus, nicht zu übersehen, zivilgekleideter Personenschutz.
Das Festzelt ist im Garten aufgebaut. Ein Zelt, hoch wie ein Haus, rund, sonnengelb, Infrarotstrahler als Wärmequellen, und Teppiche, damit der Schuh keinen Zentimeter nassen Rasen betreten muß. Ein herrlicher Garten, auf den die Abendsonne scheint.
Der Empfang selbst findet im Haus statt, das Festzelt verlängert die Terrasse. Ein Haus wie ein Kleinod, jedes Detail eine Kostbarkeit, Ikonen, vier oder fünf, dunkel vor Alter, repräsentieren Millionenwerte.
»Geliehener Glanz, laß dir nichts vormachen, ich bin ein armer Mann, Brigitte.«
Direkt neben der Tür steht die Empfangsreihe. Zuerst der Botschafter.
»Frau Heckmann, ich freue mich.« Eine tiefe Verbeugung. Dann seine Frau, blond und schmal im weißen Kleid. Da zupft mich jemand. Dr. Jessen steht vor dem Botschafter, hilflos, sie ist noch nicht vorgestellt. Die Frau des Botschafters lacht mit den Augen, sie gefällt mir sofort, sie hat Humor.
Jemand fragt mich: »Und wo ist Ihr Mann?«
»Unterschreibt einen Vertrag in München.«
»Sehen Sie, das ist es, da haben wir den feinen Unterschied zwischen Hamburg und München. Ihr Mann kann Sie beruhigt zu einem Empfang in Hamburg gehen lassen und weiß, das ist korrekt. In München ginge das nicht.«
»Sind Sie sicher?«
»Hundertprozentig.«
Immer wieder die Frage: Wo ist Ihr Mann? Ich rette mich zu Olivia in einen der tiefen Fauteuils. Ein Flötenspieler führt seine Flöten vor, melancholische Musik, dann überströmend vor Freude. Seine Flöten jubilieren wie Vogelstimmen, jede auf andere Weise.
Neben Olivia setzt sich ein Freund des Botschafters, ein seriöser älterer Herr. Er erzählt ihr, daß er anfing, erwachsen zu werden, als seine Mutter starb. Daß er erst dann begriffen habe, wie allein man sei auf der Welt. Das trifft Olivias Herz. Wir unterhalten uns nur kurz.
»Darf ich Ihnen einen Rat geben? Alles ist hübsch, der Zopf, Ihr pu-

derfarbenes Kleid, nur der Ring, der stört. Bitte, tragen Sie ihn niemals mehr auf dem Zeigefinger, das stört das harmonische Bild Ihrer Erscheinung.«
»Er ist mir zu weit.«
»Setzen Sie ihn auf den Ringfinger, bitte.«
»Sehen Sie, geht nicht, zu weit.«
»Lassen Sie ihn verkleinern, jeder Juwelier macht das gern.«
»Ich will nicht, es ist mein Familienring. Ich trage ihn mit Absicht auf diesem Finger. Mein Zeigefinger zeigt auf mich, der Ring auf diesem Finger ist Symbol.«
»Aber Sie müssen nicht auf sich zeigen, das haben Sie nicht nötig.«
»Weil ich es nötig habe, trage ich ihn hier, und das bleibt so.«
»Sie haben es nicht nötig.«
»Doch, ich glaube doch.«

Um zwanzig Uhr mahnt Olivia:
»Brigitte, laß uns gehen, zwei Stunden waren wir jetzt hier, lang genug. Übermorgen beginnt meine Deutschland-Tournee.«
Der Botschafter versucht, uns aufzuhalten.
»Bleiben Sie doch noch.«
Der Senatspressechef, der mich vorhin keines Blickes würdigte, sieht mich im Gespräch mit dem Botschafter, und schon kommt seine Hand zu mir.
»Vorhin sind wir gar nicht zu einem Gespräch gekommen. Wie geht es Ihnen?«
Ein schneller Blick zum Botschafter, abtastend.
»Und was macht Wölfchen?«
»Unterschreibt einen Vertrag für München, bei der Abendzeitung.«
»Ooo, er will Hamburg verlassen? Dann bestellen Sie bitte mein ausdrückliches Bedauern, daß er unsere Stadt verläßt.«
»Wir beide verlassen Hamburg.«

Als ich Wolf die freundlichen Sätze des Journalisten ausrichte, sagt er spöttisch: »Ich verblute innerlich!«

★

Der Botschafter ruft an.
»Was muß ich für Neuigkeiten erfahren – auf meinem Empfang?«
»Tja, das kam ganz überraschend.«
»Ich stelle fest, du willst weg von Hamburg, so schnell wie von mei-

nem Empfang. Kaum bist du da, schon wieder weg. Mein Empfang hat dir nicht gefallen?«

»Ich war schon auf vielen Empfängen, Botschafter, dieser war der schönste von allen.«

»Danke, Brigitte.«

»Nichts übertrieben, alles perfekt, dazu die wunderschöne Umgebung, die Flötenmusik. Es war der schönste Empfang meines Lebens.«

»Es war dein Empfang, Brigitte. Aber ich werde sofort wieder eine Party geben, wenn es dir bei mir gefällt.«

»Um Gottes willen, du machst dein Land arm. Abgelehnt.«

»Und deine Freundinnen? Hat es ihnen gefallen?«

»Sie bedanken sich vielmals.«

»Das klingt kühl.«

»Olivia hat sich beleidigt gefühlt. Eine deiner Mitarbeiterinnen sagte, sie habe gehört, Olivia habe so eine hübsche Stimme, und fragte: ›Singen Sie für uns?‹

Olivia lehnte ab:

›Ich bin hier privat.‹

›Oh, bitte, singen Sie für uns. Ich werde Verstärkung holen, die Leute werden helfen, Sie zu überreden.‹

›Wenn Sie das tun, bin ich weg. Ich werde mir das genau eine Minute anhören, dann mache ich auf dem Absatz kehrt und gehe. Ich lasse mich nicht mißbrauchen. Ich bin privat.‹«

»Unglaublich, das ist wirklich unglaublich peinlich, Brigitte. Drück deiner Freundin mein Bedauern aus. Meine Mitarbeiterin hat als Publikum gehandelt, das eine Sängerin bestürmt, zu singen. Es sollte keine Beleidigung sein, ganz im Gegenteil.«

»Deine Mitarbeiterin ist kein Publikum. Sie ist Diplomat. Sie muß wissen, daß man so etwas nicht fragt.«

»Sie ist unerfahren in solchen Dingen. Sei nachsichtig.«

»Olivia hat mir gesagt, ich soll dir nichts berichten. Du würdest verletzt reagieren. Olivia hat das vorausgesehen. Ich entschuldige mich.«

»Unter Freunden ist es besser, man spricht solche Dinge aus. Aber so ist das mit Frauen. Sie sind ein bißchen naiv und platzen mit Sätzen heraus, die nicht genug überlegt sind. Und man entschuldigt das, weil Frauen eben so sind.«

*

Johannes Grützke, Schule der Neuen Prächtigkeit, hat mir eine Einladung geschickt. Der Kunstverein Braunschweig stellt sein Gesamtwerk vor. Grützkes Oeuvre umfaßt einen dicken Katalog. In meinem Wohnzimmer hängt seine Grafik »Unter uns Edlen« – Spott über die Widerspiegelungssucht von Intellektuellen. Grützke ist dreimal auf dem Bild, sonst niemand.
»Kommst du mit, Botschafter, moderne Kunst betrachten?«
»Tut mir leid, am Wochenende habe ich in London zu tun.«
»Dann fahre ich eben mit meiner Haushälterin, sie kann auch Auto fahren.«
»Ach so... Du brauchst nur einen Chauffeur.«
»Ja – aber vor allem einen Begleiter.«
»Warum? Ist der Maler jung?«
»Knapp vierzig.«
»Keine Liebe auf den ersten Blick, keine Verabredung mit einem Mann am Wochenende!«
Dunkle Sätze, kein Befehl. Sätze wie eine Beschwörung.

*

Die Autobahn ist verstopft, wir brauchen drei Stunden von Bendestorf bis Braunschweig. Zur Eröffnung kommen wir zu spät, also stärken wir uns erstmal für den Kunstgenuß im Ratskeller mit Rebhuhn.

Grützke erkennt mich sofort, obwohl wir uns nur einmal ganz kurz sahen. Er kommt zu mir im feinen Nadelstreifenanzug vom Trödler, betont feingemacht, betont daneben. Provokation für die eleganten Bürger Braunschweigs, die ihn gerade zu feiern gedenken, und die er einfach stehen läßt.
»Wie finden Sie meinen Moses, den Religionsstifter?«
»Als... würde seine Waffe auf die Welt abgeschossen.«
»Gut beobachtet, Frau Heckmann. Und die zärtliche Geste der Frau löst die Waffe aus.«
»Was ist mit Ihrem Gemälde ›Die Mutter mit den dreißig Kindern‹ – ist das eine reale Person?«
»Die Person ja, die Kinder nicht. Die Frau hat zwei Kinder und bekommt gerade ein drittes, aber sie sagt, sie möchte dreißig Kinder haben, sie würde durch jedes Kind schöner.«
»Ihre Kinder sind eine verkommene Brut.«
»Eine schreckliche, mörderische Bande, nur die Mutter ist schön. Ei-

ner gräbt ein Grab für seinen Bruder, der noch lebt, gleich wird er ihn in die Grube werfen. Und da der Fuß, den leckt ein Perverser.«
»Sie mischen Attribute der heutigen Zeit, Windelhose, Strumpfhose, mit Attributen der Vergangenheit.«
»Ja, der Tempel stammt aus griechischer Zeit. Es gibt viele Attribute, da, die Palme.«
»Sie sollten Geschichten zu Ihren Bildern schreiben, Grützke.«
»Ich versuche mich an Dialogen.«
»Wie Plato?«
»Nein. Ja. Der schrieb Gespräche auf mit verschiedenen Leuten. Ich bin noch am Anfang. Aber ich habe schon einen Verleger.«
»Gratuliere. Wie viele Seiten haben Sie schon, Grützke?«
»Verraten Sie mich nicht – drei.«
»Sie haben wenigstens schon einen Verleger. Ich habe noch nicht einmal eine Antwort.«
»Gerade habe ich von einem Freund gehört, der hat nach achtzehn Jahren von seinem Verlag die Ablehnung eines Theaterstückes zu hören bekommen. Nach achtzehn Jahren!«
»Sie sind der perfekte Tröster. Grützke.«
Er lacht.
Ich frage etwas hinterlistig:
»Sie sind so ein Mensch – Sie wollen können, was ein anderer kann, stimmt's?«
»Möglich.«
»Können Sie... auch fliegen?«
»Fliegen? Da sei Gott vor. Ich will nicht weg aus meinem Atelier. Ich will auch nicht herumreisen in der Weltgeschichte. Einladungen – ich hasse Einladungen. Wer was von mir will, soll zu mir kommen.«
»Wie viele Bilder haben Sie schon gemalt? Ich bin ganz erschlagen von der Anzahl Ihrer Gemälde. Sie sind doch erst vierzig. Wie viele wollen Sie der Nachwelt hinterlassen?«
»Ich weiß nicht. Mindestens fünfhundert, aber sicher mehr. Ich male schnell. Es geht ganz schnell.«
»Sie haben jetzt schon mehr gemalt als andere ihr Leben lang.«
»Von Corinth gibt es zum Beispiel fünftausend in Amerika, signiert, aber er hat nur zweitausend gemalt. Was weiß ich, wie viele Grützkes von mir überleben werden. Alle großen Maler hatten Schüler, sie signierten am Schluß, die Hauptarbeit machten die Schüler.«
Seine Jeans-Gemeinde hat uns erst verfolgt, jetzt umringt sie uns und hängt an den Lippen ihres Meisters.

Als ich gehen will, legt jemand seine Hand auf meinen Arm.
»Sie müssen abgemalt werden. Dieser Zopf. Sie müssen abgemalt werden. Hat Grützke Sie schon gefragt?«
»Warum sollte er?«
»Ja... das versteh' ich nicht, er scheint Sie doch zu kennen. Ich dachte, ich müßte ihm den Vortritt lassen. Würden Sie sich *abmalen* lassen?«
»Sehe ich so aus, als nähme ich Geld?«
Ich zeige ihm meine leeren Handflächen.
»Nein.«
»Also – warum fragen Sie? Sind Sie Grützkes Manager?«
Ringsum Erstarrung.
Einer Dame neben mir verrutscht praktisch das Gesicht vor Schreck.
Grützke amüsiert sich königlich.
»Der Abmaler ist mein Kollege Koeppel.«
»Ah sooo?«
Weiter reagiere ich nicht. Für mich ist Koeppel kein Begriff, das schmerzt die Gemeinde.
Grützke erklärt: »Die Schüler der Neuen Prächtigkeit sind Koeppel, Bluth, Ziegler und ich. Und unsere Leiterin ist Gisela Pulß. Das ist der ganze Verein.«
Koeppel: »Nun in eigener Sache. Ich will Sie *abmalen.*«
Genüßlich dehnt er das Wort. Koeppel, der Wortschöpfer.
»Das können Sie gar nicht. Die vor Ihnen steht, ist eine andere.«
»Wenn Sie das meinen, geschenkt, jeder ist zweifach.«
»Zweifach? Ich bin jedesmal eine andere. Wen wollen Sie treffen mit Ihrem Pinsel? Niemand wird mir eine feste Form geben, niemand darf mich malen.«
»Aber Sie müssen, Sie müssen... der Nachwelt erhalten bleiben.«
Koeppel ist fast stolz auf seine Überredungskunst. Die Dame neben ihm unterstützt ihn:
»Bedenken Sie, Sie gehen in die Kunstgeschichte ein.«
»Interessiert mich nicht!«
Grützke steht lächelnd neben mir und sagt kein Wort.
Koeppel steigert sich hinein in seine Idee:
»Aber ich will Sie abmalen. Ich bin ein guter Rechercheur. Ich werde Ihre Adresse ausfindig machen, und dann stehe ich vor Ihrer Tür.«
»Meine Adresse brauchen Sie nicht zu recherchieren, Grützke hat sie im Karteikasten neben seinem Telefon.«
»Was?«

Eine der Damen wird unruhig, sie wirft einen besorgten Blick auf mich und Grützke, Grützke lächelt und schweigt.
»Und dann hat er Sie noch nicht abgemalt? Grützke, das versteh' ich nicht, diese Haare, diese Glanzlichter, nicht gefärbt, die ganze Person ist echt. Mein Gott, wo hast du deine Augen, Grützke, wo findet man noch einmal solchen schönen Zopf?«
Die Dame lästert:
»Alles Werg!«
»Meine Maleraugen sehen, alles echt. Meine Augen haben Sie bereits fotografiert, Sie werden der Kunstgeschichte erhalten bleiben, auch ohne Adresse.«
»Ich brauche die Kunstgeschichte nicht, ich lande sowieso in der Geschichte.«
Das rutscht mir einfach so heraus, bevor ich denken kann. Was habe ich da nur wieder gesagt, staunend stehe ich vor meinen eigenen Sätzen.
»Wo landen Sie?«
»In der Historie – ich brauche die Kunstgeschichte nicht.«
Die Dame sagt:
»Sie sind so sicher, es scheint zu stimmen. Dann haben Sie uns wirklich nicht nötig.«
Grützke nimmt mir den Ausstellungskatalog aus der Hand und schreibt hinein:
»Furchtloser Frau Heckmann zugeeignet von Ihrem Johannes Grützke.«
Hecki kommt aus München geflogen und sieht meinen gepackten Koffer.
»Was ist das denn? Wo willst du hin?«
»Nach Berlin zur Kunstausstellung ›Tendenzen der Zwanziger Jahre‹. Komm doch mit, es ist eine Ausstellung europäischer Kunst. Aus ganz Europa stehen sie zu Tausenden Schlange.«
»Und da soll ich mich einreihen? Ich habe doch keinen Hammer. Du neigst doch sonst auch nicht zu Massenveranstaltungen, willst wohl deinen Grützke wiedersehen?«
»Wirklich nicht, warum auch? Seine Bilder kenne ich jetzt ja.«
Vom Botschafter bekomme ich eine Mahnung mit auf den Weg, dabei sieht er mich prüfend an aus schmalen Sehschlitzen:
»Keine Liebe auf den ersten Blick, keine Verabredung mit einem Mann.«
Wieder diese Sätze wie eine Beschwörung.

Zwei Portraits beeindrucken mich im Charlottenburger Schloß, »Berta van Antwerpen«, der Charakterkopf einer alten Prostituierten, Nikotinspuren im Mundwinkel, ein ruhiges, abwartendes Lächeln, und das Goldgesicht einer Frau als »Schießbude«. Reduzierte Mimik, ein Gesicht wie ein Schild, in Abwehr gegen das Milieu, der Körper verkommen. Das Thema der Femme Fatale und der Magna Mater im unbürgerlichen Milieu, nach diesen Gemälden fesselt mich nichts mehr.
Im Hinausgehen streift mein Blick über einige frühe Mirós, aber auch nur wegen der sandfarbenen Tönungen. Der frühe Miró ist noch nicht reduziert auf Kürzel. Sein Spätwerk sind nicht mehr entzifferbare Chiffren seiner Weltansicht.
Sie erscheinen mir wie Schriftsymbole und geometrische Figuren aus babylonischer Zeit, Jahrtausende vor Christi. Funkbilder aus Mirós Unterbewußtsein, Funkbilder aus seinen Genen, mit dem Pinsel gebannt.
Als ich zu meiner Garderobenmarke ein paar Groschen in den Zinnteller lege, sagt jemand:
»Frau Heckmann, warum sind Sie in Berlin?«
»Damit Sie nicht auf die Idee kommen, ich fahre nur zu Ihrer Kunstausstellung nach Braunschweig, Herr Grützke.«
»Wollen Sie schon gehen? Ich zeige Ihnen die zwei schönsten Bilder der Ausstellung, von Pyke Koch aus Utrecht. Zwei Stunden lang habe ich angestanden, nur, um diese Bilder wiedersehen zu dürfen.«
Und dann bleibt er vor meiner Entdeckung stehen, der Hure und der Frau mit dem Goldgesicht.
»Das ist ja Spuk, Herr Grützke, meine Lieblingsbilder sind Ihre Lieblingsbilder?«
»Was, Sie kennen Koch?«
»Liebe auf den ersten Blick!«
»Vor Koch knie ich nieder. Seine Bilder sieht man sonst kaum. Er bekommt mindestens zweihunderttausend Mark für ein Gemälde. Aber er verkauft keins mehr an sein Land, sie haben ihn mal beleidigt, ihm vorgeworfen, er habe nicht in der Resistance gearbeitet. Als wenn ganz Holland Widerstand geleistet hätte gegen Hitler. Nun ist er sauer und gibt kein Bild mehr her.«
»Was bekommen Sie für ein Bild, Herr Grützke?«
»Meine sind auch kaum noch zu haben. Privatsammler, Museen und Nationalgalerien reißen sie mir aus der Hand. Unter fünfunddreißigtausend Mark fange ich nicht an, zu verhandeln, aber der Preis steigt.

Der Vergleich liegt im Jahrgang. Pyke Koch wurde 1901 geboren, ich bin Jahrgang '37.
Einmal hab' ich Koch zu Hause besucht. Da hatte er ein Bild gemalt mit einem Schornsteinfeger, in voller Montur, und dahinter einen Schornstein. Ziegel für Ziegel. Ich habe ihn gefragt, warum denn um Gottes willen auch noch den Schornstein? Ein Attribut zu viel! Er hat geantwortet, er male so gern Ziegel. Ich hab' ihm gesagt, ich kenne in Berlin auch einen Maler, Ziegler, der malt auch so gern Ziegel, aber der hängt so an seinen Bildern, daß er am liebsten gar keins verkauft. Er malt sie auch nicht ganz zu Ende, um eine Ausrede zu haben, sie nicht verkaufen zu müssen. Dabei ist er arm. Koch hat ihn besucht, und Ziegler hat ihm sogar ein Bild geschenkt. *Geschenkt.*«
»Sind Sie nun eigentlich Professor geworden an der Hamburger Kunstakademie?«
»Merkwürdige Geschichte. Ich war da... und bekam Selbstzweifel. Ich bin wieder abgereist.«
»Selbstzweifel? Das paßt nicht zu Ihnen, Grützke.«
»Ein Lehrbetrieb ist nichts für mich. Ich kann mich doch nicht vor die Studenten stellen und meine Meinung als Absolutum verkünden. Sie stimmt für mich, und sie stimmt für meine Gemeinde, aber sie muß nicht für andere stimmen. Ich will nicht den Studenten mein Weltbild oktroyieren. Für mich ist es rund. Aber eben nur für mich.«
»Aha, rund wie von Dovifat.«
»Kannten Sie ihn?«
»Er war mein Doktor-Vater am Institut für Publizistik und Zeitungswissenschaft hier in West-Berlin. Aber ich hatte den Eindruck, der Mann hat 1927/28 seine Zeitungslehre I und II geschrieben und sich dann nur noch in seinem Ruhm gesonnt. Wissenschaftlich gearbeitet haben seine Assistenten und Dozenten. Sie machten die Ausarbeitungen, er referierte, ein guter Redner. Sonst Qualm um die ganze Person. Ich hab' den Krempel hingeschmissen.«
»Sehen Sie, an der Kurve stand ich auch, meine Meinung als Absolutum verkünden. Aber meine Wahrheit ist keine absolute Wahrheit, sie gilt nur für mich. Man kann für sich alles herausfinden, aber nur für sich, niemand kann einem das abnehmen. Und meine Techniken auf andere zu übertragen, als das non plus ultra, nein, das wäre Scharlatanerie. Jeder muß herausfinden, was für ihn gültig ist, sonst erzieht man Kopisten.«
»Wäre doch ein großes Geschäft für Sie, das ganz große Geschäft. Sie lassen malen und signieren, denken Sie an Corinth.«

»Sicher, gut als Geschäft. Aber ich glaube, ich laß das. Sie spotten über Dovifat, ich kenne viele Leute, die von ihm schwärmen.«
»Das spricht nicht für die Leute.«
»Haben Sie Zeit in Berlin, Frau Heckmann?«
»Nein, heute abend gebe ich ein Essen für meine Freunde, die mir helfen, gut informiert zu sein, das ist mein Dank für ihre uneigennützige Hilfe.«
»Wozu brauchen Sie eigentlich Berater, Frau Heckmann, verraten Sie mir das?«
»Ich arbeite wie Sie, Herr Grützke, ich dokumentiere, ich versuch's jedenfalls.«

★

Der Botschafter ist ungehalten.
»Ich sehe, man darf dich nicht aus den Augen lassen. Eine Minute ohne Aufsicht, schon Unheil. Ich verstehe deinen Mann nicht. Warum paßt er nicht besser auf?«
»Unheil?«
»Du warst nicht mit Grützke verabredet?«
»Ich schwöre. Als ich in der Ausstellung war, stand er mit einmal vor mir. Wie hergezaubert.«
»Habe acht auf dich selbst. Kein Grützke mehr. Ich befehle dir. Der Mann... ist ein Dämon.«
»Sagt er.«
»Wie bitte?«
»Sagt Grützke über sich.«
»Das wußte ich nicht, Brigitte. Um so schlimmer, er weiß es sogar.«
»Das sind doch Wörter, Spaß, Fopperei. Grützke ist ein Meister der Arroganz. Er verspottet am liebsten Menschen.«
»Und er ist produktiv?«
»Außergewöhnlich produktiv. Zu Höchstleistungen fähig.«
»Und wie ist er zu dir? Arrogant?«
»Höflich. Hinreißend liebenswürdig. Aber er verleitet mich zur absoluten Ehrlichkeit. Wie du.«
»Was hast du ihm gesagt?«
»Die Kunstgeschichte habe ich nicht nötig. Ich lande sowieso in der Geschichte. Das habe ich zu seinem Freund gesagt, als Grützke dabeistand. Er hat mich nicht gefragt. Er hat nur gelächelt.«
»Das hast du gesagt, Brigitte?«
»Ja, irre, nicht?«

»Aber du glaubst daran, denn du sagtest, er verleite dich zur Ehrlichkeit.«
»Bis zu dem Augenblick, als ich das sagte, habe ich nie daran gedacht. Es war eine spontane Idee, ein Einfall. Aber... wenn Grützke Wahrheit ans Licht bringt, wenn das dämonisch ist – dann ist er ein *guter* Dämon.«
»Du sollst keine Gemeinschaft mit Dämonen haben.«
»Botschafter, eine andere Frage. Ich bin durch das ganze Schloß gewandert und habe die Bilder betrachtet und – keine Rose gesehen. Die Maler der zwanziger Jahre malten Horrorvisionen von Mensch und Technik, die Natur ausgesperrt, die sich nicht karikieren läßt.«
»Die Rose und die Neue Sachlichkeit – das sind zwei Welten. Im Christentum ist die Rose Sinnbild Mariens. Jeder Atheist scheut ihr Symbol. Die Maler der Zwanziger Jahre glaubten an die Erklärbarkeit der Welt, nicht an die Mystik. Sie malten, was sie sahen, hart und direkt. Die Rose gilt als Zeichen des Geheimnisses. Sie stammt aus Babylon. Die Sumerer haben sie der Welt geschenkt, dazu die Keilschrift und das Zahlensystem.«
»Auch die Zahlenmystik?«
»Die Zahlenmystik ebenso wie die Mathematik und die Astronomie. Und in den Bilderwerken Babylons findest du vor allen Farben – dein Blau und dein Gelb.«
»In welcher Zeit war das, Botschafter?«
»Drei Jahrtausende vor Christi. Mit der Schrift entwickelten sie das Recht zu hoher Blüte und die Literatur. Und sie bauten den Turm zu Babylon... aus Ziegeln. Sie wollten ihn bis in den Himmel bauen zu ihrem Sonnengott. Sie wollten ihn erreichen. Als ihre Anmaßung jedes Maß überstieg, da verwirrte sich ihre Sprache, und das Bauwerk wurde Mahnmal.«
»Botschafter, ich weiß nichts. Du weißt alles.«
»Bleib wie du bist, Brigitte. Du bist wie ein Glas aus Kristall für mich, ein kostbares Gefäß, wenn auch im Schrank eines anderen. Meine Freude liegt im Betrachten. Ein Sprung im Glas zerstört den Wert total. Ein Glas mit Sprung ist nur... eine Scherbe. Gib acht auf dich.«

★

Meine Freundin Birgit hat eine Idee.
»Du mußt dich vermarkten, Brigitte, hier in Hamburg. Was willst du in München? Hier steht dein Haus, hier leben deine Freunde. Deine

Kinder fühlen sich wohl in Bendestorf. Laß Hecki nach München gehen, er wird schon zurückkommen, wenn ihr nicht umziehen wollt.«
»Also, dann sperrt er mir erstmal das Konto. Und was dann? Wovon sollen wir leben?«
»Ich werde eine Public Relations Firma gründen, steig mit ein. Deine Kontaktfähigkeit ist dein Kapital. Du lebst doch als Kapitalist reinsten Wassers – als Ausbeuter deines Mannes.«
»Wie jede Ehefrau.«
»Du hast das nicht nötig. Fang an, Geld zu machen mit deinen eigenen Fähigkeiten, fang an, offiziell als Kapitalist zu leben, gründe mit mir eine Firma.«

*

Beim Nachdenken bekomme ich Schüttelfrost. Als ich das Fieber messe, habe ich schon 39,9°.
Nachts wache ich auf, von Tränen überströmt, mit dem Gedanken, ich will nach Hause. Heimweh nach zu Hause? Aber ich bin doch zu Hause, auch im Traum.
Mein Schwimmbecken ist gefüllt mit Moos und Gras, das das Wasser aufsaugt, ich kann kaum noch schwimmen. Das Schwimmbad ist groß wie ein See, das Wasser fast ertrunken im Moos. Noch berühren mich die weichen Kissen nicht beim Schwimmen, aber sie schieben sich näher, dunkelgrün leuchtend.
Wenn sie mich berühren, ist kein Entkommen mehr.
Mit schwindender Kraft erreiche ich das Ufer und weine.
Ich will nach Hause.
Aber ich bin doch zu Hause.
Ist es nicht... zu Hause?

Um elf klingelt das Telefon: »Was wird mit unserem Mittagessen im Interconti? Hast du unsere Verabredung gestrichen?« Der Botschafter.
»Tut mir leid, ich bin krank.«
»Mittwoch ist ein schlechter Tag, mit dir Verabredungen zu treffen. Jetzt werde ich zum drittenmal am Mittwoch kein Mittagessen bekommen, schon wieder eine Einladung im Mülleimer.«
»Tut mir leid.«
»Schon gut. Eß ich eben wieder Würstchen mit pommes frites an einer Bude.«

»Bei dreißig Grad im Schatten. Botschafter, du lügst das Blaue vom Himmel herunter. Und das Grüne. Und das Gelbe dazu.«
»Wenn du krank bist, will ich auch krank werden. Sag, warum bist du krank?«
»Zwiespalt.«
»Was ist ein Zwiespalt?«
»Ein Konflikt. Meine Freundin Birgit will mit mir eine Firma gründen, damit ich in Hamburg bleiben kann.«
»Wie schön. Du willst in Hamburg bleiben?«
»Also – ich denke darüber nach.«
»Erzähl, wie hat sie sich das gedacht?«
»Ich soll die Kontakte herstellen und dafür Prozente kassieren. Meine Freundin sagt, meine Kontaktfähigkeit soll ich als stilles Kapital in die Firma einbringen.«
»Das ist... das ist... unseriös.«
»Unseriös?«
»Wenn du eine Firma hast, dann mußt du dazu stehen. Aber ich verbiete dir, unter Niveau zu gehen. Schreckliche Vorstellung. Du nutzt Menschen aus. Du darfst dein Gesicht nicht verlieren. Du darfst überhaupt keine Geschäfte machen.«
»So, große Firmen darf ich wohl gründen?«
»Nein. Bücher sollst du schreiben, mit Büchern darfst du verdienen.«
»Ich habe noch nicht einmal einen Verleger für mein erstes Manuskript.«
»Der Vertrag kommt.«
»Ich könnte in Hamburg bleiben...«
»Dein Mann hat sich für München entschieden. Ich will, daß dein Leben vorzeigbar bleibt, jede Minute! Du mußt die Entscheidung deines Mannes respektieren. Public relations kommt nicht in Frage. Das ist eine Idee für den Mülleimer.«
»In unserem Mülleimer trifft sich so allerhand.«
»Solange wir uns da nicht treffen, Brigitte, ist es gut so. Du bist blitzschnell in deinen Entscheidungen, ich kenne dich inzwischen etwas besser, sag, hast du den Vertrag schon unterschrieben?«
»Es gibt noch keinen Vertrag. Nur einen Plan.«
»Also – bleib integer. Das ist ein Befehl. Nutze niemals Menschen aus. Mach deine Zukunft nicht kaputt durch Entscheidungen irreparabler Art. Nimm nicht schon wieder Krücken. Auch keine fremden Füße. Geh deinen eigenen Weg.«

»Aber ich langweile mich.«
»Ich ernenne dich... zu meinem Informationsminister.«
»Vom Berater für Möbel zum Informationsminister. Was für ein steiler Aufstieg.«
»Hilf mir. Tu ein gutes Werk. Ich habe kein Geld für einen Presseattaché. Lies du die Zeitungen für mich und gib mir Tips. Mein Informationsminister hat Einfluß und Beratungsrecht. Aber er muß bestunterrichtet sein über die Situation in meinem Land, die politische, ökonomische, die kulturelle Situation, alles. Du wirst viel lesen müssen. Aber du mußt auch bestinformiert sein über die politische Situation in Deutschland. Jede Woche gebe ich einen Bericht zur Lage an mein Ministerium.«
»Du schreibst Berichte?«
»Jede Woche einen Bericht für meinen Außenminister. Deine Hilfe wäre ein Geschenk für mich.«
»Brauchst du mich auch wirklich?«
»Ja. Und das bleibt so, wenn du in München wohnst. Es gibt Telefone.«
»Und Rechnungen!«

*

Ich bestelle zweiundzwanzig Zeitungen. Hecki knurrt und zahlt.
»Hast dir ein neues Spiel ausgedacht?«
»Jaaaa. Informationsminister.«
»Schaden kann es nicht. Aber warum zweiundzwanzig Zeitungen?«
»Um einen Überblick zu bekommen über die deutsche Zeitungslandschaft und die Art der Information. Die Zeitung, die am besten informiert, die werde ich zu meiner Lieblingszeitung machen.«
»Du wirst bei der ›Süddeutschen‹ landen, die einundzwanzig anderen kannst du dir schenken. Das ist schon jetzt so sicher wie das Amen in der Kirche.«
Ich entscheide mich für die »Frankfurter Rundschau«.

Birgit ist nicht beleidigt, daß ich die Firmengründung ablehne.
»Dein Botschafter denkt sehr weit voraus – aber er hat recht. Breche ich also meine Zelte hier in Hamburg wieder ab und gehe nach Afrika zurück. Da gehöre ich hin. Was soll ich hier in Hamburg.«

Frau Dr. Jessen, Birgit und ich trinken Tee im »Café L'Etage« am Neuen Wall. Tee, aufgegossen auf Blättern, fast schon eine Rarität in

unserer Teebeutelzeit. Dagmar Jessen sagt: »Prost, Brigitte, bitte, wollen wir uns nicht duzen? Damit etwas bleibt, wenn du aus Hamburg fortgehst, unsere Freundschaft.«
Unsere Teetassen machen klirr.
Dagmar Jessen fragt: »Was habt ihr nur für eine merkwürdige Beziehung. Jeder Mann würde versuchen, dir einzureden, daß du bleibst, gleich mit welcher Begründung – und dein Botschafter sagt, gehe nach München. Aber werde mein Informationsminister. Ich seh' da nicht durch.«
»Dagmar. Er ist ein Freund.«
»Na ja!«
»Eben nicht naja! Ein Freund!«
Birgit: »Ich habe eben deinen Gang beobachtet, als du reinkamst, verspielt, weich, schwingend, so geh' ich nicht.«
»Das sind meine Stöckelabsätze!«
»Nein, das bist du. Ich gehe taps, taps auf mein Ziel los, ohne rechts und links zu sehen, erreiche es. Fall erledigt, zu den Akten. Das nächste. Diese Haltung aus dem Berufsleben hat mich auch privat geprägt, gezielt gelebt, gezielt gegangen. Und das Ergebnis, man muß sich mit Schwächlingen zufrieden geben, die sich anlehnen wollen. Du findest immer diese Top-Männer, die dich beschützen. Wolf, der Botschafter, alles dieselben starken Männer. Ich kriege nur die Schwachen.«
Dagmar: »Das ist genau Brigitte. Wir müssen Frauen sein, die Entscheidungen auf sich nehmen. Brigitte spielt herum, jeden Tag eine neue Idee, und läßt sich die Entscheidungen abnehmen.«

II. Das Buch des Wartens

September 1977

Hanns Martin Schleyer ist entführt worden, der Arbeitgeber-Präsident. Die Telefone laufen heiß in den Redaktionen, und ich bin abgeschnitten von der Welt. Keiner hat Zeit für ein Wort. Hektik. Überall. Aber nicht zu Hause. Kein Telefon klingelt. Kein Verleger, kein Hecki, kein Botschafter rufen an.

Helmut Schmidt gibt abends im Bonner Studio des ARD-Fernsehens einen ersten Kommentar zur Lage mit beschwörendem Unterton: »Der Terrorismus hat auf die Dauer keine Chance, denn gegen den Terrorismus steht nicht nur der Wille staatlicher Organe, gegen den Terrorismus steht der Wille des ganzen Volkes.«

Große Worte.

Die Leichen der drei Leibwächter und des Fahrers von Schleyer sind Tatsachen. Der Staat soll erpreßt werden, zehn inhaftierte Terroristen in ein Land ihrer Wahl freizugeben, im Austausch gegen Schleyer. Verlangt werden außerdem hunderttausend DM für jeden Gefangenen als Reisegeld.

Die Fahndung nach den Entführern läuft auf Hochtouren, Straßensperren, Autodurchsuchungen, Hausdurchsuchungen. Die Polizei, Verfassungsschutz, Bundesnachrichtendienst (BND) und Militärischer Abschirmdienst (MAD) erhalten Machtbefugnisse ohne Rechtsgrundlage, die ein Staat nur bei erklärtem Ausnahmezustand erteilen dürfte, mit der rechtlichen Legitimation des Ausnahmezustandes. Aber der Ausnahmezustand wird nicht erklärt, nur gehandhabt. Das ist ein Rechtsbruch.

So schnell geht das, einen demokratischen Staat in einen Unrechtsstaat zu verwandeln, man muß ihn nur veranlassen, sein eigenes Recht zu brechen. Der Regierungschef geht diesen Weg der Erniedrigung, statt offen die Kriegserklärung der Terroristen anzunehmen. Der Wille des Volkes, soeben noch gerühmt, verwandelt sich in Essig.

Von Recht wird nicht mehr gesprochen, der neue Terminus heißt *Sicherheit*, vom Kanzlerbungalow über die Medien in jedes Hirn geblasen.

Mein Botschafter ist in ein fremdes Land geflogen. Wohin, weiß ich

nicht. »*Sicherheitsbestimmung* auch für dich: Bleib zu Hause. Keine Verabredungen. Bleib in diesen Tagen zu Hause. Lies deine Zeitungen.«
Die Zeitungen habe ich längst gelesen. Keine Veränderung der Lage. Der Krisenstab tagt in Permanenz und mit Nachrichtensperre, das erfahre ich zusätzlich von Friedrich Nowottny via Fernsehschirm. Die harte Linie: kein Austausch, Zeitgewinn.

Meine Freundin Gisela, kupferfarbenes Haar, schmalgliedrig, hochamüsant, kommt mit heißen Reifen vorgefahren.
»Begleite mich nach Hamburg. Mein Mann will mich allein zum Empfang gehen lassen. Bei ESSO ist Riesentheater, das ganze Hochhaus wird zur Festung ausgebaut. Sie haben ein neues Wort gefunden für ihre Überstunden, *Sicherheitskonferenz.*«
»Hört sich bedeutend an. Aber wir wollen doch wohl nicht mit deinem BMW fahren?«
»Warum denn nicht?«
»*Sicherheitsgrund,* Gisela. Wenn du mit deinem Flitzer über die Autobahn preschst, wird uns die Polizei mit Maschinenpistolen niedermähen.«
»Sehen wir aus wie Terroristen?«
»Ein BMW gilt heutzutage als Terroristenauto. Als Hecki am Wochenende nach Hause kam, bog er in einem schweren Regenschauer von der Autobahn ab. Vor ihm fuhr ein alter VW. Da stürzten fünf Polizisten aus einem parkenden Mannschaftswagen auf Heckis roten BMW zu und stoppten ihn, zwei Mann mit schußbereiter Maschinenpistole im Anschlag. Vom VW nahm keiner Notiz. Hecki rollte die Scheibe runter und sagte äußerst höflich: »Wenn ich hier in meine Tasche fasse, hole ich wirklich nur meine Papiere raus!«
»Haben sie wenigstens gelacht?«
»Nee, sie waren sauer.«

★

Vollmond über Hamburg.
Vollmond über den Krameramtshäusern, der puppig restaurierten Idylle aus der Spitzwegzeit, hinter schweren Eichentoren verborgen. Ein Refugium mit Kopfsteinpflaster und spitzgegiebelten Häusern, vom Feuersturm der Kriegstage verschont.
Unter Glaslaternen tänzeln Mannequins auf bleistiftdünnen Absätzen über das Buckelpflaster, von Scheinwerfern angestrahlt. Das

Goldschmiedehaus feiert einjährigen Geburtstag und präsentiert Schätze aus aller Welt in kunstvollen Fassungen von Hamburger Goldschmieden, schwerbewacht von Wachmännern.
Gisela steht mit mir am Absperrseil zwischen den geladenen Gästen. Sie selbst wäre ein großartiges Schmuckmannequin mit ihren langen und doch runden Fingern, ideal für Ringe. Aber Gisela ist Goldschmiedin, sie entwirft ihren Schmuck selbst. Sie erzählt mir Geschichten von Rubinen aus Bangkok, von australischen Opalen und Smaragden und südafrikanischen Brillanten.
Ohne Giselas Kommentare würde ich nur Schönheit sehen, so begreife ich Details.
Eine Schwarze, ganz und gar unhamburgisch in roten Satin gewickelt, hauteng, präsentiert an biegsamen, rotgelackten Krallenfingern Rubine in Meisterfassungen. Um den Hals ein spektakulärer, kinnhoher, barbarischer Stehkragen aus Gold und Edelsteinen. »Einmal von einem Buckelstein abgerutscht, und sie erhängt sich im eigenen Kragen.«
Das ist der letzte Kommentar, den ich von Gisela aufnehme. Plötzlich geben meine Knie nach, als würde mir der Lebensstrom abgeschaltet. Schwankend stütze ich mich auf Gisela.
»Halt mich fest, gleich werde ich ohnmächtig.«
Gisela führt mich in die »Galerie Mensch«, Gemäldegalerie mit Restaurationsbetrieb, setzt mich an einen Tisch und besorgt mir einen Whisky.
»Trink das, damit du wieder lebendig wirst.«
Mit schwerer Zunge, ohne einen Schluck trinken zu können, wehre ich ab.
»Sieh dir die Show an, ich warte hier.«
»Du bist so blaß, Brigitte, soll ich einen Arzt holen?«
Meine Augen sagen nein. Sprechen ist zu mühsam. Wie im Schlaf sitze ich da, mit halboffenen Augen, sehe die Menschen um mich herum, höre Musik, aber reagiere nicht, sitze festgebannt auf meinem Stuhl, Arme und Beine wie gelähmt. In meinem leeren Kopf formt sich ein Satz: Ich bin in London.
Aber ich bin nicht in London, ich sitze in der Galerie Mensch auf einem Stuhl, korrigiere ich mich automatisch, auch im Kopf. Ich bin in London, ich bin in London, ich bin in London, immerzu hämmert dieser Satz auf mich ein, mit meiner eigenen Stimme.
Plötzlich fühle ich ein Kribbeln in Armen und Beinen, ich bin wieder wach, lebendig und fröhlich. Mein Lebensstrom ist wieder einge-

schaltet, schlagartig ist meine Erstarrung vorbei, von einer Sekunde auf die andere. Mein Blick auf die Uhr erschreckt mich, es ist zehn Minuten vor zehn, zwanzig Minuten lang war ich abwesend.

*

Der Botschafter holt mich zum Essen ab. Wir fahren in die »Heidschnucke«, ein Restaurant am Waldrand von Asendorf.

»War's schön... in London?«

»Brigitte, wie kommst du auf London?«

»Ich weiß nicht, aber du warst in London.«

»Richtig.«

»Spuk.«

»Wie bitte?«

Ich reagiere nicht.

Er fragt mich:

»Und du? Warst du ein braves Mädchen? Darf man fragen?«

»Ich bin immer brav, leider.«

»Also... dann werde ich dir etwas berichten. Ich denke ununterbrochen an ein Mädchen, das ich in London sah. Es saß ganz allein unter vielen Menschen in einem Raum. Sie saß da wie eine Puppe mit langen blonden Haaren und Schlafaugen. Die Augen des Mädchens waren offen, die Pupillen ganz groß, aber sie saß da wie schlafend.«

»Rauschgift.«

»Nein, bestimmt nicht, bei Rauschgift sind die Pupillen winzig wie Stecknadelköpfe. Ich habe sie nur angesehen, bis zehn vor zehn.«

»War das in einer Disco? Du hättest mit ihr tanzen sollen, sie hat wohl aus Langeweile vor sich hingeschlafen.«

»Disco? Nein, bestimmt nicht. Da waren Bilder an den Wänden, und es gab Musik und viele Leute, sie haben miteinander gesprochen, nur das Mädchen schwieg.«

»Na, dann haben wir ja beide unseren Spaß gehabt, du hast ein schönes Mädchen betrachtet und ich... Schmuck. Gisela hatte mich zu einem Empfang der Hamburger Goldschmiede mitgenommen. Da waren auch viele Leute und Musik...«

»... und Bilder... unsere drahtlose Kommunikation klappt. Ich freue mich, Brigitte.«

»Wie bitte?«

»Drahtlose Kommunikation, okay. Ich habe dich gesehen, von London aus. Du warst das Mädchen mit den Schlafaugen.«

»Bis zehn vor zehn, sagtest du?«
»Ja.«
»Stimmt. Aber... das... das ist ja wirklich... unheimlich.«
»Unheimlich? Nein. Physik. Naturgesetze bestimmen die Welt, formuliert sind die wenigsten.«
»Was ist das für ein Gesetz?«
»Das kannte schon René Descartes. Er hat verzichtet, es zu formulieren, weil es Macht über Menschen verleiht. Es ist die reinste Form der Manipulation, göttlich oder teuflisch. Der Charakter des Menschen, der dieses Gesetz erkennt, entscheidet über Segen oder Fluch der Anwendung.«
»Also, dann hast du mir gesagt... ›ich bin in London.‹ Merkwürdig, es war meine eigene Stimme in meinem Kopf, die mir das sagte. Meine Stimme, aber meine Gedanken waren deine Gedanken, das ist wirklich Manipulation.«
»Ich will, daß du das weißt. Es gibt Menschen auf dieser Welt, die ihre eigenen Gedanken in die Köpfe anderer Menschen einpflanzen können. Ihre Opfer wissen das nicht. Sie denken, es seien ihre Gedanken, selbst erdacht. Du sollst das wissen, damit du aufpaßt auf dich, auch im Schlaf.«
»Das Schlimmste ist, man antwortet sofort. Man antwortet auf der Stelle, man hat schon geantwortet, in Gedanken, bis man bemerkt, daß man schon gesprochen hat. Falsch, nicht gesprochen – gedacht hat. Hast du meine Antwort gehört?«
»Streit, wie immer. Du hast mich korrigiert. Aber das war überflüssig, ich habe dich gesehen.«
»Spuk, Spuk, Spuk...«
»Brigitte, Brigitte, ich sorge mich, du bist so unbekümmert. Du schützt dich nicht, keine Sekunde. Ich fürchte für dich.«
»Kein Grund.«
»Der Grund ist... dein Mann schützt dich nicht. Er ist wie du, unbekümmert. Daß ich mich mit dir verabreden kann, ungehindert, während er in München ist, das ist... das ist... also, wirklich...«
»...das ist Sicherheit, Botschafter. Er fühlt sich sicher, mit Recht, weil ich nichts tun würde, was seine Ehre verletzt.«
»Es geht nicht um Ehre, es geht um Schutz, begreif das endlich, Brigitte. So, wie ich dich kennenlernen konnte, kann dich jeder kennenlernen, jeder, auch ein Lump. Diese Vorstellung ist... also... ich, wenn ich dein Mann wäre, ich...«
»Du würdest mich einsperren, Botschafter. Gut, daß du nicht mein

Mann bist. Aber nimm Brigitte die Freiheit, schon ist Brigitte weg, verschwunden ohne Abschied, für alle Zeit... weg.«

»Wer liebt, bleibt. Das Gesetz der Freiheit wird in einem Wort erfüllt, Liebe. Wenn du liebst, dann bist du Freude, Friede, Geduld, Freundlichkeit, Güte, Treue, Milde. Einer trägt Sorge für den anderen, einer trägt die Last des anderen mit aus freiem Entschluß und weil er gar nicht anders kann. Aus Liebe.«

»Botschafter, hörst du allen Menschen zu wie mir?
Nimmst du alle Meinungen entgegen, wie meine?
Hast du nicht manchmal das Gefühl, keiner hört dich an? Hören sich alle selber zu, die zu dir sprechen?
Bist du... eine Schallwand?«

»Nein, ich antworte, aber mit Geduld. Und mit Nachsicht. Nachsichtig bin ich mit den Schwachen, aber nicht mit Betrügern.«

»Ich bin ungeduldig mit jedem, leider.«

»Ich weiß, du brauchst Geduld mit dir selbst, nimm dich an. Und nimm deinen Nächsten wie dich an. Liebe deinen Nächsten und du wirst dich selber lieben können. Liebe dich und du wirst deinen Nächsten lieben. Sperre dich nicht gegen Mitgefühl, lerne mitzuleiden. Hab keine Angst vor Leid, Brigitte. Im Leid wächst Kraft. Der Wille zum Verändern kommt aus Leid. Was auch geschieht, nimm an! Und dann: Verändere! Das ist ein Befehl!«

»Du willst, daß ich leide? Botschafter, was fällt dir ein?«

»Deine stärksten Gefühle sind deine Aggressionen gegen mich, aber das ist eine Zeitfrage. Ich warte, bis du fühlen lernst, oder besser, wagst, Gefühle zu zeigen, Gefühle positiver Art. Bis jetzt machst du dich klein, Hausfrau Brigitte. Kopf hoch, zu wissen hast du längst gelernt.«

»Zu warten auch. Ich habe zwanzig Jahre gezögert zu schreiben, um niemand Unrecht zu tun. Zwanzig Jahre, Botschafter. Andere haben in dieser Zeit ihre Karrieren gemacht. Du auch. Warten hab' ich längst gelernt.«

»Du mußt auf deine emotionale Reife warten, das meine ich. Deine intellektuelle Reife und deine körperliche Reife sind in Übereinstimmung. Aber deine emotionale Reife wird von dir selbst unterdrückt, eingeschnürt, auch in puritanischen Vorstellungen. Sie ist noch nicht frei.«

»Versteh' ich nicht.«

»Stell dir drei Zweige vor, mit Wurzeln. Zwei blühende Zweige, gleich lang, einer zu kurz, kaum Knospen. Er muß in die Vase, damit

er wächst und Blüten treibt. Deine emotionale Reife braucht noch viel Wasser und Wärme.«
»Wasser?«
»Geduld.«
»Wärme?«
»Liebe. Auch zu deinen Nächsten. Deine Gefühle sind deine Kraft.«
»Waren deshalb meine vergangenen Jahre meine Schlafzeit... weil meine Kraft verbraucht war?«
»Ja, Dornröschen, aber deine Kraft wächst, dein dritter Zweig wächst, ich sehe es, die Knospen werden dick, die Blüte werde ich abwarten.«
»Welche Blüte?«
»Welche Blume liebst du vor allen?«
»Rosen.«
»Also werden es Rosen sein.«
»Du sagtest *Dorn*röschen?«
»Dornröschens Zauberschlaf ist ein Sinnbild. Nicht, wenn der Mensch will, wenn die Zeit gekommen ist, löst sich der Bann. Man kann nichts gegen die Zeit tun, man muß die Zeit abwarten.«
»Wie lange wird Dornröschen noch schlafen?«
»Ein spanisches Sprichwort erklärt das so: Eine Spanierin fragt ihren Verlobten, mit dem sie schon sehr lange verlobt ist: ›Wann heiraten wir?‹ – ›Die Zeit kommt.‹ – ›Aber wann kommt die Zeit?‹ – ›Das ist nur noch eine Sache von Tagen.‹ – ›Von wieviel Tagen?‹ – ›Tausend oder zweitausend...‹«
»Und was mache ich in der Zeit, bis die Rosen blühen?«
»Lies Zeitungen. Unter hundert Gedanken ist einer für dich.«

⋆

Kanzleramtsminister Wischnewski, Ben Wisch genannt, wegen seiner guten arabischen Kontakte, fliegt einmal rund um die Welt und bietet die Terroristen an wie sauer Bier.
Kein Land will sie haben.
Ein Schweizer Anwalt, der als Vermittler zwischen Terroristen und Bundesregierung offiziell akzeptiert worden ist, erklärt gegenüber dem *Stern*, »die Terroristen hätten Schleyer in den ersten Tagen unter Drogen gesetzt und ihn über führende Personen aus Politik und Wirtschaft in der Bundesrepublik ›auspacken‹ lassen. Seine Aussagen hätten sie in einem achtzig Seiten umfassenden Dossier über den Bonner Staat zusammengefaßt. Perti wörtlich: »Wenn dieses Dossier

in der Öffentlichkeit bekannt wird, muß die Regierung Schmidt zurücktreten.‹ «[8]

»Botschafter, was meinst du dazu?«
»Lächerlich. Unterstellung.«
»Aber... wenn nicht?«
»Dann... Aus für Schleyer.«
»Was?«
»Ja, Brigitte, dann will ihn keiner mehr lebend zurück. Sein Tod löscht den Wert seiner Aussage. Sie kann zur Fälschung erklärt werden... nach seinem Tod.«
»Trotz Unterschrift?«
»Wertloses Stück Papier, alles Fälschung, lächerliche Fälschung. Niederträchtige Unterstellung.«
»Siehst du eine Lösung in diesem Nervenkrieg?«
»Sie liegt auf der Hand, sie ist einfach.«
»Einfach? Und der Krisenstab tagt in Permanenz und findet sie nicht?«
»Sie wollen sie wohl nicht finden.«
»Verrat mir die Lösung, bitte.«
»Man muß zu den eingesperrten Terroristen sagen: ›Wohin wollen Sie fliegen? In den Südjemen? Bitteschön. Wie viele Maschinenpistolen wollen Sie mitnehmen? Wieviel Geld? Eine Million? Aber bitteschön.‹
Und dann bespricht man mit dem Justizminister im Südjemen: ›Wir werden Sie um die Auslieferung bitten.
Sie wollen nicht? Wie viele Millionen möchten Sie?
Zwanzig Millionen? Dreißig Millionen? Bitteschön.‹
Der Südjemen ist ein Entwicklungsland in jeder Hinsicht, Brigitte. Sie werden akzeptieren, und wir bekommen sie zurück, allesamt.«
»Ausliefern... und dann zurückkaufen?«
»Ja. Das drei- bis viermal gemacht, und wir haben keine Probleme mehr mit dem Terrorismus.«
»Aber ist das nicht ein Rechtsbruch? Wir garantieren ihnen die Freiheit – und dann kaufen wir sie zurück? Veranlassen wir dann nicht auch noch einen anderen Staat zum Rechtsbruch?«
»Es gibt Länder in dieser Welt, sehr arm, unvorstellbar arm für dich, Brigitte, die brauchen jeden Pfennig, und sie können sich deshalb Empfindlichkeit gegen Rechtsverletzungen nicht leisten. Es gibt Länder ohne gewachsenes Rechtsempfinden. Und es gibt Länder, in

denen Statussymbole zählen. Sie fallen zum Beispiel vor dem Mercedes auf den Bauch. Wer ihn fährt, hat Geld, so ein Auto ist wie eine Garantie. Ein Mercedesbesitzer ist ein vermögender Mann, hat Einfluß, den muß man zum Freund haben.«
»Botschafter, in amerikanischen Krimis fahren die Gangster Mercedes.«
»Siehst du, sie wollen als ehrenwerte Männer erscheinen, deshalb.«
»Und in Deutschland, na ja, da ist das die Repräsentationskutsche für... Diplomaten bis zum... Schornsteinfeger.«
»Also, du sagst es selbst, Repräsentationskutsche, Ausweis für Seriosität. Bietet... sechzig Mercedes' an als Geschenk, und verlangt dann Auslieferung. Oder kauft sie zurück für dreißig Millionen DM.«
»Das ist Bestechung.«
»Das ist alles nur eine Frage der Formulierung, Schriftstellerin. Ihr bietet ein *Geschenk* an. Und die Herzen öffnen sich für euer Geschenk.«
»Im Südjemen?«
»Nein. Da würde ich es mit Militärhilfe versuchen.«
»Botschafter, ruf den Krisenstab an. Du weißt die Lösung! Sag sie ihnen.«
»Nein. Ich bin Diplomat. Es gibt ein kleines Wort, das verbietet meinen Anruf, es heißt Nichteinmischung.«
»Botschafter, erkläre mir noch etwas. Erst fliegen wir Terroristen aus in ein Land ihrer Wahl, in Sicherheit, und dann... Auslieferung. Das ist Rückkauf gegen Gesetz und Recht und Moral. Das ist *Menschenhandel.*«
»In Zeiten, in denen das Recht gebrochen wird, ist das Gesetz der Liebe außer Kraft. In solchen Zeiten gilt der Handel auch mit Menschen, damit das Recht wiederhergestellt werden kann.«
»Sag das Land, bitte, sag das Land!«
»Staaten ohne verankerte Rechtsgrundlage. Staaten, die käuflich sind, für Mercedes'. Staaten in Not. Am besten wäre... ein armer Staat.«

In der Nacht fasse ich einen einsamen Entschluß. Friedrich Nowottny, Studio Bonn, scheint Zugang zum Krisenstab zu haben oder zu Wischnewski. Ich rufe Nowottny an.
»Hier ist Brigitte Heckmann, Frau von Wolf Heckmann.«
»Guten Morgen, Frau Heckmann, ich erinnere mich an Sie, wir haben uns doch neulich bei Zaunitzers getroffen.«

»Wie schön, daß Sie sich erinnern, da kann ich mir die Vorrede sparen. Habt ihr schon mal daran gedacht, sie zurückzukaufen?«
»Nee, ich glaube nicht.«
»Ausliefern, zurückkaufen. Es gibt Staaten ohne gewachsenes Recht oder Staaten in Not, arme Länder, sie werden auf den Handel eingehen.«
»Wieviel?«
»Dreißig Millionen, oder bietet sechzig Mercedes'. Aber bei Mercedes müßt ihr sagen, Geschenk, nicht Bestechung, Geschenk! Dann können sie das akzeptieren.«
»Fabelhaft.«
»Gott sei Dank, Sie lachen mich nicht aus.«
»Haben Sie die Idee mit Ihrem Mann diskutiert?«
»Natürlich nicht, es ist der Einfall dieser Nacht. Man kann nicht diskutieren, man kann nur machen. Solche Ideen vertragen keine Öffentlichkeit, man macht sie, oder man schmeißt sie in den Mülleimer, das ist alles. Geben Sie sie weiter an den Krisenstab?«
»Bestimmt.«
»Und noch etwas. Ich weiß, daß auf solche Lösungen nur so ein verspielter Mensch wie ich kommen kann, aber es wird klappen.«

Um halb elf vormittags rufe ich den Botschafter an.
»Erschlag mich nicht, ich habe Friedrich Nowottny angerufen und deine Lösung vorgeschlagen. Er hat Zugang zum Krisenstab.«
Der Botschafter holt Luft.
»Keine Sorge, ich hab' sie als meine Lösung ausgegeben, erdacht in meinem verspielten Kopf, meine Idee, keine Zeugen.«
»Mein Gott, bist du gut organisiert.«
»Na ja, deine fabelhafte Idee gehört an die richtige Adresse, ich konnte doch nicht darauf sitzenbleiben.«
»Gratulation zu deiner Initiative.«

Am 13. Oktober brennt beim Bonner Krisenstab fast die Sicherung durch. Um ihren Forderungen Nachdruck zu verleihen, entführen vier Terroristen die »Landshut«, eine Lufthansa-Maschine auf dem Flug Mallorca–Frankfurt. Siebenundachtzig Geiseln an Bord. Es ist der neununddreißigste Tag der Geiselnahme Schleyers. Jetzt zeigt sich, daß die Taktik, Scheinverhandlungen zu führen und zu warten, eine Position der Schwäche war, des Versagens. Der Keim der Schuld wächst, die Katastrophe beginnt sich abzuzeichnen.

Die Flugzeugentführer melden sich aus dem Cockpit: »Die Gruppe, die ich vertrete, fordert die Freilassung unserer Genossen, die in den deutschen Gefängnissen in Haft sind. Wir kämpfen gegen die imperialistischen Organisationen der Welt.«[9]
Der Palästinenser Mahmud leitet die Entführung.
Der große Krisenstab läßt sich von Helmut Schmidt auf eine harte Haltung festlegen. Sturm des gekaperten Flugzeugs durch die Bundesgrenzschutztruppe GSG 9. Das ist die risikoreichste aller Lösungen, ein Pokerspiel um Leben und mit den Nerven aller Beteiligten.
Am 14. Oktober nimmt eine Boeing 737 die Verfolgung auf. An Bord das GSG-Kommando 9 und Wischnewski, in der Hand ein Geldköfferchen für den Fall der Fälle.
Am 16. Oktober rufe ich Hecki in der AZ München an.
»Wolf, frag doch bitte Friedrich Nowottny, ob er meine Idee an den Krisenstab weitergegeben hat.«
»Jetzt geht das nicht. Keine Zeit. Vielleicht morgen.«
»Wenn Nowottny die Idee nicht weitergegeben hat, werde ich jemand anderen mobilisieren.«
»Ich habe keine Zeit.«
»Bitte.«
»Nein.«
»Wolf. Warum sollen wir eigentlich unsere Ehe noch weiterführen, wenn du mich nicht ernst nimmst mit meinen Ideen? Du akzeptierst nicht, daß ich Meinungen habe, zum dritten Mal in diesem Jahr.«
»Unsinn.«
»Beim ersten Mal hast du gesagt, ich blamiere mich mit meinem genetischen Gesetz[10], inzwischen gibt es einen neuen Zweig der Wissenschaft an der Harvard-Universität, der sich mit den genetischen Wurzeln des Verhaltens befaßt, im Erbgut festgelegt. Du hast mein Gesetz der zyklischen Krise der Protesthaltung nicht akzeptiert, aber in diesen Tagen beweist es sich in der DDR. Die Schriftsteller werden aus dem Land hinausgeworfen als Vorsichtsmaßnahme, weil sie die Nöte der Menschen zu artikulieren verstehen. Und jetzt willst du die Lösung des Schleyer-Problems nicht weitergeben. Wenn du bis vier Uhr nicht bereit bist, mich zu unterstützen und Nowottny anzurufen, will ich keine Ehe mehr mit dir. Ich warte bis vier. Dann suche ich mir Hilfskräfte.«
»Also, verflucht noch mal, gib mir die Nummer von Nowottny.«

*

»Botschafter, ich hab' meinem Mann ein Ultimatum gestellt, er hat Zeit bis vier Uhr. Dann will ich wissen, ob die Bundesregierung bereit ist, die Terroristen auszuliefern und zurückzukaufen.«

»Bis vier? Gut so. Aber sag mal, du Terrorist, womit hast du ihn erpreßt?«

»Och – wenn er nicht Nowottny anruft, dann lasse ich mich scheiden.«

»Brigitte, Brigitte, das ist ja eine ganz schwere Granate.«

»Ich bin eine Frau. Keiner nimmt mich ernst. Wenn aber mein Mann Nowottny fragt, bekommt die Idee Gewicht, falls sie noch nicht weitergegeben ist. Mein Mann ist Frauen gegenüber ein Ignorant. Ideen von Frauen können nicht klug sein, nur kraus. Ich will ihn zwingen, trotzdem zu fragen, weil es um Menschenleben geht. Deshalb mein Ultimatum. Herrn Nowottny kenne ich nicht, ich habe ihn nur einmal kurz gesehen.«

»Dein Eindruck?«

»Kooperativ, und er hat Humor. Aber ich bin nicht sicher, ob er nicht auch Vorurteile gegen Frauen hat. Ich will, daß Wischnewski deine Idee realisiert.«

»Gut so, Brigitte, du kannst kämpfen, und du hast Mut.«

»Ich habe dir ja gesagt, wenn mir etwas wichtig ist, dann gebe ich nicht auf. Leider ist mir selten etwas wichtig.«

»Ja, leider.«

»Botschafter, wo könnte der Austausch gelingen, im Südjemen?«

»Südjemen? Nein, zu spät, zu spät geschaltet.«

»Zu spät? Du hast doch neulich gesagt...«

»Der Zeitpunkt ist verpaßt.«

»Wo dann?«

»Sieh auf die Landkarte, und dann ruf mich an.«

»Aber ich habe keine Ahnung...«

»Sieh auf die Landkarte, such ein armes Land.«

»Götz, hilf mir, welches Land ist ärmer als arm?«

Götz nimmt seinen Schulatlas vor.

»Vielleicht... Somalia.«

»Botschafter, was hältst du von Somalia?«

»Somalia, ja.«

»Aber ein Flughafen ist auf unserer Karte nicht eingetragen, ich weiß nicht, ob es da überhaupt eine Landepiste gibt.«

»Somalia ist gut, ausgezeichnet sogar.«

»Botschafter, wenn die Terroristen ausgeliefert sind, und alles hat geklappt, ohne Leichen, könnte man dann Geld verlangen?«
»Du könntest.«
»Du bist arm, ich bin arm, könnte man nachträglich sagen, Ideenhonorar, bitteschön?«
»Du könntest.«
»Eigentlich war unsere Absicht, Menschen zu helfen, nicht daran zu verdienen. Macht Geld unsere Arbeit schmutzig?«
»Mit Sicherheit.«
»Schrecklich, niemals werde ich Geld verdienen, immer verschenke ich Ideen.«
»Ich gratuliere dir.«

Es ist kurz vor vier.
Noch einmal rufe ich bei Wolf an.
»Nur zu deiner Information. Der Botschafter sagt, meine Idee sei der Stein des Weisen. Ruf Nowottny an, du wirst dich nicht blamieren, wenn du mich unterstützt.«
»Ich habe hier meine Arbeit zu machen und keine Zeit für Steine des Weisen.«
»Dich interessieren nur deine Stories, das Leben eines Menschen ist dir scheißegal, aber nun sind es schon achtundachtzig Leben.«
»Ich sage dir, ich habe keine Zeit, Nowottny anzurufen. Ich habe meine Arbeit zu tun, der Krisenstab tut seine.«
»Dann – dann – dann werde ich eben meine Konsequenzen ziehen.«
»Mir ist egal, was du von Konsequenzen faselst.«
Hecki knallt den Hörer hin.

Punkt vier Uhr rufe ich Friedrich Nowottny an.
»Hier ist noch einmal Brigitte Heckmann. Haben Sie meine Lösung weitergegeben an den Krisenstab? Ich habe mich inzwischen mit Juristen unterhalten, es ist eine machbare Lösung.«
»Ja, ich habe sie weitergegeben, natürlich. Aber es ist das falsche Land, in das die Terroristen eingeflogen werden wollen.«
»Das falsche Land?«
»Sie wollen kein Geld, sie haben selber welches.«
»Dann kommen fürchterliche Dinge auf uns zu.«
»Wir sind mittendrin, aber ich bedanke mich für Ihren Anruf, ich freue mich darüber.«
Unverzüglich rufe ich Wolf an.

»Willst du wissen, was der Krisenstab gesagt hat?«
»Ja.«
Das klingt ziemlich verbissen.
»Die Terroristen bestehen auf Ländern, die selbst Geld haben, diese Länder sind nicht bestechlich.«
»Konnte man sich vorstellen.«
»So, du konntest dir das vorstellen. Andere kluge Leute befassen sich mit meinen Ideen und wischen sie nicht vom Tisch. Für dich ist Luft, was von mir kommt. Keine Unterstützung, nicht mal in Sachen anderer Menschen. Es war doch nicht aus Eigennutz...«
Hecki brüllt mich an:
»Ich hab' keinen Nerv mehr für dein Gequake!« und knallt den Hörer auf.

Hecki mauert. Ziegel für Ziegel der Ignoranz bauen eine Mauer zwischen uns. Der Turm zu Babylon war auch ein Bau der Ignoranz, Ziegel für Ziegel, so wuchs er empor.

*

Als die »Landshut« an diesem Tag im Südjemen landen will, verweigert Aden die Landeerlaubnis. Die Volksrepublik Südjemen ist an Kontakten mit der Bundesregierung nicht mehr interessiert, weil DDR-Verteidigungsminister Hoffmann plötzlich Militärhilfe versprochen hat. Sein Flugzeug ist schon im Anflug.
Notfall für die »Landshut«, der Sprit ist zu Ende. Statt der Landegenehmigung ein unfreundlicher Akt. Aden blockiert jede Runway mit Panzerfahrzeugen. Die Piloten der »Landshut« beschließen trotzdem zu landen, neben der blockierten Piste im Sand. Runter müssen sie – ohne Benzin.
Es ist der Augenblick meines Ultimatums, kurz vor vier. Plötzlich geschehen höchst seltsame Dinge, außerhalb der Logik und Rationalität, minutiös dargestellt im »Stern«-Buch »Entscheidung in Mogadischu«.[11]
»Im Cockpit sagte Jürgen Schumann: ›Noch 400 kg Sprit.‹
Das hieß, höchstens noch vier bis fünf Minuten Flugzeit. Vietor sagte: ›Jetzt ist es eh zu spät; bevor wir ins Wasser fallen, machen wir es.‹ Er vollendete die Schleife.
Der Flughafen war vor ihnen. Dort fuhren immer noch Fahrzeuge auf eine Notlandebahn.

Die Maschine war jetzt rund 150 Meter über dem Wasser. Jürgen Vietor fuhr die Klappen und das Fahrgestell aus und begann mit dem Sinkflug. Er drehte sein Gesicht zu Schumann und sagte: ›Es war doch ein schönes Leben, aber ein bißchen kurz. Also mach's gut.‹ Er sagte das ganz sachlich, als mache er eine technische Mitteilung. Er spürte keine Panik, nicht einmal richtige Angst. Schumann sagte: ›Na ja, es ist halt vorbei.‹ Sie gaben sich die Hand.
Jürgen Vietor drehte sich um zu Mahmud. Der saß, wie immer während des Flugs, auf dem Observer-Seat hinter dem Kapitän. Seine Augen waren halbgeschlossen, der Mund war geöffnet. Unter der braunen Haut war Leichenblässe. Schweiß lief über sein Gesicht. Seit Minuten hatte er kein Wort mehr gesprochen. Er bewegte sich nicht. Es war nicht auszumachen, ob ihn Todesangst lähmte, oder ob er ganz einfach auf das einkalkulierte tödliche Ende seiner Mission wartete.
Vietor streckte ihm die Hand entgegen. Er griff nach ihr.
Vietor sagte: ›Good-bye, Captain.‹ Mahmud antwortete: ›Good-bye.‹ In diesem Augenblick sah Vietor, daß der Palästinenser nicht angeschnallt war. Er riß das Flugzeug herum übers Wasser und rief: ›Anschnallen!‹
Schumann schrie: ›Bist du wahnsinnig? Wir haben keinen Sprit mehr.‹ Vietor brüllte zurück: ›Das ist mir scheißegal. Der muß sich anschnallen. Der fliegt sonst durch die Scheibe.‹ Der Kopilot startete die Maschine durch. Der Höhenmesser war wie bei jeder normalen Landung auf 50 Fuß (ca. 165 Meter) eingestellt. Die ›Landshut‹ war bereits tiefer. Sie flog kaum 100 Meter über dem Wasser. Schumann glaubte, sie würden ins Meer gehen. Vietor war sicher, daß er die Maschine wieder hochkriegte. Als ehemaliger Marine-Flieger war er das Fliegen dicht über den Wellenkämmen gewohnt. Er schaffte es und setzte zu einem neuen Vollkreis an.
Er konnte es sich selbst nicht erklären, weshalb er alle Menschen in der ›Landshut‹ gefährdete, nur um dem Entführer die letzte Chance zum Überleben zu sichern. Schon als er ihm die Hand gab, war der Palästinenser, der ihm mehrmals mit der Ermordung gedroht hatte, kein Gegner mehr gewesen. Er war einer von den drei Männern, die zusammensaßen und mit dem Sterben rechneten. Mahmud fingerte an den Gurten. Aber seine Arme und Hände gehorchten ihm offensichtlich nicht mehr. Er saß steif in seinem Sitz. Jürgen Schumann versuchte, ihm den Gurt anzulegen, und schaffte es nicht. Vietor mußte helfen. Die Maschine hatte inzwischen einen vollen Kreis geflogen. Vietor hielt auf eine freie Strecke im Sand zwischen den blok-

kierten Rollbahnen zu. Er reagierte mechanisch, wie bei jeder Landung... das Fahrwerk vergrub sich nicht im Sand, wie die Piloten befürchtet hatten... Es war 17 Uhr 52, 15 Uhr 52 deutscher Zeit.«
Ab sofort Wandel zum blutigen Terror: Mahmud erschießt Pilot Schumann. Beim Abflug von Aden gibt Mahmud ein Kommando ohne Sinn und Verstand an Pilot Vietor:
»Landung in Mogadischu.«
Vietor kennt den Namen des Ortes nicht. Ein Blick in die Karte zeigt ihm: Somalia. Wüstenpiste. Keine internationalen Funkfrequenzen. Vietor versucht, Mahmud aus Gründen der Sicherheit auf einen anderen Kurs umzustimmen, aber Mahmud plappert wie ein Automat:
»Landung in Mogadischu.«
Diese Entscheidung ist Mahmud wie von Gott eingegeben. Mahmud wußte nicht, daß zwei Tage zuvor der somalische Botschafter in Kairo Bonn signalisiert hatte, daß Somalia aus humanitären Gründen bereit sei, die Terroristen aufzunehmen.

Morgens erreicht mich ein Anruf von Hecki nun wieder friedlich und freundlich:
»Also, damit du es kapierst, ein für allemal, ich lasse mich nicht erpressen. Aber ich will dir eins sagen, jetzt wollen sie ein armes Land.«
»Was, wirklich? Welches?«
»Somalia. Sie sind schon gestartet.«

Als die »Landshut« in Mogadischu landet, liegt der Kabinettsbeschluß der Bundesregierung auf dem Tisch des somalischen Staatspräsidenten Barre. Befreiung der Geiseln durch die deutsche GSG 9, Barre stimmt zu. Es soll geschehen auf somalischem Territorium. Wischnewski vergoldet Somalias Zusage mit dreißig Millionen Entwicklungshilfe.

Die GSG 9 stürmt die »Landshut« erfolgreich mit einer Blendrakete. Ende der Entführung. Drei Terroristen tot, einer verletzt. Ende der Terroristen im Stammheimer Gefängnis: Massenselbstmord. Das Gefängnis, das als bestgesichert galt, präsentiert sich der erstaunten Weltöffentlichkeit gespickt mit Waffen in Terroristenhand. Ende für Schleyer. Am Tag danach, dem fünfundvierzigsten Tag seiner Entführung, wird Hanns Martin Schleyer ermordet in einem grünen Audi aufgefunden. Abgestellt in Mülhausen.

Der Weg der Erniedrigung findet seinen Abschluß mit Entschuldigungen.
Kanzler Helmut Schmidt entschuldigt sich bei seinem Volk.
Bundespräsident Walter Scheel geht den Gang nach Canossa und bittet die Familie Schleyers um Vergebung.
Und in der *Abendzeitung* heißt es im Leitartikel:

»... der Bundespräsident hat von Schuld gesprochen, in die wir uns alle – nicht nur der Kanzler und der große Krisenstab durch die Verweigerung der von den Terroristen geforderten Gefangenenbefreiung verstrickt haben...« (AZ, 26. Okt. 77)

*

»Botschafter, und was sagst du dazu?«
»Jeder muß lernen. Leben heißt schuldig werden. Zur Schuld stehen, das ist ein Zeichen von Größe.«
»Es war keine Größe. Es war Versagen.«
»Die Größe liegt darin, das Versagen zuzugeben.«
»Botschafter, du sagst, jeder muß lernen. Ich habe auch gelernt.«
»Laß mich hören.«
»Mit einmal wollte ich alles übers Knie brechen, verlor die Geduld, wollte sogar meine Ehe aufs Spiel setzen. Schluß. Aus. Ende. Ich glaube, ich muß wirklich warten lernen. Fünf Minuten vor Ablauf meines Ultimatums habe ich Wolf angerufen und ihn mit dem Stein des Weisen verärgert. Im entscheidenden Moment habe ich versagt. Wenn man ein Ultimatum stellt, muß man wenigstens sein Ultimatum abwarten können.«
»Lerne warten, lerne Geduld, lerne in Ruhe zu warten. Warten heißt nicht aufgeben, warten heißt ruhig sein, gelassen bleiben, bis zur letzten Sekunde. Du bist wie ein flackerndes Licht, aufgeregt, denkst hin und her. Damit zeigst du mir, daß du noch kein inneres Gleichgewicht hast. Gleichmäßiges Licht ist Gleichgewicht. So, wie dein Licht leuchtet, wirst du beurteilt werden. Dein Licht wird deine Waffe sein.«

Mein Mann verkauft unser Haus in Bendestorf von einem Tag auf den anderen, wir ziehen auf der Stelle nach München um.

Mein Botschafter sagt zum Abschied:
»Vergiß nicht, du bleibst mein Informationsminister. Es gibt Tele-

fone. Aber ich verlasse dieses Land am selben Tag, an dem du nach München verschwindest.«
»Hast du schon deine Flugkarte?«
»Nein.«
»Worauf wartest du?«
»Weiß nicht.«
»Ich weiß es, Botschafter.«
»Und was ist das, Brigitte?«
»Du wartest auf ein Wunder.«
»Und... Brigitte?«
»Wunder... dauern etwas länger.«

*

Unser neues Haus steht in dem kleinen oberbayerischen Dorf Rohrbach, in fast keiner Landkarte eingetragen. Und nicht nur das, Orte namens Rohrbach gibt es neunzehnmal in der Bundesrepublik. Wer baut mir hier aus Wörtern ein Haus, in das ich einziehen kann? Wer hilft mir zu bleiben.
Mein Haus aus Wörtern ist schon gebaut ohne mein Wissen.
Ein Anruf:
»Wissen Sie, daß Sie ein großartiges Buch geschrieben haben?«
Der Satz, den ich mir gewünscht habe, ein Jahr lang.
»Kein Mensch hat es bis heute gelesen.«
»Kein Mensch?«
»Niemand. Ich weiß von keinem...«
»Wollen Sie einen Vertrag mit mir machen, jetzt, auf der Stelle?«
»Am Telefon?«
»Ihr Buch soll zur Herbstmesse erscheinen, Startauflage zehntausend Stück.«
»Ist das viel?«
»Das will ich meinen. Sie haben noch nie veröffentlicht?«
»Nein. Auch noch nie geschrieben. Beim Schreiben habe ich erst gelernt zu schreiben. Deshalb wollte es mein Mann auch nicht lesen. Er sagt, schreiben kann nur, wer ständig übt.«
»Also, sagen sie ihm einen schönen Gruß. Mit einer Startauflage von zehntausend Stück fangen arrivierte Autoren an.«
»Von wem darf ich den Gruß bestellen?«
»Von Rüdiger Hildebrandt, Geschäftsführer des Hauses Hoffmann und Campe. Ich bin Ihr Verleger.«

»Sie... werden mein Lieblingsverleger bleiben.«
»Alle Ehre gehört Dr. Schmitt, er ist Ihr Entdecker. Wenn Hans-Jürgen Schmitt nicht mit Begeisterung für Ihr Manuskript eingetreten wäre, wer weiß, ob wir jemals auf Sie aufmerksam geworden wären. Lektor Schmitt hat viel für Sie getan.«
»Ohne Schmitt kein ›Rotes Kloster‹?«
»Jedenfalls nicht bei Hoffmann und Campe.«

*

Erst der Trennungsschmerz von Hamburg, jetzt die Freude. Die Spannbreite der Emotionen ist für mich zu groß, ich verliere die Balance. Schlagartig fangen meine Blutungen wieder an.
Notaufnahme in einem Münchner Krankenhaus. Die Diagnose des Chefarztes:
»Sie sind in Lebensgefahr. Sie verbluten mir ja unter meinen Händen, das darf ich nicht zulassen, wir müssen auf der Stelle operieren.«
»Niemand schneidet an mir herum. Niemand!«
»Dann sind Sie in drei Wochen tot. Wollen Sie das?«
»Warten wir es ab.«
Zweite Notaufnahme.
Dritte Notaufnahme.
Blutüberströmt trägt man mich aus dem Taxi. Der Chefarzt fackelt nicht länger, mit Zustimmung meines Mannes trifft er die Entscheidung: Operation.
»Wo sind Sie eigentlich geboren, Sie Widerspenstige?«
»In Hinterpommern.«
»Mit einem pommerschen Dickschädel darf man nicht verhandeln, man muß handeln. Warum hat mir denn keiner gesagt, daß Sie aus Pommern sind, dann hätte ich längst zugepackt.«
Neben meinem Ohr Gemurmel.
»Der HB-Wert stürzt 64/61/58.« Mein Arzt befiehlt Bluttransfusion.
»Aber ich habe eine komplizierte Blutgruppe.«
Er streicht mir freundschaftlich übers Haar.
»Wir haben da gerade ein paar feurige Spanier, die sollen mal zwei Liter Blut hergeben.«
Den ganzen Nachmittag laufen Blutuntersuchungen, immer wieder schreckt mich ein neuer Pickser aus meinem Dämmerschlaf. »Ist kein Tropfen mehr aufzutreiben in meinen Adern?«

Schläuche werden in meine Adern gesteckt, Schläuche überall, aber kein Blut, wäßrige Nährlösung sickert in mich ein, tagelang. Dann:
»Heute gibt's Blut.«
»Lecker!«
»Sie haben vielleicht eine witzige Blutgruppe.«
»Ja, ich bin ein DU.«
»Was, das wissen Sie?«
»Das hat euer Münchner Blutpapst schon '66 festgestellt. Ich hab' auch einen Ausweis.«
»Vergessen, was?«
»Tja...«
»Also, ich hätte nicht gedacht, mal ein DU auf zwei Beinen zu sehen. Wir haben Ihnen immer wieder neues Blut abgenommen, weil wir dachten, wir irren uns, aber die Werte blieben dieselben, jeder einzelne Wert konträr, jeder einzelne Wert eine Ausnahme, unglaublich. Aber jetzt gibt's Blut. Einen Liter haben wir in Spanien aufgetrieben und einen Liter in Brasilien.«
»Na, dann olé!«
Die Oberschwester: »Sie mit Ihrem Temperament, und dann auch noch spanisches Blut dazu, Sie werden uns über Tische und Bänke gehen!«

Sieben Tage später ziehe ich zum erstenmal wieder Schuhe mit Absätzen an, um im Garten spazierenzugehen.
Schwester Resi begleitet mich, nach ein paar Schritten schon black out bei mir. Sie führt mich zurück ins Zimmer, ganz langsam, Schritt für Schritt.
»Gell, Sie haben gedacht, Sie reißen Bäume aus, und am Schluß sind's nur ein paar Gänseblümchen, mit denen Sie daherkommen.«
»Wann bin ich denn wieder gesund?«
»In ein paar Wochen werden Sie sich fühlen wie neugeboren. Aber langsam angehen lassen, Ihr Kreislauf ist noch am Boden.«
Als ich aus dem Krankenhaus entlassen werde, gebe ich meinem Arzt dankbar einen Kuß.
»Daß du dem Tod noch von der Schippe gehopst bist, das grenzt fast an ein Wunder, Kindchen.«
»Das Wunder waren Sie, mein Lieber.«

Zur Erholung fliege ich wieder nach Tunesien.
Hammamet im Mai ist ein Blütenmeer, vom Hotel Sheraton aus be-

trachtet, einem weißen Pavillon-Hotel, gegen die Sonne mit hellblauen Jalousien geschützt. – Weiße Häuser mit blauen Türen und blauen Fensterstöcken sind seit Jahrhunderten in Tunesien Tradition.

Rote Rosen und Geranien und Margeriten in dichten Büscheln säumen die Wege ein. Neben den Margeriten mit den gelben Blütenstempeln Blüten derselben Art mit saphirblauen Kissen, leuchtende Edelsteine im weißen Strahlenkranz. Bienen summen in blühenden Mimosenbäumen. Am Swimmingpool reifen Zitronen. Betäubender Jasminduft gewinnt die Konkurrenz gegen die Chemiedünste von Sonnenöl und Parfum der grillenden Leiber am Pool. Der Sandstrand ist fast menschenleer. Deshalb liebe ich Tunesien, heißer Sand für mich allein, jedenfalls Anfang Mai.

Im Speisesaal – weiße Wände, rotes Ziegelgewölbe – ist jeder Tisch mit Blumen und Kerzen geschmückt.

Marco aus Zürich ist mein Tischnachbar, schwarzbraun verbrannt, auf Weltreise, zwei Jahre lang, bevor er sich in die Niederungen des Broterwerbs begeben will. Gelernter Datenverarbeiter, Computerspezialist, gelernter Schweizer.

Als ich mir nach dem Essen am Tisch meine Lippen nachziehe, rügt er mich auf der Stelle:

»Doch nicht bei Tisch, ich bitte Sie, Sie werden in ein schlechtes Licht bei den Obern kommen. Niemals darf eine Dame riskieren, falsch eingeschätzt zu werden.«

»Von Obern?«

»Niemals würde sich das eine Dame in einem feinen Hotel in Zürich erlauben.« Betonung auf Hôtel.

»Seit den zwanziger Jahren hat sich so manches verändert. Der Sittenkodex von Zürich sicherlich auch.«

»Ich... ich... ich bin erst neunundzwanzig. Ich weiß nichts von Sitten und Gebräuchen der zwanziger Jahre. Ich kenne nur die geltende Sitte.«

»Königin Elisabeth von England malt auch am Tisch, und das seit Jahren. Ist Ihr Zürcher Hotelpersonal konservativer als das englische Königshaus?«

Marco betrachtet mich zweifelnd.

Marco ist mein ständiger Begleiter, aber im Meer schwimmt er nicht, es ist ihm zu kalt. Bei Spaziergängen am Strand paßt er auf, daß ich nicht, ins Gespräch versunken, in eine Pfütze trete. Die Bilharziose[12] lauert nach seiner Ansicht in jedem Tümpel.

»Nach Jahren erst werden Sie den Schaden bemerken, wenn Sie heute einmal unvorsichtig sind.«
Er macht mich bekannt mit einem iranischen Arzt namens Cyrus, der gegen Krankheiten jeglicher Art ein Sortiment Tabletten mitführt, beide haben eine Leidenschaft, die Hygiene. Beide sind Gesundheitsapostel. Aber als Marco an der Rezeption telefoniert, versucht Cyrus im Sturmangriff das Terrain zu erobern.
»Warum allein, Brigitte? Wo ist Ihr Mann?«
»Australien. Testflug.«
»Pilot?«
»Privatpilot.«
»Und Ihre Kinder? Wo sind Ihre Kinder?«
»Was wissen Sie von meinen Kindern?«
»O... nichts, ich nehme an, Sie haben Kinder.«
»Meine Tochter Inga wollte sich lieber um ihre Katze kümmern, und mein Sohn Götz sagte zu dem Vorschlag, mich nach Tunesien zu begleiten: ›Keine Lust. Mein Moped kann ich nicht allein lassen.‹ Sie kümmern sich um Katzen und Fahrzeuge, aber daß ich Schutz brauche, daran denkt niemand in meiner Familie.«
»Schutz vor wem?«
»Nur so gesagt.«
»Darf ich mich als Beschützer anbieten?«
»Aua, das mußte ja kommen.«
»Oder ist die Rolle schon vergeben an Marco?«
»Ich vergebe keine Rollen.«
»Ich bin kein grüner Junge mehr, ich zahle jeden Preis für das, was mir gefällt.«
»Wer da hat, dem wird gegeben?«
»Jeder Mensch hat seinen Preis, jeder.«
»Das spricht nicht für die Menschen, mit denen Sie Umgang pflegen.«
»Bahhh... man muß ihn nur genügend hoch ansetzen, dann fällt jeder um.«
»Weiter so. Kaufen Sie sich Menschen. Aber Vorsicht, eines Tages beißen sie, das haben... Kretins so an sich.«
»Kretins... das ist ja... also, selbst Könige haben ihren Preis.«
»Meinetwegen.«
»Mir fällt Königin Elisabeth von England ein, die jungfräuliche Königin genannt.«
»Wann war sie... käuflich?«

»Sie regierte so um 1550 bis 1600 und akzeptierte keinen Bewerber. Erst, als man ihr Länder schenkte. Länder, wie Polen und Tunesien, da war auch sie umzustimmen. Sie begründete mit ihrem Preis die Kolonialmacht Englands.«
»Was für Elisabeth galt, gilt nicht für mich.«
»Aber Sie müssen doch zu beeinflussen sein, wie jeder andere Mensch auch.«
»Nein. Ich habe, was ich brauche. Mich interessiert kein Ding dieser Welt brennend genug. Und Geld hat bei mir die Eigenschaft, es kommt – aber es fliegt weg. Niemals werde ich aus Geldgründen eine Entscheidung treffen, Geld bleibt nicht. Was bleibt, ist die Ehre – oder auch nicht.«
»Welche Art Mensch würden Sie akzeptieren, verraten Sie mir das?«
»Ein Mensch, auf den keine meiner Vorstellungen paßt. Ein Mensch, der anders ist als alle meine Vorstellungen von einem Menschen, das ist der Mensch, auf den ich warte.«
»Solch einen Menschen gibt es nicht, Brigitte.«
Cyrus betrachtet mich nachdenklich.
»Vielleicht interessiert Sie... Macht? Manchmal zahlen Staaten Preise, und manchmal werden auch Staaten als Preis ausgesetzt...«
»Wollen Sie mir einen Staat schenken? Cyrus, Sie mißfallen mir, Sie sind am Ende gar kein Arzt?«
Ich lasse ihn stehen.

Dunkelroter Mond über dem Meer, Feuerball mit jagenden Wolkenschatten, kühler Wind. Die Gäste sitzen fröstelnd in der Hotelhalle. Marco hat für mich fürsorglich einen Pfefferminztee bestellt, schwarzen Tee mit frischen Pfefferminzblättern, hocharomatisch. Zu uns setzt sich eine Dame aus Düsseldorf, und dann kommt auch der unvermeidliche Cyrus mit einer Glasflasche angeschleppt.
»Geschenk für Sie, Brigitte, obwohl Sie meinen ärztlichen Status anzweifeln. Im Vorbeigehen hörte ich, daß Sie es angenehm finden, Café oder Tee mit Orangenlikör zu parfümieren, wie man es hier in Tunesien liebt. Deshalb schenke ich Ihnen diesen Orangenblütenauszug, ein Destillat aus Orangenblüten, hochgeschätzt als Gesundheitstrank. Ich habe es in den Souks eigentlich für mich besorgt, aber vielleicht macht Ihnen meine kleine Gabe wieder gute Laune.«
Überrascht nehme ich die Flasche an.
»Vielen Dank, Cyrus, obwohl, da ist ein Mißverständnis. Nicht die

Tunesier parfümieren, sondern die Türken. Im Hotel ›Les Orangers‹ parfümiert der türkische Barkeeper Café und Tee auf diese Weise, da habe ich es kennengelernt.«
Ich entkorke die Flasche, rieche daran, gebe sie stumm weiter. Die Dame aus Düsseldorf sagt spontan:
»Das riecht ja nach Petroleum, das werden Sie doch nicht trinken?«
»Medizin für den Kreislauf. Trinken Sie ein Gläschen davon gleich morgens nach dem Aufstehen auf den nüchternen Magen.«
Als ich mich zur Nacht verabschiede, vergesse ich die Flasche neben meinem Sessel. Cyrus trägt sie mir nach.
»Sie haben Ihre Medizin stehenlassen. Mit Absicht?«
»Natürlich nicht.«
Ich nehme die Flasche zum zweitenmal entgegen.
»Aufdrängen will ich sie Ihnen nicht. Ich finde sicherlich eine andere Dame, die sich darüber freut, wenn Sie sie nicht wollen. Es ist ein Kreislaufmittel. Trinken Sie morgen früh ein Gläschen, und Sie werden sich fantastisch fühlen.«
Ein Blick in meinen Spiegel zeigt mir, ich sehe aus wie das blühende Leben. Der Gesundheitstrank soll wohl ein Witz sein? Ich verreibe einen Tropfen auf meiner Hand, leicht ölig, penetranter Geruch, gelblicher Farbton, wie rostiges Wasser. Mit Schwung stelle ich die Flasche in die Ecke, was soll ich damit. Aber was ist das? Vom Boden der Flasche lösen sich braune Krümel, braun wie Gewürznelken, wohl Blütenreste. Ich schüttele die Flasche, die Blüten sinken wieder auf den Boden.
Am nächsten Morgen grüßt Cyrus mich am Frühstückstisch mit einer Frage:
»Schon probiert?«
»Was denn?«
Er wirft einen leichtverzweifelten Blick zur Ziegeldecke. »Die Flasche.«
»Ach so... o... tut mir leid, schon wieder vergessen, aber morgen, bestimmt morgen.«
Cyrus wandert weiter zu seinem Tisch.
Marco ist besorgt.
»Sie werden doch nichts davon trinken?«
»Morgen, Marco. Jeder Tag hat einen neuen Morgen.«

Am nächsten Morgen schwimmen drei Blüten im Flaschenhals. Die Blüten steigen also auf. Gärungsprozeß? Zersetzt sich das Getränk so

schnell? Merkwürdige Medizin. Um mir eine Blüte näher anzusehen, schenke ich ein Glas ein, aber die Blüten wandern beim Gießen in den Bauch der Flasche zurück. Im grellen Licht der Morgensonne sehen sie aus wie geschrotet, körnig. Gleichmäßig groß wie winzige Würfel mit gleichmäßigen Kanten, dunkelbraun. Das sind keine Blüten.
Die Flasche macht mir Angst.
Kurzentschlossen melde ich ein Ferngespräch an.

»Hallooo.«
»Hallo, Brigitte, welche Überraschung. Dein Anruf bringt Sonne in mein Herz.«
»Sonne aus Tunesien. Botschafter, bring du Sonne in mein Herz. Ich fürchte mich.«
»Vor wem?«
»Vor einer Flasche.«
»Trägt sie eine Fratze? Sieht sie zum Fürchten aus?«
»Mir hat jemand eine Flasche geschenkt mit einem Orangenblütendestillat.«
»Was? Du nimmst Geschenke an? Seit wann das denn?«
Das klingt schon merklich kühler.
»Mir wurde sie von einem Mediziner aufgedrängt für meinen Kreislauf. Von einem iranischen Arzt.«
»Versteh' ich nicht. Dein Kreislauf ist in Ordnung, das sagte doch dein Arzt. Du bist wieder gesund, denke ich?«
»Tja, das ist ja das Merkwürdige. Der Arzt hier besteht darauf, ich soll vor dem Frühstück ein Gläschen trinken auf nüchternen Magen, für meinen Kreislauf.«
»Lächerlich, dein Arzt wohnt in München. Keine Verordnung von diesem Iraner akzeptieren, trink nichts.«
»Außerdem riecht das Zeug nach Petroleum. Und braune Krümel steigen auf, wie feingemahlene Blüten, aber aus Chemie.«
»Bring die Flasche mit und übergib sie in München zur Kontrolle einem kriminaltechnischen Institut.«
»Geht nicht, sie ist etwa vierzig Zentimeter hoch und bauchig. Ich könnte sie nicht transportieren, mit Koffer und Schreibmaschine in der Hand.«
»Füll etwas ab, und die abgefüllte Menge ergänzt du wieder mit Wasser.«
»Es ist auch ölig.«
»Wo bleibt deine Phantasie, Brigitte? Nimm Wasser und Olivenöl,

zum Nachfüllen. Tunesien hält im Olivenölexport einen der ersten Plätze der Weltrangliste. Exportiere ein weiteres Fläschchen.«
»Botschafter, die Krümel bleiben beim Abgießen in der Flasche, sie schwimmen in den Bauch zurück, der Hals ist zu eng, ich kann keinen Krümel fischen.«
»Versuch's. Aber noch etwas, der Arzt wird bemerken, daß du nicht trinkst, er wird seine Flasche wiederhaben wollen, möglicherweise.«
»Soll ich sie zurückgeben?«
»Geschenkt ist geschenkt. Aber bitte paß ganz gut auf dich auf, Brigitte!«

Ich leere ein Sonnenölfläschchen, spüle es halbwegs gründlich aus und kippe das Spülwasser in ein Zahnglas. Dann fülle ich mein Fläschchen mit dem Orangenblütendestillat und entleere das Zahnglas in die große Flasche, geschafft. Keine Veränderung zu bemerken, die Flasche sieht unberührt aus.
Tagelang sehe ich sie nicht wieder an, ich vergesse sie fast.
Marco holt mich zum Essen ab.
»Was ist das?«
Eine körnige, zentimeterdicke Schicht hat sich im Flaschenhals abgelagert, ziemlich tief, denn das Destillat verdunstet, offensichtlich durch den porösen Korken. Wir versuchen, Krümel herauszufischen, nichts zu machen, die Schicht sinkt bei jeder Neigung in den Bauch zurück.
»Das ist ja widerlich. Auf der Stelle in den Mülleimer damit.«
Ich gehe nun auch noch Hecki auf den Nerv mit meiner Flasche. Sein telefonischer Rat:
»Zerschlag sie. Sammle die Krümel ein und bring sie mit. Ich organisiere inzwischen mit Hilfe der Kripo in einem Labor eine chemische Analyse.«

Meine Flasche zerschlagen?
Sie ist ein Beweisstück. Ich bitte den Hoteldirektor, die Flasche aufzubewahren für einen Monat. Mein Mann oder ein Bekannter würden sie abholen, mir sei sie jetzt zu schwer. Der Hoteldirektor läßt meine Flasche einschließen.

An einem der letzten Abende sitzen wir wieder in der Hotelhalle beisammen. Die Düsseldorferin erkundigt sich:
»Was macht die Flasche? Sie haben doch hoffentlich nicht probiert?

Ihre Gesundheitsliebe in allen Ehren, Cyrus, aber sie roch wirklich unappetitlich nach Petroleum.«

Cyrus lächelt.

»Ich bin unschuldig. Das Zimmermädchen hatte mir die Flasche besorgt, vom Markt.«

»Ich denke, Sie selbst, Cyrus, in den Souks?«

»Nein, nein, das war nur so dahingesagt, das Zimmermädchen hatte von mir den Auftrag, den Orangenblütenauszug zu beschaffen. Vielleicht war es kein frischer Auszug.«

Er zuckt lässig mit den Schultern.

»Sie sind gut, und Sie schenken mir das Zeug quasi mit medizinischer Verordnung.«

»Na und? Sie haben's ja nicht getrunken.«

Cyrus liegt völlig entspannt im Sessel. Da erzähle ich fröhlich und harmlos eine Geschichte.

»Mein Mann ist furchtbar eifersüchtig. Ich glaube, ich bin die bestbeobachtete Frau der Bundesrepublik.«

Schock. An der Körperhaltung des Arztes erkenne ich, daß ich einen Volltreffer gelandet habe, er rutscht förmlich im Sessel nach vorn.

»Beobachtet? Von wem? Auch hier im Hotel?«

Marco, warnend: »Fallen Sie doch nicht auf Brigittes Märchen herein.«

Cyrus hört nicht auf ihn.

»Sie meinen... Sie wollen andeuten, hier unter den Gästen... könnte ein... Detektiv? Hier? Vielleicht sogar unter uns, in diesem Augenblick?«

»Glauben Sie im Ernst, Cyrus, mein Mann läßt mich allein verreisen, noch dazu ins Ausland, ohne Schutz?«

»Aber... also... es reisen doch viele Damen allein, heutzutage, das ist doch schon fast üblich.«

»Tja, die haben's guuuut, die haben keinen eifersüchtigen Ehemann.«

»Also, dann möchte ich Sie ersuchen, geben Sie mir auf der Stelle meine Flasche zurück.«

Cyrus hat sich gefangen, er kann wieder glatt formulieren.

»Wie bitte?« frage ich mit erstaunten Kinderaugen.

»Was soll Ihr Mann denken, wenn Sie mit dieser Flasche im Gepäck einfliegen?«

»Auf der Flasche steht doch nicht geschrieben, daß sie ein Geschenk ist. Ich könnte sie mir doch selbst gekauft haben...«

»Aber... auf der Flasche ist mit Kopierstift meine Zimmernummer vermerkt. Auf dem Korken.«
»Wie leichtfertig von Ihnen, nun sind Sie zu identifizieren. Cyrus, Zimmernummer 116.«
»Bekomme ich meine Flasche zurück?«
»Geschenkt ist geschenkt.«
Grollend geht er ab ins Bett. Die Düsseldorferin geht ebenfalls nach Minuten eisigen Schweigens.
Marco: »Was war auf einmal los mit Ihnen? Warum erzählen Sie solche Märchen? Ihr Mann ist doch die Ruhe selbst, konnte ich Ihren Erzählungen entnehmen, und keine Spur eifersüchtig.«
»Ich wollte Cyrus schocken.«
»Das haben Sie erreicht. Er will seine Flasche wiederhaben. Merkwürdig. Hat er ein schlechtes Gewissen?«
»Sieht so aus.«
»Und was wird aus unserer Verabredung? Wir drei wollten doch morgen das Kolosseum von El Djem betrachten.«
»Keine Lust mehr.«
»Brigitte, es ist das zweitgrößte der Welt, eine Anlage aus dem dritten Jahrhundert. Imposant. In seinen Dimensionen ist es nur mit dem Kolosseum von Rom zu vergleichen. Die Völker des Hinterlandes dürften viele Tagereisen weit herbeigeströmt sein, um die blutigen Schauspiele der Gladiatorenkämpfe und Schauhinrichtungen zu sehen. Wir mieten uns ein Auto.«
»Nichts wird mich aus der Sicherheit dieses Hotels herauslocken.«
»Nun gut. Erfinden wir ein Communiqué. Sie erwarten ein wichtiges Telefongespräch am Vormittag.«

Cyrus betrachtet mich nur noch aus einem gewissen Abstand, aber mit stecknadelkopfgroßen Pupillen, daran erkenne ich den Grad seiner Aufmerksamkeit. Nicht nur das, er schleppt dreierlei Medikamente für Marco an den Frühstückstisch am nächsten Morgen – Versuch eines nachträglichen Alibis? Marco lehnt ab mit erstaunt hochgezogenen Brauen, er habe ausreichend Medikamente dabei. Marco hatte Cyrus längst erzählt, er habe mindestens zwanzig verschiedene Medikamente eingesteckt für Notfälle aller Art.
Auch ein Zentner Medikamente machen aus Cyrus keinen Arzt.

Kurz vor dem Dinner schlendere ich an Teppichen und Gewändern, Tunesien-styled, vorbei zum Zeitungsstand. Einen Tag alt liegen sie

auf dem weißen, mit blauen Rauten verzierten Ladentisch. Der Zeitungsverkäufer, blitzende Zähne, verschlafene Augen, aber charmant wie das gesamte Personal hier, erkundigt sich höflich:
»Kein Tanzen gestern abend?«
»Keine Lust.«
»Du niemals tanzen?«
»Nur mit meinem Mann.«
Er lacht.
»Heute abend Hypnose-Show. Du kommen. Du vielleicht Lust auf phantastique show.«
»Wir werden sehen.«

Jemand umspannt meinen Ellenbogen mit sanftem Druck.
»Dieser Charme, dieser Esprit, Sie sind keine Deutsche, tun Sie mir das nicht an.«
»Wer bin ich dann?«
»Sagen Sie nichts, ich kann es erfühlen... erahnen..., sagen Sie nichts... ich kann es förmlich schmecken, Sie sind Polin.«
»Sie kennen das Gerücht von den blonden Polinnen.«
Ich bezahle dem Zeitungsverkäufer seinen halben Dinar.
Aber der Fremde spricht weiter auf mich ein:
»Ich sehe Ihre Bewegungen, Ihr Temperament, das ist nicht deutsch. Das ist slawisch.«
»Tut mir leid, Sie täuschen sich.«
Als ich mich abwende, sehe ich mit halbem Blick, wie sein Gesicht, gerade noch angespannt, faltig wird wie ein alter Socken. Warum ist diesem Mann so wichtig, daß ich Polin bin? Wenn er mein Temperament loben will, könnte ihm doch egal sein, aus welchem Land ich stamme?«
Zögernd sage ich, im Gehen: »Vielleicht ist es mein... lateinamerikanisches Blut?«
»Lateinamerikanisch?«
Er gerät wieder in Spannung. Sein Blick fliegt über mich, sucht in meinem Gesicht, seine Wangen straffen sich.
»Diese Ausstrahlung, dieses Flair, ich kann mich nicht täuschen, ich spüre... den Osten in Ihnen.«
»Vielleicht erkennen Sie, daß meine Familie seit Jahrhunderten in Polen gelebt hat? Aber es waren Deutsche in Polen, noch dazu Calvinisten, also Puritaner. Beherrschte Menschen, keine leidenschaftlichen Personen. Kein polnisches Blut.«

»Aber Wohnsitz Polen?«
»Meiner nicht. Ich habe jahrelang in der DDR gelebt, dem östlichen Teil Deutschlands, vielleicht meinen Sie das?«
»Sehen Sie, ich habe es gewußt, es bleibt beim Osten.«
Der Zeitungsverkäufer lächelt verschmitzt.
»Das ist Helios, Hypnose-Show.«

»Wollen Sie einen Drink mit mir nehmen auf der Hotelterrasse? Ein Blick in Ihre Hand, und ich sage Ihnen Ihr Schicksal. Wollen Sie mir Ihre Hand zu lesen geben?«
»Ich habe kein Geld.«
»Geld – bah! Ich werde bezahlt vom Direktor dieses Hotels für meine Show. Ihre Hand lese ich für Sie nur aus Freundschaft. Wo Sie sind, ist Schicksal, ich sehe es.«
Er führt mich zu einem orangefarbenen Sessel, oberhalb vom Pool. Hinter seinem Rücken winke ich Marco zu, hilfeflehend. Marco versteht den Wink, schlüpft in sein Hemd und setzt sich auf einen Nachbarstuhl. Er tut so, als ob wir uns nicht kennen, ist aber ganz Ohr für unser Gespräch.
»In Ihrer Hand lese ich wie in einem Buch. Die linke Hand zeigt die Anlagen, die rechte die Realisierung. Lassen Sie mich die rechte sehen, ich bin gespannt.«

Der grüngekleidete Ober beugt sich über mich:
»Wieder einen Fruit-Cocktail, Madame?«
»Danke, gern.«
»Pour moi Boukha s'il-vous plaît.«
Boukha ist tunesischer Feigenschnaps.
»Sie kennen sich aus mit tunesischen Getränken, Helios?«
»Ich bin Tunesier.«
»Aber Sie sprechen deutsch?«
»Ich wohne in... in der Nähe von Stuttgart, aber ich habe auch ein Büro in München.«
»In München wohnen wir auch!«
Meinen erstaunten Ausruf bagatellisiert er geschickt: »Büros habe ich überall in der Welt.«
»Helios, weltweit?«
Er lacht.
»Zwei Lebenswege, sehen Sie, hier laufen sie auseinander, aber der eine Weg ist zu Ende, fast.«

»Welcher?«
»Der Weg der Hausfrau. Jetzt kommt der Weg des Intellekts.«
»Des Erfolges, hoffe ich, auch?«
»Auf den Sonnenberg, mitten hinauf. Aber noch etwas sehe ich, Sie stehen zwischen zwei Männern.«
»Wer steht da nicht?«
»Merkwürdig. Nichts geheim, nichts versteckt, Sie sprechen darüber.«
»Warum nicht?«
»Sie haben recht, es ist eine Beziehung der Verehrung, darüber kann man sprechen... Aber... mon dieu!«
Er läßt meine Hand fallen. Geschicktes Theater? Spannungssteigerung?
»Was ist mit meiner Hand?«
Er stottert, sichtlich außer Fassung, nur »mon dieu, mon dieu«, trinkt seinen Schnaps und sieht mich prüfend an. Also erzähle ich eine Geschichte.
»Als ich vierzehn war und Pickel hatte, Jugend-Akne, konnte mir kein Arzt helfen, auch keine Schälkur. Da sagte meine Mutti, wenn nichts hilft, hilft vielleicht Böten. Im Armenhaus wohnt eine alte Frau mit magischen Händen, sie kann böten, geh hin.«
Helios fragt: »Böten?«
»Besprechen, zum Beispiel eine Gesichtsrose wegsprechen, mit Worten heilen.«
»Verstehe.«
»Die alte Zauberin sagte mir, mit der Liebe verschwinden die Pickel, warte die Zeit ab. Aber zeig mir deine Hand. Und dann erschrak sie wie Sie, Helios. Was steht Schreckliches in meiner Hand?«
»Man kann Ihnen nichts vormachen, Sie durchschauen alles. Sie sind nicht, wer Sie sind, Sie sind... unfaßbar.«
»Raus mit der Sprache, was steht in meiner Hand?«
»Das Zeichen der Verwandlung.«
Er zeigt es mir.
»Und was bedeutet das?«
»Jeder hält Sie für seinesgleichen, ob Professor oder Putzfrau. Sie sprechen die Sprache jedes Menschen. Sie sind das DU des anderen.«
»So heißt meine Blutgruppe, DU. Aber ich spreche keine fremden Sprachen.«
»Das ist eine Lüge. Mindestens drei sehe ich hier in Ihrer Hand verzeichnet.«

»Wie schön für meine Hand.«
»Sie sind... paranormal.«
»Dankeschön für die Beleidigung.«
»Ich verstehe nicht?«
»Paranormal, außerhalb des normalen, also verrückt. Danke!«
»Nicht verrückt, ich bitte Sie. Außerhalb menschlicher Vorstellungskraft. Beispiel, Sie sitzen hier als Polin...«
»Sagen Sie!«
»Nun gut, als deutsche... Hausfrau?«
»Ja.«
»Süß, entzückend, weich, entgegenkommend. Man könnte sich sonstwas einbilden. Aber Sie sind nicht süß. Niemand kann Sie essen.«
»Bin ich sauer? Oder stachlig?«
»Sie sind wie eine Frucht, schön anzusehen, aber aus Stahl. Die Zähne gehen kaputt, man kann nicht hineinbeißen.«
»Verbotene Frucht. Stimmt.«
»Sie sitzen hier vor mir, charmant, sprechen mit mir wie mit einem Freund, aber Ihr Gehirn macht tick, tick, sendet: Polizei! Alarm! Sie sprechen hier mit mir und lassen mich schon überprüfen.«
»Lächerlich.«
»Diese Minute, ich sehe es. Sie würden selbst mit... Mafiosi zusammenarbeiten, um etwas herauszufinden.«
»Wollen Sie mir schaden? Dann haben Sie verdient, daß ich Sie überprüfen lasse.«
»Mit Mafiosi meine ich... geheime Dienste.«
»Geheimdienste? Lächerlich. Ich bin für Legalität, Polizei und Gerichte. Ich habe gerade ein Buch über den Staatssicherheitsdienst der DDR geschrieben, das ist meine Antwort gegen... Mafiosi. Keine Zusammenarbeit. Kritik.«
»Es gibt kein Buch. Trennen Sie sich von dieser Idee.«
»Es ist keine Idee, es ist ein Manuskript.«
»Das Manuskript existiert nur in Ihrer Vorstellung.«
»Quatsch, ich habe einen Vertrag.«
»Vergessen Sie Ihr Buch, das Manuskript ist längst verschwunden.«
»Sie sind nicht auf dem letzten Stand der Information. Das Buch *war* verschwunden, ein Jahr lang, nun ist es wieder aufgetaucht, noch dazu bei einem der besten Verlage Deutschlands.«
»Wie kam es dahin?«
»Es ist entführt worden, zu seinem Schutz.«

»Paranormal, alles paranormal.«
Resigniert sinkt er im Sessel zusammen.
»Gegen das Zeichen kommt keiner an.«
»Das Zeichen der Verwandlung?«
Er nickt.
»Halten Sie den Druck auf, ich beschwöre Sie.«
»Mein Buch ist ein Teil von mir selbst.«
»Sie werden noch andere schreiben, dies soll nicht ans Licht der Welt.«
Ich unterschreibe meinen Drink beim Ober.
»Vielen Dank, Helios, für die Information. Ab sofort werde ich aufpassen, mein Buch werde ich selbst beschützen, von heute an.«

Mein letzter Abend im Sheraton. Mein Tisch ist mit Blumen geschmückt wie für eine Braut. Um die ganze Platte zieht sich ein Blütenband, von den Obern in stundenlanger Arbeit zierlich zusammengesteckt, Levkojen, Margeriten und Rosen. Drei Ober im kakaobraunen Smoking stehen erwartungsvoll daneben in Vorfreude auf meine Freude.
Helios übersieht die anweisende Geste des Chefs de salle, der Nachbartisch interessiert ihn keine Sekunde lang, er schiebt einfach meine Blumen beiseite und schafft sich Platz für seinen Teller auf meinem Tisch: »Ich hoffe, Sie haben nichts dagegen«, sagt er, als alles ruiniert ist, und setzt sich rechts neben mich. Den Zorn der Ober beachtet er nicht. Den Finger auf dem Mund, lächle ich ihnen beruhigend zu und wende mich an meinen Tischnachbarn zur linken Hand.
»Marco, lieber Freund, der Herr hier an meinem Tisch ist Helios, der Hypnotiseur. Passen Sie bitte auf, daß es mir nicht so geht wie diesen armen Blumen hier.«
Helios, mit strengem Blick zu Marco:
»Sie habe ich doch vorhin schon gesehen? Saßen Sie nicht am Nebentisch auf der Terrasse?«
»Möglicherweise.«
»Wollen Sie mein Übersetzer sein, Marco? Helios unterrichtet mich über meine Zukunft, und wenn er inspiriert ist, spricht er fast nur noch Französisch. Sie wissen, ich kann kein Französisch.«
»Es wird mir eine Ehre sein, übersetzen zu dürfen.«
Und zu Helios:
»Wie, sagten Sie, ist Ihr Name?«
Helios zieht geschäftig seine Visitenkarte aus der Westentasche, mit

Foto und Adresse, und reicht sie Marco, der sie eingehend betrachtet.
»Sie wohnen in Deutschland, interessant. Aber dann sprechen Sie doch sicherlich perfekt Deutsch?«
Er reicht mir wie absichtslos die Karte. Ich stecke sie sofort in mein Täschchen, unter dem verblüfften Blick von Helios.
»Ich brauche meine Karte zurück.«
»Wollen Sie auf Werbung verzichten?«
Er lächelt gequält.
»Dann bitte Austausch. Sie schreiben mir den Titel Ihres Buches auf und den Verlag.«
»Meinen Namen nicht?«
»Den Namen auch, selbstverständlich.«
Helios stochert im Essen.
»Keinen Appetit?«
Sein zischender Blick trifft Marco.
»Lampenfieber. Mein Appetit ist gleich null.«
»Müßten Sie nicht langsam an Spannung gewöhnt sein?«
»Sie sitzen auf einem hohen Roß, Herr Nachbar. Eine Warnung aus... Mitgefühl. Versuchen Sie nicht, diese Frucht zu pflücken, sie ist aus Stahl, unverdaulich. Sie beißen sich nur die Zähne aus.«
»Gehen Sie bitte nicht ein bißchen weit mit Ihrer Vorstellungskraft? Monsieur Helios!«
Marcos Spott ist nicht mehr zu überhören, Helios wendet sich mir zu, entschlossen sein Besteck zur Seite legend: »Niemand kann Sie hindern, Ihren Weg zu gehen, niemand wird Sie aufhalten. Aber wenn Sie erst einmal herausgefunden haben, daß Sie die ganzen Jahre über betrogen worden sind, dann werden Sie zur Fanatikerin. Wer sich Ihnen auch in den Weg zu stellen sucht, niemand wird Sie aufhalten können, keine Macht dieser Welt.«
»Sie eine Fanatikerin, Brigitte? Das ist unvorstellbar. Sie können gar nicht fanatisch sein, jeder andere, Sie nicht.«
»Lachen Sie nur, mein Herr, Sie wissen nichts. Wenn sie erst einmal herausgefunden hat, daß sie die ganzen Jahre über betrogen worden ist...«
Das klingt wie eine Platte, ich unterbreche ihn:
»Hoffentlich nicht von meinem Mann.«
»Anders, betrogen im Sinne von hereingelegt, falsch unterrichtet, nicht Sie als Person, das Volk meine ich, Sie werden das herausfinden.«

»Jetzt verstehe ich, Helios spricht von der Vergangenheit. Mein ›Rotes Kloster‹ ist meine Abrechnung mit der Erziehung zur Heuchelei eines ganzen Volkes.«
»Es liegt in Ihrer Zukunft verborgen. Ich sehe alles schwarz um Sie herum, schwärzer geht es nicht, halten Sie sich heraus aus der Politik. Das wäre besser.«
»Für mich? Oder für die Politiker?«
»Ich habe Sie gewarnt, mehr kann ich nicht tun.«
»Warnen Sie auch die Politiker vor mir?«
»Wie könnte ich? Ich bin ein Mann ohne Einfluß, ein armer tunesischer Wahrsager. Ich lebe von Brosamen.«
»Brosamen... vom Tische der Mächtigen, Helios, weltweit?«
Er faltet seine Serviette zusammen.
»Sie entschuldigen mich, meine Séance, ich darf Sie erwarten?«
Marco blickt ihm nach.
»Das war ja eine massive Androhung.«
»Macht nichts, Marco, was auch passiert, ich werde es abwarten können in Geduld.«
»Sehen Sie, Brigitte, Sie können abwarten, das haben Fanatiker nie gelernt.«
»Er sagt, ich bin nicht, wer ich bin.«
»Das sollte Helios über sich sagen.«

Die Séance gerät zur Schreckensszene.
Neben mich an das Tischchen in der Bar, dem Ort der Vorstellung, setzt sich ein Freund Helios', ein Arzt. Beim Wort Arzt schrillt in mir schon wieder eine Alarmklingel. Die Flasche dunkelroten, tunesischen Weins »Château Feriani« betrachte ich mit Interesse, bleibe aber bei meinem eau minérale. Während der Hypnose-Show eilt Helios dreimal an meinen Tisch, streichelt jedesmal meine Hand, kommandiert »Sie bleiben bis zum Schluß!« und trinkt mein Wasser, schweißüberströmt sein Gesicht. Mein Glas rühre ich nicht an.
Und dann geschieht fast eine Katastrophe. Eine Dame, Hotelgast, erwacht nicht wieder aus der Hypnose. Zwanzig Minuten lang kämpft Helios wie ein Berserker, sie in den Wachzustand zurückzuholen, vergeblich. Spitze Schreie im Publikum, Panik unter den Gästen. Der Arzt an meinem Tisch springt auf.
Helios, jetzt auch das schwarze Hemd schweißnaß, schreit und tobt, zischt und schmeichelt, ein Höllenspektakel. Endlich öffnet die Dame wieder die Augen, das Publikum stöhnt ergriffen und wollüstig auf –

da bekommt sie einen Weinkrampf. Der Arzt und Helios führen sie aus der Bar. Der Hoteldirektor ringt um seine Haltung:
»Wenn das nur nicht die Presse erfährt, der Ruf meines Hauses erlaubt keinen Skandal. Die Dame könnte eine Klage anstrengen, hoffentlich macht sie uns keinen Prozeß.«
Marco beruhigt ihn.
»So heiß diskutiert wurde hier noch keinen Abend. Ihre Gäste haben die Aufregung genossen. Sie sollten Helios viel Geld zahlen, damit er... seine Panne das nächstemal wiederholt. Leute sind wild auf Pannen.«

★

Als ich in mein Zimmer flüchten will, vertritt mir Helios den Weg.
»Sie sind schuld. Sie haben mich durcheinandergebracht. Das ist mir noch nie passiert.«
»Wie schön, daß Sie einen Schuldigen gefunden haben.«
»Bleiben Sie noch auf einen Drink, ich muß mich beruhigen.«
»Nicht mit mir.«
»Nur ein paar Minuten.«
»Damit Sie mich hypnotisieren können?«
Sein Blick streift mein Schultertäschchen. Jetzt ahne ich, was er will, seine Visitenkarte mit seiner deutschen Adresse, sie brennt förmlich in meinem Täschchen. Ohne weiteres Wort ziehe ich die Zimmertür vor seiner Nase zu und verriegele sie zweimal, und dann zum Telefon:
»Ein Ferngespräch nach München, Abendzeitung.«

»Hecki, ein Wahrsager hat gerade zu mir gesagt...«
»Was gehen dich Wahrsager an?«
»Er hat mich angesprochen, er hat gesagt, ich sei paranormal.«
»Das hast du davon, wenn du mit solchen Leuten sprichst. Hör nicht auf ihre Sätze. Aber morgen bist du wieder zu Hause, das brauchst du mir jetzt nicht am teuren Telefon zu erzählen.«
»Aber ich fürchte mich...«
»Verriegel dein Zimmer.«
»Hab' ich schon.«
»Ansonsten bist du im Sheraton sicher wie in Abrahams Schoß. Aber allein verreist du mir nicht mehr nach Tunesien.«
»Aber Hecki, hier gibt es nicht nur Wahrsager, hier gibt es Agaven und Palmen und Zitrusfrüchte...«

»Und heißen Sand, weiß ich schon. Schlaf gut, bis morgen, Brigitte.«
Minuten später störe ich meinen Freund aus dem Ministerium in seiner Abendruhe.
»Ich rufe aus Tunesien an, weil ich mich fürchte. Hier ist ein Wahrsager im Hotel, der sagt merkwürdige Dinge, wie prophetisch, aber ich glaube, der Mann ist gespickt mit Informationen, aus meiner Hand sicher nicht.«
»Nationalität?«
»Tunesisch.«
»Da kann man nichts machen.«
»Aber mit deutscher Adresse.«
»So? Die wissen Sie nicht, ganz zufällig?«
»Doch. Ich hab' ihm seine Visitenkarte geklaut.«
»So etwas ähnliches habe ich mir fast gedacht.«
Ich diktiere ihm die Adresse.
»Außerdem hat er mich beleidigt, ich sei paranormal.«
»Wie heißt das Wort?«
»*Paranormal.*«
»Nie gehört, muß ich im Lexikon nachschlagen.«
»Ja, bitte.«
»Jetzt gleich? Rufen Sie nicht aus Tunesien an? Ist das nicht zu teuer?«
»Macht nichts, ich fürchte mich vor dem Wort. Er sagt, es gibt kein Buch, es wird nie eins geben, und wenn es eins gäbe, dann würde alles Schwarze dieser Welt über mich kommen, so etwa.«
»Donnerwetter, die lassen es sich aber etwas kosten, aus Ihnen ein Nervenbündel zu machen. Lassen Sie sich nicht auf den Arm nehmen, fallen Sie nicht auf solche Sprüche rein, das ist Panikmache, reine Panikmache. Hier ist übrigens die Erklärung für paranormal im Brockhaus. Na, viel steht da ja nicht: Paranormale Phänomene – die Erscheinungen der außersinnlichen Wahrnehmung und Psychophysik.«
»Außersinnlich... ist das vielleicht Wahrnehmungsfähigkeit außerhalb von Logik und Rationalität? Hat außersinnlich die gleiche Bedeutung wie übersinnlich?«
»Übersinnlich ist gut. Übersinnlich kommen Sie mir schon lange vor, schlafen Sie gut, Übersinnliche.«

*

Hecki bringt das Ergebnis des Labortests der Kripo München mit: Null. Gift-Test: negativ.
»Sie hatten ja keine Krümel zur Untersuchung.«
»Vergiß deine Flasche, sonst könnte ich auf die Idee kommen, du siehst weiße Mäuse ohne Alkohol.«
»Und der Wahrsager?«
»Solche Leute sind raffiniert. Sie locken dir ganz nebenbei Antworten heraus und konstruieren blitzschnell ein Gebäude der Phantasie. Du hast dich reinlegen lassen. Mach in Zukunft einen Bogen um solch Gelichter!«

Der Botschafter:
»Brigitte, willst du mir nicht verraten, warum sich in breiter Front Wahrsager auf dich stürzen?«
»Tjaaa...«
»Du weißt es also.«
»Wenn du mich schon fragst... könntest du deine Frage nicht noch etwas vergessen?«
»Nein, beichte.«
»Also, als wir uns auf dem Presseball kennenlernten, und du mir diesen charmanten Unsinn erzähltest, da explodierte in meinem Kopf meine rationale Erziehung.«
»Und in deinem Kopf entstand eine Idee von Hokuspokus?«
»Tja... jeder Mensch hat eine schwache Stelle, und wenn man die findet, kann man dort einen Hebel ansetzen, warum sollte ich nicht selbst meine Schwachstelle auf einem Silbertablett servieren?«
»Du bist unmöglich.«
»Ich bin zu einem Horoskopeur nach Frankfurt geflogen. Die Frankfurter Rundschau hatte über ihn berichtet, siehst du, mein Zeitunglesen hatte einen Nutzen.«
»So habe ich mir das eigentlich nicht vorgestellt, Brigitte.«
»Also... ich habe manches erklärt und dann mit ihm einen Briefwechsel begonnen, den las ganz zufällig, wie das Leben so spielt, ein Reporter. Als ich ihn beschwor, jede Veröffentlichung zu unterlassen, mein Ruf! war der Reporter einsichtsvoll und schwieg in seiner Zeitung. Publizität wollte ich auf keinen Fall, nur unter der Hand ein Gerücht.
Eine Wahrsagerin war meine nächste Station. Als sie mir im Vertrauen erzählte, sie berate Hildegard Knef, da wußte ich, sie ist die richtige Adresse für ein weiteres Gerücht. Und als Helios mir sagte, er

habe ein Studio in München, da ließ ich mir aus München Computerhoroskope kommen.«
»Meins auch?«
»Dein Geburtsdatum weiß ich doch gar nicht.«
»Aber du hast.«
»Tjaaa... aber mit einem beliebigen Datum.«
»Du bist unmöglich, wirklich unmöglich.«
»Und mit der Redaktion von Hecki telefonierte ich regelmäßig mittwochs, um mir das ›Quick‹-Horoskop vorlesen zu lassen. Die Illustrierte ›Quick‹ ist als Vorausexemplar schon am Mittwoch in der Redaktion. Mein Spiel sollte glaubwürdig sein. Frau Heckmann glaubt an Horoskope und nervt damit ihren Mann.«
»Sagst du mir das Ergebnis von deinem Horoskopus-Total?«
»Übereinstimmung. Jeder sagt dasselbe über mich.«
»Und?«
»Och... ich hab' ein falsches Geburtsdatum genannt, aber nur ein ganz klein bißchen falsch, gut so?«
»Auf der Stelle Schluß damit. Mit Lügnern und Betrügern setzt du dich nicht an einen Tisch, niemals mehr. Das ist ein Befehl.«
»Es war ein Spiel.«
»Was dich aus der Balance bringt, ist kein Spiel, das ist ein gefährlicher Irrweg.«
»Horoskopwissen ist Herrschaftswissen, alt wie die Welt. Das Manfred-von-Ardenne-Institut berät das ZK der SED.[13] Manfred von Ardenne hat ein Null-Konto, unbegrenzt, er verlangt nichts, er bekommt Wunscherfüllung.«
»Ardenne ist nicht dein Berater. Schluß. Aus. Vorbei. Sonst werde ich dir für meine Beratung meine Rechnung präsentieren.«
»Ha – keinen Pfennig bekommst du von mir.«
»Aber dann muß ich ja kostenlos für dich arbeiten. Ich bin ein teurer Mann. Für meine Beratungen hätte ich schon viele tausend Mark von dir kassieren können.«
»Ich zahle meine Ferngespräche.«
»Was kostet eine Stunde, mit mir zu telefonieren? Ich schenke dir meine Zeit. Wenn es gerecht zuginge auf dieser Welt, müßtest du – na – fünftausend Mark bezahlen für eine Konsultation, und das wäre ein Freundschaftspreis.«
»Was?«
»Meine Zeit ist teuer. Du bist der einzige Mensch auf der Welt, der nicht zahlen muß. Du darfst dir etwas darauf einbilden.«

»Ach Botschafter, du bist mir zu blöd.«
»War das eben zärtlich gemeint?«
»Warum schimpfst du nie mit mir?«
»Weil ich in Harmonie lebe mit dir, nur du lebst nicht in Harmonie mit mir. Wenn ich nach München komme...«
»... wenn du kommst, flieg' ich weg.«
»Dann werden alle Mädchen Schwabings zusammenlaufen, der Botschafter ist da. Habt ihr schon gehört, der Botschafter ist da.«
»Na und? Interessiert mich nicht. Ich bin ja nicht da, ich höre das nicht.«
»Dann wird es in der Zeitung stehen, der Botschafter ist da, in München.«
»Dann werde ich eben keine Zeitung lesen.«
»Dann wird auch das Fernsehen berichten: der Botschafter ist da, in München.«
»Ich werde kein Fernsehen sehen und keine Zeitung lesen, ich werde in ein Land fliegen, dessen Sprache ich nicht sprechen kann.«
»In welches Sonnenland willst du schon wieder flüchten?«
»Nach New York. Der Verlag Doubleday veröffentlicht Heckis ›Rommels Krieg in Afrika‹ in den USA, und in London erscheint es im Verlag Granada. Drück mir den Daumen, Botschafter, vielleicht schafft das mein Buch auch, eines Tages.«
»Du fliegst mit deinem Mann?«
»Natürlich.«
»Dann bin ich beruhigt.«

*

Unser Haus in Rohrbach, versteckt vor der Welt, liegt mitten in der Holledau. Ein Ort zwischen Hopfenstangen. Viele Wege führen um Rohrbach herum. Auf der Hauptstraße steht ein Hinweisschild »Bahnhof« ohne weiteren Vermerk.
Wer findig ist und nun in eine Seitenstraße abbiegt, der trifft auf das Ortsschild Rohrbach.
Ich habe einmal versucht, mit einer Freundin im Auto, Rohrbach zu finden. Wir fanden viele Wege zwischen Hopfenstangen, alle ähnlich, alle führten uns weg vom Ziel. Im Nachbarort Wolnzach fragte ich entnervt einen bekittelten Mann an einer Tankstelle:
»Verraten Sie mir den Weg, der nach Rohrbach führt?«
»Aber ja, Frau Heckmann.«
»O... Sie kennen mich?«

Er lächelte verschmitzt:
»Ich bin der Maler, der gerade Ihr Haus malt.«

Mein Sohn öffnete weit die Haustür.
»Zweieinhalb Stunden von München bis hierher, das ist eine reife Leistung, Mami. In vierzig Minuten wolltest du hier sein. Aber ich habe mich nicht aufgeregt. Du hast wohl unser Haus nicht finden können?«
»Nicht mal das Dorf.«
Minuten später kam Hecki aus der Redaktion:
»Da bist du ja, Gott sei Dank, ich dachte schon, wir müßten eine mittlere Suchaktion starten. Bist du etwa selbst gefahren?«
»Nein, nein, ich habe nur die Richtung angegeben.«
»Ja dann, das konnte ja nur Chaos bewirken.«

»Götz, was sollen wir dir mitbringen aus Amerika? Hast du einen Wunsch?«
»Einen Wunsch? Laßt mich nachdenken.«
»Irgendwas für dein Mofa?«
»Moped, Mami.«
»Also gut, für deinen Lastwagen?«
»Nee, den Tankrucksack habe ich, da wäre nichts mehr, was notwendig wäre.«
»Ein Buch, eine Schallplatte?«
»Zappa.«
»›Zappa? In New York‹.«
Götz steht fassungslos vor mir.
»Was, du kennst sie? Was ist denn nun kaputt?«
»Was kenne ich?«
»Die neueste Platte von ›Zappa‹.«
»Kenne ich nicht.«
»Aber du hast sie doch genannt.«
»Was habe ich genannt?«
»Den Titel. Mami... kannst du etwa doch Gedanken lesen?«
Wir sehen uns beide an, verständnislos.
»›Zappa in New York‹, das ist der Titel seiner neuesten Langspielplatte.«
»Ich meine, ich kaufe dir ›Zappa‹ in New York.«

*

Mitten in Manhattan frage ich Hecki:
»Und wo sind nun diese Wolkenkratzer?«
»Du stehst vor ihnen.«
»Wieso – das hier ist alles?«
»Empfindest du sie nicht als bedrückend?«
»Keine Spur. Auf den Bildern der Maler oder Fotografen ragen sie himmelhoch und neigen sich über die Menschen als Bedrohung. Das hier sollen die vielzitierten Straßenschluchten Manhattans sein?«
»Sie sind es.«
»Also... die Maler und Fotografen, die diese Häuser als Bedrohung zeigen, sind furchtsame Menschen. Die Perspektive ihrer Bilder verzerrt die Wirklichkeit total. Das hier sind doch nur hohe Häuser, weiter nichts.«

Höflichkeit auf Schritt und Tritt und Komplimente vom Portier bis zum Präsidenten.
»Ist das so üblich in Amerika, Komplimente pfundweise, Hecki?«
»Keine Ahnung. Ich war noch nie in weiblicher Begleitung in den USA. Ich erlebe das zum erstenmal. Mir hat noch keiner Komplimente gemacht.«

Hoch im Norden, im Staate Maine, fliegt Wolf mit einem Wasserflugzeug Fischen nach, und ich friere beim Schwimmen im glasklaren, kalten Wasser des Moosehead Lake, für Lachse geeignet.
»Der See ist ja gar nicht vermoost.«
»Warum sollte er?«
»Moosehead – heißt das nicht Mooshaupt? Vermoostes Haupt des Sees? Ich dachte, der See wäre in Moos ertrunken, deshalb wollte ich ihn sehen.«
»Moose – das heißt Elch.«
»Reisen bildet, Hecki. Nun weiß ich endlich, daß ein Elch ein Gehörn aus Moos trägt und deshalb ganz richtig Moos genannt wird.«
Als bei Sonnenuntergang sieben Elche aus einer Lichtung treten, in einem Sumpfgebiet des Urwaldes, nahe der kanadischen Grenze, betrachte ich mit Respekt und Ehrfurcht die gewaltigen Schaufeln.

*

»Botschafter, erkläre mir, warum sind in New York die Leute so höflich?«

»Die Höflichkeit ist das stählerne Seil, das Menschen verbindet und schützt. Laß es los, und du fällst tief nach unten in die Slums. Wer oben ist, *top of the ten*, will oben bleiben. Der Umgangston von äußerster Verbindlichkeit, die Zuverlässigkeit, mit der Formen gewahrt werden, verbürgt die Zuverlässigkeit des Wortes. Aber poch nicht auf Freundschaft. Gefühle in den oberen Etagen dieser Welt sind begründete Interessen. Wahre sie, und deine Gefühle nehmen keinen Schaden!«

»Die New Yorker sind höflich aus Interesse an Beziehungen? Nicht aus freundlicher Haltung gegen Menschen überhaupt?«

»Das trifft nicht nur auf New York zu, das kennzeichnet die Welt.«

»Botschafter, du hast mir einmal gesagt, in der Politik zählen weder Freundschaft noch Ideologie, sondern Interessen.«

»Das hast du dir gemerkt? Wie schön. Du hörst mir zu. Ist deine Wandlung in Sicht?«

★

Jemand aus dem Roten Kloster ruft an, Hossein Yazdi, Iraner. Hossein und ich haben keine gemeinsamen Erinnerungen, aber übereinstimmende Erfahrungen im Roten Kloster in Leipzig gesammelt. Er wohnte in unserem Internat, als das Heim der ausländischen Studenten noch im Bau war und nicht rechtzeitig bis Semesterbeginn fertiggestellt werden konnte.

Die Väter unserer ausländischen Studenten am Roten Kloster waren üblicherweise kommunistische Parteiführer, Diplomaten, Botschafterklasse, oder Minister. Hosseins Vater war Gesundheitsminister des Iran, als Chirurg gerühmt.

Als Hossein, selbst in der Tudeh-Partei[14], begriff, daß seine Partei mit dem Ministerium für Staatssicherheit kooperierte und für Umsturzpläne im Iran Visa und Pässe fälschte, schrieb er darüber einen informierenden Artikel in einer Teheraner Zeitung.

Hossein gehörte damals zu dem sechsköpfigen Redaktionskollegium, das täglich eine Halbstundensendung »Peyke Iran« (Der Bote Irans) auf Kurzwelle ausstrahlte, Sitz Staatliches Rundfunkkomitee Ostberlin.

Am 26. Oktober '61, dem Geburtstag des Schah, wurde Hossein vom Staatssicherheitsdienst verhaftet. Verurteilung wegen Verstoßes gegen das »Gesetz zum Schutze des Friedens«, lebenslang. Die Sowjets, Ulbricht, später Honecker, reagierten auf alle Verhandlungsversuche

der iranischen Regierung so, als würde mit Wänden gesprochen. Der Sohn des Ministers blieb im Kerker, sechzehn Jahre lang. Da startete der Schah persönlich eine Intervention. Er drohte an, Wirtschaftsverträge nicht zu ratifizieren. Ein Riesengeschäft stand für die DDR auf dem Spiel: Erdöl gegen Lkw und Eisenbahnwaggons. Zwischenhändler Sowjetunion. »Die Pipeline der Freundschaft« führt durch die SU. Die Sowjetunion diktiert die Preise für die RGW-Staaten.[15]
Ludwigsfelde, Bezirk Potsdam, ist Produktionsstätte der DDR für Lastkraftwagen des Typs W 50. Der Iran wollte Lkw dieses Typs kaufen, tropengetestet, und ein Lkw-Werk von der DDR errichten lassen. Als das Geschäft zu platzen drohte, gab Honecker nach. *Staatsentscheid.*
Hossein Yazdi wurde nach sechzehn Jahren Zuchthaus aus Bautzen II in den Iran entlassen, dank *Wirtschaftserpressung.* Der Schah meldete sich in der DDR zum Staatsbesuch an. Während die DDR-Zeitungen und der Rundfunk den bevorstehenden Besuch bejubelten, wurde der Schah gestürzt.

Hossein besucht uns in Rohrbach.
Frau Steffi, unsere Haushälterin, weiße Schürze, handgestickt mit blauen Kreuzstichen, verwöhnt unseren iranischen Gast mit Palatschinken, nußgefüllt. Kochen hat sie in Ungarn gelernt, anbetungswürdig. Hossein genießt ihren Kaffee, in einer Messingmühle portionsweise gemahlen, aus kleinster Mokkatasse mit blauem Zwiebelmuster. Andächtig dreht er sie in der Hand.
»In sechzehn Jahren Zuchthaus vergißt man, wie heil die Welt sein kann.«
»Hossein, erzählen Sie, wie war das mit dem Staatsentscheid?«
»Es war wie im Märchen. Direkt aus der Zelle zum Frühstück mit dem Botschafter. In einer Zeremonie wurde ich einem Vertreter der Kaiserlich-Iranischen Botschaft übergeben, ein Staatsanwalt der DDR und ein Vertreter des DDR-Außenministeriums waren auch dabei. Dann ab in die Botschaft des Iran in Berlin-Karlshorst, zum Frühstück mit seiner Exzellenz persönlich. Blumen und Kerzenlicht, Bedienstete, x Fruchtsäfte, ein orientalisches Frühstück, wie es sich gehört, aber nicht für einen Knastbruder. Der Botschafter drückte mir einen funkelnagelneuen iranischen Paß in die Hand mit Ausreisestempel 10. Mai '77 und ließ mir kaum Zeit, in Ruhe mein Frühstück zu beenden. Die Maschine nach Moskau startete schon zehn Uhr vormittags, nachts hatte ich Anschluß Moskau–Teheran.

Die Angestellte von Interflug machte fast einen Skandal, als sie meinen Paß sah, mit Ausreisevisum:
›Und wann sind Sie eingereist in die DDR?‹
Mein Paß hatte keinen Einreisevermerk. Mein diplomatischer Begleiter tuschelte mit zwei Zivilbeamten:
›Nun laßt ihn schon durch!‹
Er lieferte mich in Teheran bei meiner Familie ab. Mein Vater war inzwischen zum Greis geworden.«
Hosseins Herz ist weich geblieben in der mitleidlosen Zeit. Er bittet nicht für sich, er bittet Hecki um einen Stuhl in der AZ für einen Journalisten-Kollegen:
»Er ist armselig dran in Westberlin.«
Ich falle ihm ins Wort:
»Heinz Raue.«
Hossein betrachtet mich beinahe fassungslos:
»Raue, stimmt, aber wie kommen Sie auf Raue? Können Sie Gedanken lesen, oder habe ich laut gedacht? Man gewöhnt sich das an im Knast.«
»Vor knapp einem Jahr hörte ich, daß Raue Kontakt sucht zu ehemaligen Rote-Kloster-Leuten. Erst hat er es bei Helga Novak versucht, aber sie konnte ihm auch nicht helfen. Damals dachte ich, irgendwann würde er auch bei mir anklopfen. Das ist alles.«
»Es gibt so viele Namen und so viele jobsuchende Journalisten, daß Sie gerade Raue sagen, das ist wirklich verblüffend.«
»Wir waren im Roten Kloster in derselben Seminargruppe. Ich glaube, ich habe noch ein Foto von ihm.« Aus einer Schublade krame ich einen Schnappschuß.
»Da sitzt er.«
»Zu zehn Jahren haben sie ihn verurteilt.«
»Aber nicht wegen Verletzung des Gesetzes zum Schutze des Friedens, Hossein.«
»Nein, wegen Spionage für einen ausländischen Dienst. Für Raue war das ein Spiel mit dem Feuer, er hat sich dabei verbrannt. Bei mir war es auch keine Heldentat, eher jugendlicher Übermut. Ich weiß nicht, was damals in meinem Kopf vorging.«
»Eine Gewissensentscheidung. Sie gingen dafür ins Zuchthaus.«
»Das Wort Zuchthaus hat die DDR längst abgeschafft, es gibt nur noch den Begriff Freiheitsstrafe. Den Status politischer Häftling, den gibt es nicht, es gibt nur Kriminelle.«
»Entscheidungen aus Gewissensgründen?«

»Sind kriminelle Straftaten.«
»Für mich sind Sie ein Mann von Ehre, Hossein. Sie haben den legalen Weg gewählt, den Weg der Unterrichtung mit Hilfe der Presse. Der legale Weg ist der einzige, der für mich zählt, und der gilt für jedes Alter, ausnahmslos.«

*

Anruf Hans-Georg Soldat, RIAS Berlin.
»Wären Sie einverstanden mit einer Lesung aus Ihrem Buch und anschließendem Interview?«
»Wenn mein Lampenfieber nicht alles kaputtmacht, gern.« Eine halbe Stunde später hat er bereits zwei Sendetermine fest, am 8. Juli und dem 27. August. Das ist der Tag, an dem mein Buch in den Buchhandlungen erscheint.
Programmänderung des RIAS.
»Am Samstag um 22 Uhr bringen wir auf RIAS II in Abänderung unseres ausgedruckten Programms aus aktuellem Anlaß eine weitere Folge unserer Reihe LESUNG und GESPRÄCH. Sie ist dem demnächst erscheinenden Buch von Brigitte Klump ›Das rote Kloster‹ gewidmet, in dem die Autorin ihre Erfahrungen als Studentin an der Fakultät für Journalistik in Leipzig und mit dem Staatssicherheitsdienst der DDR Mitte der fünfziger Jahre schildert. Das Gespräch mit Brigitte Klump führt Hans-Georg Soldat. Am Sonnabend um 22 Uhr auf RIAS II. Die ursprünglich für 23 Uhr angekündigte Sendung ›Klaviermusik von Alexander Skrjabin‹ verschiebt sich dadurch auf 23.35 Uhr, das ›Mitternachtskonzert‹ auf 0.05 Uhr.«

SOLDAT: ... Nun ist manchmal dieses Buch ein Stückchen Vexierspiel. Sie mischen reale Namen, Klaus Höpcke beispielsweise, Horst Pehnert, mit fiktiven Namen. Vordergründig ist natürlich klar, daß Sie verschiedene Leute schützen wollen.
KLUMP: ... Als ich schrieb, stand jeder einzelne Name klar da, denn ich merkte, sowie ich einen Namen veränderte, wurde auch die Situation verändert, die Phantasie schob sich dazwischen. Solange ich schrieb, habe ich Klarnamen gelassen, weil ich den Leuten, über die ich berichte, verantwortlich bin, daß ich die Wahrheit sage. Später hat mein Verleger entschieden, daß einige Namen aus juristischen Erwägungen besser versteckt werden sollten. Leute, die prominent sind, haben nicht mehr den Schutz der privaten Sphäre; Leute, die weniger prominent sind, haben den Schutz der privaten Sphäre.

SOLDAT: Das war also der einzige Grund?

KLUMP: Ja, der einzige.

SOLDAT: Sie haben in Ihrem Buch einen Konflikt zwischen Meinung und Information geschildert. Am Anfang Ihrer Entwicklung an der Fakultät haben Sie immer gesagt, für Sie stand die Meinung im Vordergrund, und danach wählte man die Information aus. Ist das jetzt nicht ein bißchen Fortführung, wenn Sie sich jetzt auf diese juristische Basis, obwohl es Ihr Verleger gesagt hat, zurückziehen?

KLUMP: Nein. Das ist einfach ein legitimes Interesse eines armen Autors, der nicht unbedingt Prozesse haben möchte, die er dann möglicherweise verlieren würde, weil er gegen Rechtsgrundsätze verstößt. In meinem Buch schreibe ich, daß es wichtig ist, die bürgerlichen Rechte zu verteidigen, nein, überhaupt die Rechte des Bürgers zu verteidigen, also die Rechte der Person. Ich finde, wenn ich ein Buch schreibe zur Verteidigung der Rechte der Person und ich beschneide die Rechte der Person, dann ist das eine Gemeinheit, und es ist auch nicht konsequent. Also schütze ich die Leute, die schützenswert sind.

SOLDAT: Wie stehen Sie aber jetzt allgemein zu dem Konflikt Meinung und Information im Pressewesen?

KLUMP: Die Information ist Voraussetzung des Denkens. Wenn die Information ausgesucht wird, eine Meinung zu unterstreichen bzw. um eine Meinung zu installieren, dann ist das schändlich.

SOLDAT: Ein ganz anderes Problem. Sie haben Ihr Buch aufgeteilt in drei Bücher. Warum diese Dreiteilung, was hat das für einen Hintergrund?

KLUMP: Ich glaube, ich bin Dialektiker. Man muß die Dinge im Zusammenhang sehen. Das Buch der Antworten, das ist der Zustand der Jugend. Man hat sehr viel gehört, man hat sehr viel zu hören bekommen, und man glaubt alles, unüberprüft. Das Buch der Fragen ist die Zeit, wo man anfängt zu zweifeln, und das Buch des Schweigens ist die Zeit, wo man erwachsen wird und weiß, daß man über viele Dinge nicht mehr sprechen kann, ganz allgemein menschlich beurteilt...

SOLDAT: Soll das Ihr einziges Buch bleiben?

KLUMP: Nein, natürlich nicht, ich werde immer weiterschreiben, weil ich merke, daß Schreiben etwas Wunderbares ist, daß es mir genau entspricht, mich so auszudrücken vor dem Blatt Papier. Der Verleger meines Mannes fragte mich, ist das nicht schrecklich, dieses

leere Blatt Papier in einer Schreibmaschine? Ach, diese Angst vor dem Papier, das muß doch furchtbar sein.
Ich habe gesagt, wieso Angst, das Schönste auf der Welt ist ein weißes Blatt Papier.

*

Mein Botschafter: »Gut so, Brigitte, die Tinte muß im Faß bleiben. Du sollst nicht alles sagen, was du weißt, weniger, viel weniger. Man bemerkt, das Faß ist voll Tinte und bleibt voll Tinte.
Mein Rat für die Zukunft: Interviews ja, aber nicht mehr lesen, du kannst nicht lesen. Du machst dein Buch noch vor Erscheinen kaputt. Gib Interviews, spontan gibst du die besten Antworten.«
»Ich habe mich auf juristische Erörterungen eingelassen, aus dem Handgelenk. Ein Durchlauf, fertig. Klappe zu, Affe tot.«
»Der Affe ist nicht tot. Aber du kannst das Recht nicht schützen, das macht die Verfassung. Du sollst nicht Rechte verletzen, ist das klar?«

Imo Moszkowicz, ein befreundeter Regisseur, hört nur eine Minute meine Bandaufzeichnung ab, dann drückt er auf die Aus-Taste.
»Schreiben kannst du, lesen hast du nie gelernt.«
»Zu spät.«
»Nicht zu spät, trainier dein Zwerchfell!«
»Wie macht man das?«
»Frag Professor Langen, sie ist die beste Lehrerin Deutschlands für Atemtechnik. Eigentlich trainiert sie Opernsänger, aber vielleicht hat sie Lust, deine Stimme zu lösen. Stell dich vor.«
»Warum hast du mir nie gesagt, daß meine Stimme verkrampft ist?«
»Das wußte ich nicht. Du hast zwei Stimmen, eine, mit der du sprichst, die andere, mit der du liest, die sitzt falsch.«
Nach zehn Übungsstunden betrachtete ich auf einem Bildschirm mein Zwerchfell. Es bläht sich wie ein Spinnaker im Wind, fabelhaftes Zwerchfell. Professor Langen hat mir mit Atemübungen seine Elastizität wiedergeschenkt. Mehr als zwanzig Jahre habe ich gebraucht, es lahmzulegen, zwanzig Jahre lang den Atem zurückgehalten, zwanzig Jahre lang die Meinung zurückgehalten, um nicht vorschnell zu einem Urteil zu kommen. Zur Wiederherstellung brauchte ich genau zehn Übungsstunden, jetzt hat meine Stimme wieder einen Resonanzboden.

*

Dickes Lob über mein Buch aus Westberlin. Besonders dick von der Gesellschaft für Menschenrechte[16], Gruppe Berlin. Ein Wolfgang Mleczkowski läßt loben und anfragen, ob ich bereit sei, mit ihm und einem Schweizer in Zürich eine Europäische Helsinki-Gruppe zu gründen.
Das Mißtrauen explodiert in meinem Kopf. Vor welchen Karren soll ich da mit Lob gespannt werden?
Wenn ich anderweitig beschäftigt wäre, mit einer anderen Sache, dann hätte ich verständlicherweise keine Zeit für Gründungen von Gesellschaften.
Die Zeitungen debattieren die Wahl zum Europa-Parlament im nächsten Jahr. Wen kenne ich da? Beim Nachdenken fällt mir Dr. Martin Bangemann ein, den ich auf einer Wahlversammlung in Bendestorf argumentieren hörte. Bangemann hat Witz, wenn er mir antwortet, soll er meine Ausrede werden. Ich schreibe ihm nach Bonn ins Bundeshaus am 5. Oktober:

> Wie wäre es mit mir im Europa-Parlament?

Bangemann antwortet zum Glück sofort:

> Versuchen Sie, von Ihrem Landesverband für die Bundesliste vorgeschlagen zu werden.

Meine Antwort:

> Der Landesverband würde mir was husten. Ich gehörte noch nie in meinem Leben einer Partei an... Geht nicht der direkte Weg – als Autor auf die Bundesliste?

»Botschafter, hilf mir denken. Soll ich für eine Partei kandidieren, Nahziel Europa-Parlament, oder soll ich mit Mleczkowski eine Europäische Helsinki-Gruppe gründen, die sich in der Schweiz konstituieren will?«
»Zu früh, alles zu früh.«
»Zu früh?«
»Eins nach dem anderen. Überspring keine Stufe. Du lernst doch gerade erst, frei zu sprechen, ohne Lampenfieber. Warum auf einmal diese Hast? Willst du ins politische Geschäft oder bist du ein Mensch der Literatur?«
»Mein Buch ist politische Literatur.«
»Die Zeit schenkt dir dein Thema, dräng dich nicht vor.«
»Ich werde gedrängt. Mleczkowski hat mich gefragt.«

»Wer ist das?«
»Er war bis 1976 Bürger der DDR.«
»Ach so, du kennst ihn von früher.«
»Nein.«
»Welche politischen Interessen vertritt er?«
»Weiß ich nicht. Er sagt, er vertritt Menschenrechte.«
»In welchem Auftrag? Wer hat ihn ernannt?«
»Weiß ich nicht.«
»Brigitte, ein für allemal, die UNO ist die richtige Adresse bei Menschenrechtsverletzungen.«
»Es gibt doch wohl, na, Hunderte menschenrechtlicher Organisationen in der Welt, und sicher nur aus einem Grund, weil keiner bei der UNO Gehör findet.«
»Wer kein Gehör verlangt, bekommt kein Gehör, so einfach ist das.«
»Du meinst, sie fragen dort nicht an, sie wollen nur ihr politisches Süppchen kochen?«
»Bilde dir selbst deine Meinung, frage die UNO. Ich bin kein UNO-Botschafter. Aber erzähl mir mehr von diesem Unbekannten mit dem komplizierten Namen.«
»Mleczkowski setzt sich für inhaftierte Bürger der DDR ein.«
»Kennst du einen Menschen, dem er geholfen hat?«
»Nein.«
»Also, woher weißt du das?«
»Er organisiert Pressekampagnen.«
»Wer zahlt die Kampagnen?«
»Weiß ich nicht.«
»Hat er Geld?«
»Als DDR-Flüchtling wohl kaum.«
»Wie kam er in die Bundesrepublik?«
»Mit Hilfe der besonderen Bemühungen der Bundesregierung.«
»Was sind das für besondere Bemühungen?«
»Inhaftierte der DDR, die den Willen bekunden, nach Verbüßung ihrer Strafe in die Bundesrepublik entlassen zu werden, können vom Ministerium für innerdeutsche Beziehungen freigekauft werden, gegen D-Mark. Bedingung der DDR: Schweigen in der bundesdeutschen Publizistik über diesen Menschenhandel.«
»Stop. Das ist unvorstellbar.«
»Nein, es ist so. Die DDR kassiert im Jahr hundert Millionen für den Verkauf von Häftlingen, habe ich gehört.«
»Unvorstellbar ist die Bedingung, Schweigen in der bundesdeutschen

Publizistik, das wäre ein Eingriff in die bundesdeutsche Pressefreiheit.«

»Dann ist der DDR das Kunststück geglückt, über das Ministerium für innerdeutsche Beziehungen latent in die Pressefreiheit der Bundesrepublik einzugreifen.«

»Das solltest du prüfen, Brigitte. Aber mal anders gefragt, du sagst, dieser Mann organisiert Pressekampagnen in der Bundesrepublik? Will er den Gefangenenfreikauf torpedieren – im Interesse der Inhaftierten? Ist er nicht selbst auf diesem Weg in die Bundesrepublik eingereist?«

»Tja... im Interesse der Inhaftierten läge das wohl nicht...«

»In welchem Interesse dann?«

»Er sagt, er verteidigt Menschenrechte.«

»Weiß er etwas Besseres als Freikauf? Will er möglicherweise mit Hilfe der UNO die DDR nachdrücklich erinnern, daß sie sich verpflichtet hat, die Menschenrechte und Grundfreiheiten ihrer Bürger zu schützen?«

»Laut Verfassung?«

»Als Mitgliedstaat der UNO!«

»Ich weiß nichts. Du siehst, ich weiß nichts.«

»Glasklar ablehnen. Du bist eine Schriftstellerin und nur dir selbst verpflichtet. Erhalte dir deine Integrität.«

»Tja... und was ist mit dem Europa-Parlament? Es gäbe eine Möglichkeit für mich, über den Landesverband einer Partei...«

»Stop. Als Autor auf die Bundesliste, das ja. Dann hast du meine Unterstützung. Aber nicht über den Landesverband einer Partei. Einen parteipolitischen Status erlaube ich dir nicht, Schriftstellerin.«

»Ohne Partei führt kein Weg für mich dahin. Ich habe Bangemann gefragt.«

»Bangemann? Wer ist Bangemann?«

»Martin Bangemann, Bundestagsabgeordneter der FDP. Er ist soeben ins Präsidium der Europa-Union gewählt worden. Jurist, wie du.«

»Willst du als Schriftstellerin glaubwürdig bleiben oder willst du Sprachrohr einer Partei werden?«

»Nee, wirklich nicht.«

»Merke dir, keine Interessenvertretung, niemals. Keine politischen Organisationen, keine Partei. Glasklar muß deine Haltung sein, du mußt ablehnen.«

»Aber ich langweile mich ohne Aufgabe.«

»Du hast dein Sprechtraining.«

»Das ist nicht abendfüllend.«
»Wer Phantasie hat, langweilt sich nicht.«
»Ich bin ein produktiver Mensch. Mein Gehirn schreibt ein Buch, aber nach der Realität, die muß ich erleben.«
»Du erlebst.«
»Ich erlebe Langeweile.«
»Du hast Vorstellungskraft.«
»Vorstellungen allein sind langweilig. Tausende von Schriftstellern beschreiben ihre Vorstellungen, und? Wem hilft das? Ich habe eine zusätzliche Gabe, Organisationstalent. Mein Organisationstalent langweilt sich. Keine Aufgabe weit und breit, also auch keine Wörter, kein neues Buch.«
»Hattest du nicht eine Frage an die UNO?«
»Ich an die UNO? Lächerlich.«
»Was ist daran lächerlich, sich an die UNO zu wenden? Weil du kein Diplomat bist, kein Staatenvertreter?«
»Die UNO ist lächerlich. Eine weitere Quatschbude in dieser Welt, die nichts bewirkt.«
»Also, Brigitte... wirklich, ich bin wirklich schockiert. Wie konnte sich eine solche Meinung in deinem Kopf festsetzen? Die UNO ist das Beste, was die Welt bis heute hervorgebracht hat, ein repräsentativer Platz der Verständigung. Seit der babylonischen Sprachenverwirrung hat solch ein Platz in der Welt gefehlt. In der UNO gibt es keine Sprachenbarrieren, man hat sich dort auf zwei Konferenzsprachen geeinigt, Englisch und Französisch. Die UNO ist ein Symbol der Hoffnung auf eine bessere Welt.«
»In deiner Vorstellung vielleicht, Botschafter, Raum und Zeiten überspannend. Aber wem hat die UNO schon geholfen? Kennst du eine einzige Person, die das bezeugen kann? Resolutionen, Deklamationen... immer zu spät. Immer erst, wenn das Kind schon in den Brunnen gefallen ist. Laß mich mit der Scheiß-UNO zufrieden. Wenn du nichts Besseres weißt, kannst du mir gestohlen bleiben mit deinem Rat.«
Ich knalle den Hörer auf.
Abbruch der Beziehung.

III. Das Buch der Wandlung

Oktober 1978

Buchmesse in Frankfurt, Messetrubel, Interviews.
Um mein Stühlchen im Messestand des Verlages Hoffmann und Campe brandet der Markt der Eitelkeiten. Manche Woge klatscht hinein, ich genieße jede. Quatsch, Tratsch, Klatsch, Neid, Anerkennung, alles macht mir Spaß.

Horst Krüger, Kopf in den Wolken:
»Sie haben einen Platz auf der Bestenliste der Literatur ergattert. Ich sitze in der Jury, also, ich hab' nicht dafür gestimmt. Das wollte ich Ihnen bloß sagen, bevor es Ihnen ein anderer erzählt.
Ich hätte Ihr Buch nicht mal verlegt, unser Verleger traut sich ja so allerhand.«
»Da habe ich ja Glück gehabt, daß Sie nicht mein Verleger sind«, strahle ich ihn an.
»Mensch, das ist doch keine Literatur. So was gehört doch nicht auf die Bestenliste.«
»Hab' ich endlich *den* Menschen gefunden, der mir Literatur definieren kann?«
Horst Krüger schweigt verblüfft, dann rauscht er davon. Im Abgehen reißt er fast die Seite der »Zeit« vom Nagel mit einer Kritik über mein Buch, dem Hauptartikel zur Buchmesse. Mit geschickter Schulterwendung verhindert er dann doch noch das Malheur.

»War das eben Horst Krüger, der Kenntnisreiche, besonders in DDR-Problematik? Er ist auch mal durch die DDR gereist und hat das Kopfsteinpflaster bewundert. Wir haben alle großen Respekt vor ihm...«
»Was machen Sie hier in Frankfurt?«
»Erinnern Sie sich noch an mich, Brigitte?«
»Natürlich. Wir saßen jahrelang im selben Hörsaal in Leipzig. Was tun Sie heute?«
»Ich klettere auf der Karriereleiter mal hoch, mal runter, wie das so geht mit der Nomenklatura.«
Er nimmt ein »Rotes Kloster« aus dem Regal.

»Das hier hab' ich schon vor einem Jahr in der ›Distel‹[17] gelesen. Jochen Petersdorf und die anderen haben sich halbtot gelacht, als sie Ihr Manuskript zu lesen bekamen.«
»Mein Manuskript? Wie kamen die an mein Manuskript?«
»Es wanderte durch die DDR in Fotokopien. Jede der handelnden Personen bekam ein Teilstück in die Hand gedrückt, zur Stellungnahme.«
»Und?«
»Jeder hat gesagt, soweit es ihn beträfe, soweit richtig.«
»Wann war das?«
»In der ›Distel‹ hab' ich es '77 gelesen.«
»'77? Sie meinen '78. Das ganze Jahr 1977 lag es doch auf Eis.«
»So, so, auf Eis. Darf man fragen, wo?«
»Im Verlag.«
»Sie hatten nur ein Manuskript verschickt, Brigitte? Keine Kopien?«
»Eins an einen Verlag.«
»Sonst keins?«
Ein kluger Elefant!
»Eins an einen Verlag. Eins an einen Regisseur. Eins an eine Redaktion.«
»Sehen Sie, Brigitte, *drei* Manuskripte! Und es war 1977.«
»Aber... dann... der Informationsfluß zwischen beiden deutschen Staaten scheint intakt zu sein, jedenfalls unter der Decke?«
»Wußten Sie das nicht?«
»Also... ich habe es geahnt.«
»Ich soll Ihnen herzliche Grüße aus der DDR bestellen. Ihr Buch hilft weiter. Analysen dieser Art, ohne Haß und Polemik geschrieben, haben bis heute gefehlt.«
»Grüße aus dem ZK?«
»Sagen wir mal so... Grüße von Sozialisten. Aber eine Bitte soll ich übermitteln, verfahren Sie genauso schonungslos mit den Repräsentanten Ihrer Macht wie mit unseren Repräsentanten.«
»Ich bin ein Demokrat. Die Bundesrepublik ist für mich das demokratischste Deutschland, das je existierte.«
»Sie halten die Bundesrepublik für eine Demokratie?«
»Für einen achtbaren Versuch.«
»Aber Sie würden unnachsichtig sein gegen... Verrat?«
»Gegen Verrat an der Demokratie, ja. Aber was habt ihr nur alle mit dem Wort Verrat?«
»Sie schreiben viel darüber in Ihrem Buch, Sie selbst, Brigitte.«

»Das ist wahr. Verräter gehören an den Pranger.«
»Dann erwarten wir mit Ungeduld Ihr nächstes Buch. Ihr Thema?«
»Warten wir die Zeit ab. Die Zeit schenkt mir mein Thema.«
»DDR oder Bundesrepublik?«
»Bundesrepublik in jedem Fall, ich leb doch hier seit zwanzig Jahren. Da ich ein Mensch der ersten Hand bin, schreibe ich nicht ab, ich erlebe mein Thema.«

*

»Hallooo.«
»Hallo, kleiner Terrorist, wie schön, dich wieder zu hören. Laß mich mal nachsehen – diesmal hast du mich drei Wochen auf deinen Anruf warten lassen.«
»Warum rufst du nicht an... wenn du die Tage zählst?«
»Du sollst alles freiwillig tun. Es muß auch freiwillig sein, mich anzurufen. Kein Druck, kein Zwang, was du tust, soll deine eigene Entscheidung sein.«
»Auch ein Anruf?«
»Auch ein Anruf. Deinen Weg mußt du allein finden, auch zum Telefon. Nicht einmal diese kleine Entscheidung will ich dir abnehmen.«
»Ich brauche deinen Rat.«
»Wenn ich nicht gleich einen Lastwagen voll Informationen vor deinem Haus ausschütten muß, damit du mir glaubst?«
»Kipp dich mit aus vor meinem Haus.«
»Brigitte auf weicher Welle, wie schön.«
»Warum sagst du Terrorist zu mir?«
»Nur so.«
»Weil ich das Telefon fast zerschmissen hab'?«
»Solange du nicht Bomben wirfst gegen mich, halte ich das aus. Bomben aus Hilflosigkeit, wie die Terroristen.«
»Meinst du, wenn die Terroristen beizeiten Rat gefunden hätten, dann würden sie heute nicht bomben?«
»Wenn sie Rat bekommen oder Rat angenommen hätten, ja, sie wären friedliche Menschen geblieben. Man hat sie wohl beizeiten nicht respektiert, jetzt haben sie es auf Respektspersonen abgesehen. Der Mensch habe Respekt vor dem anderen, vor jedem. Damit er nicht glaube, er müsse sich Respekt verschaffen mit Gewalt. Wenn du Widerstand spürst oder Mauern, Brigitte, renn nicht dagegen an! Zerbomb sie nicht! Klopf die Steine ab. Du findest in jeder Mauer ein Loch.«

»In jeder?«
Ich muß lachen.
»Auch in der Mauer quer durch Deutschland, Botschafter?«
»Da auch.«
»Botschafter, ich habe Mleczkowski erzählt, ich würde für das Europa-Parlament kandidieren, möglicherweise, und hätte deshalb keine Zeit für seine Helsinki-Gruppe.«
»Und was sagt Bangemann zu deinem Luftschloß?«
»Och... er hat mich ganz lieb ermahnt, etwas Respekt zu haben vor dem harten Arbeits- und Lernprozeß der Politiker.«
»Gut so. Du sollst nicht Politik machen. Du sollst sie beurteilen.«
»Ich bin kein Richter.«
»Kein Richter, Helfer sollst du sein.«
»Wem soll ich helfen? Wann?«
»Du mußt schreiben.«
»Worüber?«
»Das ist noch ein Geheimnis, verborgen vor der Welt und von der Zeit.«
»Du sprichst in Rätseln.«
»Sieh zu, daß du dich nicht einfangen läßt...«
»Einfangen? Von wem?«
»... von Geboten und Verboten. Sieh zu, daß du dich nicht betrügen läßt...«
»Ich mache mit niemandem Geschäfte.«
»... von vernünftig klingenden Reden. Sieh zu, daß du die Wahrheit suchst...«
»Suchen? Finden!«
»... und nicht den Schein.«
»Und dann?«
»Dann schreib, bring Licht in die Welt.«
»Licht?«
»Alles, was offenbar wird, das ist Licht.«
»Botschafter, du sprichst wie die Bibel.«
»Es ist... das Wort.«

★

Wien ruft an. Radio Österreich I lädt mich ein zur Sendung »Von Tag zu Tag«. Am 5. Januar wollen mich Hörer fragen. Sieben Tage lang hat Ö I morgens statt Schulfunk mein Buch vorlesen lassen. Josefine Platt, Burgschauspielerin, versuchte, die Atmosphäre des »Roten

Klosters« einzufangen. Leider las sie meine Dialoge schnoddrig vor, berlinisch frech. Eine falsche Brigitte entstand vor den Hörern. Das kommt davon, wenn man selbst nicht lesen kann.

Redakteur Neuber, dem mein Buch aufgefallen war im Wust der Neuerscheinungen, steht am Zug mit Veilchen in der Hand. Veilchen im Schnee.

Die Sonne leuchtet auf die gewaltigen Wände des Stephansdoms und zeigt mir ein Zeichen in der Wand, ein Widerstandszeichen gegen den Faschismus.

Für mich ist Faschismus eine Verhaltensweise, alt wie die Welt, aber immer wieder neu in der Form der Vernichtung menschlicher Werte bis hin zur Vernichtung von Menschen. Der andere wird nicht respektiert.

Hitler hat diese Verhaltensweise ausgeformt zur Ideologie. Eine Ideologie braucht ein Feindbild, um sich über den anderen erheben zu können, den man zu vernichten beabsichtigt. Hitlers Feindbild waren die Juden, Massenvernichtung der Juden, Massenvernichtung durch Krieg.

Die real existierenden Staaten des Sozialismus haben ihr Entstehen einem anderen Feindbild zu verdanken. Marx hat den Ausgebeuteten eine Ideologie geschenkt, aus Mitleid mit den Opfern der Kapitalgesellschaft. Die Vernichtung einer Gesellschaftsklasse als ehrenwertes Ziel erscheinen zu lassen, ist glasklare Absicht, Herrschaft zu errichten, Absicht von Lenin und Stalin. Hitler hatte seine Juden, die Sowjetmacht liquidierte die Kapitalisten, Menschen also, um das Kapital enteignen, verstaatlichen zu können.

Der Staat als Superbetrieb ist eine groteske Fehlentwicklung der Geschichte. Ohne Konkurrenzdruck gibt es keinen Maßstab für optimale und kostengünstige Entwicklungen. Produktionsgenossenschaften sollten im freien Wettbewerb versuchen, private Betriebe zu besiegen, bis endlich die gesamte Gesellschaft aus miteinander konkurrierenden Genossenschaften besteht, bei denen der Motor des persönlichen Interesses am gesellschaftlichen Charakter des Eigentums *nicht* abgeschaltet wird, wie beim Superbetrieb Staat.

Das Hotel Ambassador ist meine Nobelherberge. Symphonie in Rot mit Seidentapeten, Perserteppichen, Kristallüstern. Mein Marmorbad ist fast so groß wie mein Zimmer. Im gläsernen Fahrstuhl, messingblitzend, fahre ich zum Schafott, dem ersten Interview meines

Lebens, live. Und zum Gespräch mit Hörern durchs Telefon, Direktsendung.

Kamillentee in der Kantine. Herr Neuber fragt mich fürsorglich:
»Wollen wir den Tee mit hinaufnehmen in den Aufnahmeraum?«
Wir sitzen beide völlig entspannt vor dem Mikrophon. Lampenfieber? Nicht einmal das Wort fällt mir ein. Der Zeiger der Uhr springt auf 14 Uhr 29. Da sage ich nebenbei zu Herrn Neuber:
»Das heute ist das erste live-Interview meines Lebens.«
Neuber stutzt.
»Wieso? Ich denke... Sie haben... Sie sind... also, haben Sie noch gar keine Routine?«
»Nööö, das mache ich heute zum erstenmal.«
»Was? Einfach so? Mein Gott... also, jetzt machen Sie mich nervös. Sie haben wirklich noch niemals...?«
»Nee, wirklich nicht.«
Vor Schreck trinkt er meinen Kamillentee.

Der Zeiger der Uhr springt auf 14 Uhr 30.
Das Interview beginnt, Schock hin oder her, Herr Neuber springt ins eisige Wasser mit mir. Es macht mir Freude zu antworten, eine Stunde lang. Er fragt mich, warum ich neunzehn Jahre gebraucht hätte, meine Erfahrungen zu verarbeiten.

KLUMP: ... Ich dachte, daß eigentlich alle Menschen, denen ich vertraut hatte, sich als Verräter gezeigt hatten. Ich zweifelte also grundsätzlich an der Güte und an der Menschlichkeit *jedes* Menschen. Und um einen positiven Zugang zum Menschen überhaupt zu finden, brauchte ich eine lange Zeit. Meine Flucht war nur eine Zeichensetzung, aber keine Veränderung meiner Haltung.

NEUBER: ... Neunzehn Jahre, das ist ja eine lange Zeit. Wenn man überlegt, daß in dem Moment, in dem Sie die Grenze überschritten haben nach dem Westen, vielleicht ein Kind geboren wurde, so hat es jetzt bereits das Abitur und ist auf der Fakultät Journalistik, die Ihr Leben so beeinflußt hat.

Als Neuber dies sagt, weiß er nicht, wie prophetisch seine Sätze sind. Vor neunzehn Jahren wurde tatsächlich ein Kind geboren, das jetzt meine Hilfe braucht, weil es nicht an der Sektion Journalistik studieren will. Aber das erfahre ich erst genau einen Monat später.

KLUMP: Es gibt noch einen weiteren Grund dafür, ich hatte ein bis dahin total politisches Leben geführt, jetzt versuchte ich, die Privatperson Brigitte zu sein und Erfahrungen privater Art zu machen. Ich bekam Kinder. Das war gleichzeitig auch eine Fluchtposition. Ich heiratete, um eine Privatperson zu werden. Ich mußte nicht arbeiten und ich mußte nicht schreiben, um Geld zu verdienen.

NEUBER: Sie haben also mit der Brigitte Klump, die in der DDR gelebt hat, radikal Schluß gemacht.

KLUMP: Absolut. Absolut bis zur Fähigkeit zu schreiben, Schluß gemacht. Ich konnte nicht mehr schreiben.

Im Laufe der Diskussion mit den Hörern am Telefon greift mich eine Dame an, empört:
»Ich habe jede Ihrer Fortsetzungen am Morgen gehört und auch das, was Sie jetzt gesagt haben. Es ist schon möglich, daß Sie in der DDR bestimmte Sachen nicht in Ordnung finden und so weiter. Daß Sie das aber vergleichen mit dem Hitler-Regime, finde ich unerhört. Hitler hat Millionen Menschen auf dem Gewissen, und das mit dem DDR-System zu vergleichen, selbst wenn man damit nicht einverstanden ist, wenn man was auszusetzen hat, finde ich wirklich unerhört.«

KLUMP: ... Das ist gar nicht unerhört. Sie müssen, wenn Sie überhaupt Millionen Menschen in Rechnung stellen wollen, was ganz schrecklich ist, dann müssen Sie bitte die Millionen des Stalinismus dazurechnen. Aber so eine Argumentation geht nicht, es geht um menschliche oder nichtmenschliche Fragen, um das Schützen der menschlichen Existenz oder nicht. Und wenn diese nicht im großen Maßstab geschützt ist, dann ist der Staat, der die Einzelperson nicht schützt, auch nicht mehr schützenswert. Ob Faschismus oder sogenannter Kommunismus.

NEUBER: Ich glaube, das war eine sehr deutliche Antwort.

Nach der Sendung werden mir noch zwei Anrufe direkt aus der DDR in die Kabine gelegt, mit Dankeschön für mein Buch und der Bitte:
»Glauben Sie niemandem, der Ihnen erzählt, in der DDR sei es heute besser. Die Zeit, die Sie beschrieben haben, ist nicht Geschichte, es ist die Zeit von heute.«
Eine Dame in der Kabine drückt mir stumm die Hand.
Jemand stellt uns vor.

»Frau Zuckmayer.«
»Alice Herdan«, korrigiere ich.
»Was? Sie kennen mich?«
»Ihr Buch ›In den grünen Bergen‹ ist ein wunderbares Buch. Es ist ungerecht, daß Ihr Mann den ganzen Ruhm auf seinem Namen versammelt hat.«
Carl Zuckmayer und seine Frau Alice von Herdan-Zuckmayer emigrierten vor dem Nationalsozialismus in die grünen Berge von Vermont. Mit Hecki hatte ich mir vor kurzem diese Landschaft in den USA angesehen und an Alice Herdan gedacht. Schon steht sie vor mir, wie aus dem Boden gewachsen. Es ist kein Wunder, sondern eine Sendung. Des österreichischen Rundfunks.

Am nächsten Morgen stehe ich im Stephansdom.
Die Andacht ist vorbei.
Die letzten Orgeltöne verklingen.
Rechts im Seitenschiff leuchten Opferkerzen.
Niemals habe ich je eine Kerze angezündet.
Kirchen sind für mich repräsentative Bauten, weiter nichts. Plötzlich ist alles anders.
Der Stephansdom wird für mich zum repräsentativen Platz meiner Gedanken. Wie geführt entzündet meine Hand eine Kerze, stellt sie zwischen die flackernden Lichter, und ich verspreche in Gedanken: Ich will, ich will, ich will.
Wie ein Gelöbnis. Ich weiß nicht, was ich verspreche, nur einfach den Satz, ich will. Mein Siegel unter den Text des Lebens, den ich nicht kenne.
Denke ich an Wien, schiebt sich zwischen meine Gedanken das Bild der Kerze im Stephansdom. Das war mein schönster Augenblick in Wien, mit Strahlkraft in mein Leben.

*

Renate Moszkowicz erzählt mir am Telefon, in Esther Ofarims Fenster sei ein Stein geflogen. Neonazis nehmen nach dem Fernsehfilm »Holocaust« Prominente aufs Korn, um Schlagzeilen zu bekommen. Aber die Polizei sagt, keine Informationen an die Presse. Sie sollen keine Publizität haben.
Hecki glaubt kein Wort, er hat noch nichts vom Terror von Neonazis gehört, jedenfalls nicht in letzter Zeit.

»Mitscherlich ist auch bedroht worden.«
»Das sollte mich wundern.«
Hecki ruft mich an.
»Inzwischen weiß ich, daß das stimmt. Ich selbst bin ungefähr zwanzigmal in der Redaktion angerufen worden mit fürchterlichen Androhungen, weil ich einen Kommentar zu ›Holocaust‹ geschrieben habe.«
»Was hast du geantwortet?«
»Leckt mich am Arsch! Und hab' den Hörer hingeknallt. Und paarmal hab' ich gesagt, kommt doch her, Jungs, seid nicht nur Helden am Telefon. Bei Hitler hab' ich noch Nahkampfausbildung trainiert, wollen mal sehen, was ich bei Hitler gelernt habe.«
»Wissen die unsere Privatadresse?«
»Glaub ich nicht.«
»Na, wenn sie uns ein Brandbömbchen ins Haus werfen, schmeiße ich es zurück.«
Götz dazwischen:
»Gewürzt mit blauen Bohnen.«
Hecki:
»Diese Würstchen können mich nicht einmal veranlassen, auch nur eine Wumme durchzuladen.«
Als ich das Daniela Moszkowicz erzähle, sie ist so alt wie Götz, lacht sie: »Hecki nimmt das ja noch sehr von der komischen Seite.«
»Ja, aber er ist entschlossen, keine Zeile in seiner Zeitung erscheinen zu lassen, sie bekommen keine Publizität, sag das Renate und Imo.«
»Find ich prima.«
»Morgen, wenn die Kinderchen die Zeitung aufschlagen und nichts finden, trotz zwanzigfacher Bedrohung, werden sie sehr frustriert sein. Ich freue mich auf morgen.«
»Hast du keine Angst?«
»Nöö. Grüß deine Eltern.«
Leider waren einige Redakteure weniger klug und brachten Berichte. Am zwielichtigsten verhielten sich die öffentlich-rechtlichen Fernsehanstalten. Sie drückten voll auf die Tube und lieferten der erstaunten Öffentlichkeit ein hysterisches Bild von einem bundesrepublikanischen Nazi-Deutschland, das sicherlich fabelhaft in die Vorstellung östlicher Medienpolitik paßt. DDR-handgestrickt. Aber deshalb immer noch kein Spiegelbild bundesrepublikanischer Wirklichkeit ist.

*

»Hallooo.«
»Hallo, Brigitte, wo drückt heute der Schuh?«
»Erkläre mir, Botschafter, warum die Fernsehsender der Bundesrepublik in schönster Einmütigkeit ein Bild produzieren, das sich die DDR von der Bundesrepublik wünscht, zum Beispiel ein wiedererwachender faschistischer Staat zu sein, unter dem Deckmantel der Demokratie. Warum drückt uns das Fernsehen in diese Ecke?«
»Wollen mal sehen, ob wir das herausfinden. Kennst du die statistischen Zahlen über die Rechtsextremen?«
»Knapp zwanzigtausend, also statistisch kaum auszuweisen.«
»Wie äußern sich die Untaten der Neo-Nazis?«
»Also, neulich ein Stein in Esther Ofarims Fenster. Esther ist eine israelische Sängerin, sie gehört zu unseren Münchner Bekannten. Dann ein paar beschmierte Grabsteine, widerlich genug, und Telefon-Terror. Aber das Fernsehen benutzt jeden beschmierten Grabstein zur politischen Schändung der Bundesrepublik, salbungsvoll verkauft nach dem Motto ›Wehret den Anfängen!‹«[18]
»Wer faschistische Tendenzen systematisch propagiert durch Publizierung in den Medien, der ist kein *Mahner*. Er wehrt nicht den Anfängen, er wirbt!«
»Im Roten Kloster in Leipzig haben wir Medienpolitik so gelernt: An der Basis, sprich Bevölkerung, werden Protest-Kampagnen organisiert, zur gleichen Zeit, an verschiedenen Orten, damit schlagartig die Meldungen von allen Seiten über die Medien hereinbrechen. Schon fangen die Herren Redakteure an, Blut zu rühren, und wissen gar nicht, an welchen Drähten sie zappeln.«
»Brigitte, erkennst du an der Art der Themenauswahl der öffentlich-rechtlichen Fernsehanstalten das Muster der Medienpolitik der SED?«
»Typisch dafür ist eine Berichterstattung in Form von Kampagnen zu politischen Zwecken. Und zwar nach diesem Muster: Wenn ein Thema ins Spiel gebracht werden soll, von politischen Kräften, wird es an der Basis organisiert. Ausführende sind Chaoten bis hin zu den Grünen. Die Kinderchen bekommen eine Idee vorgesetzt, macht mal Action! Und sie machen Action, froh, daß endlich mal was passiert. Und dann kommen die öffentlich-rechtlichen Fernsehanstalten daher und nehmen sich huldvoll der Sorgen an.«
»Echte Sorgen?«
»Mal echt, mal hochgespielt. Das Verräterische daran ist die Gleichzeitigkeit. Auf einmal platzt quer durch die Bundesrepublik den Men-

schen gleichzeitig der Kragen, vorher niemals, und auch nicht nach dem Schneeballsystem, gleichzeitig. Aber nach einer kleinen Weile ist alles wieder vergessen, Thema abgekocht. Dann gibt's eine neue Action. Wieder platzen Kragen, auf Kommando.«

»Erkennst du einen Mißbrauch der Pressefreiheit der öffentlich-rechtlichen Fernsehanstalten?«

»Ich glaube eine Informationspolitik zum Nachteil der Bürger zu erkennen: Die Neonazis werden beispielsweise als typisches Produkt der Bundesrepublik vorgeführt, wobei aus ein paar Mücken Elefanten gemacht werden. Aber die Neonazis sind kein Produkt der Bundesrepublik, sie sind Resultat einer Demokratie, in der Leute aller Coleur nebeneinander leben, unverfolgt, solange sie nicht kriminelle Straftaten begehen. In der DDR aber werden wegen abweichender *Meinungen* ganze Sippen verfolgt, ganze Familien. Diese verfassungsbrechende Wirklichkeit der DDR führt unser Fernsehen nicht vor. Wenn Kritik an der DDR, dann bitte von Herrn Löwenthal. Wer glaubt schon Löwenthal, wer glaubt Schnitzler?«

»Wer ist Schnitzler?«

»Karl-Eduard von Schnitzler kommentiert seit ewigen Zeiten die Lage der Bundesrepublik im DDR-Fernsehen, aber im Stil bösartiger Frontberichterstattung, falsch auch im Detail. Hetze statt Information, zum Nachteil aller Bürger, die sich informieren möchten. Ist Desinformation Mißbrauch der Pressefreiheit? Desinformation, zum Nachteil der Bürger?«

»Das wäre Mißbrauch der Informationsfreiheit, Verfassungsbruch.«

»Botschafter. Die Verfassung der DDR, 1974 geändert und ergänzt, garantiert den Bürgern der DDR mit Artikel 20 Gewissens- und Glaubensfreiheit, mit Artikel 27 das Recht, ihre Meinung frei und öffentlich zu äußern, sowie die Freiheit der Presse, des Rundfunks und des Fernsehens, und mit Artikel 31 sind Post- und Fernmeldegeheimnis unverletzbar. Diese Rechte werden seit Gründung der DDR von der Staatsführung der DDR systematisch gebrochen. Die Bürger sind seit dem 13. August 1961 nicht nur hinter einer Mauer eingeschlossen, sie werden in ihrem Handlungsraum durch eine laufend verschärfte Strafgesetzgebung zunehmend eingeschränkt. Aber Leute wie Löwenthal schwadronieren: ›Pocht auf eure Rechte. Pocht auf die KSZE-Schlußakte von Helsinki.‹ Sie müssen ja nicht aushalten, was denen passiert, die in der DDR den Mund aufmachen.«

»Wiege die Taten, nicht die Wörter. Wörter finden sich für alles, die Taten haben ein eigenes Gewicht.«

»Löwenthals Wörter sind seine Taten. Er berichtet seit Jahr und Tag zum Beispiel von Gefangenenmißhandlungen in der DDR. Aber seit Jahr und Tag sehen Rechtsanwälte der Bundesregierung der DDR in den Haftanstalten auf die Finger. Systematische körperliche Mißhandlungen gibt es seit Jahren nicht mehr.[19]
Aber Arbeits- und Gesundheitsschutz sind in den Gefangenenwerkstätten zum Beispiel unbekannt. Es kommt zu grausamen Verstümmelungen. Löwenthal hilft keinem Bürger, weder in Ost noch in West, zu einer klaren Einschätzung der Situation zu kommen. Er versetzt die Menschen in Furcht und verleitet sie zu Widerstandshandlungen, die sie schwer schädigen.
Die DDR sollte Löwenthal mit einem Orden ehren, er hilft der DDR, mit seinen Aufrufen zum Widerstand, die Gefängnisse zu füllen. Gefangene sind der DDR willkommen, sie können an die Bundesrepublik verkauft werden, und bringen ihr seit Jahren Hunderte von Millionen ein. Herr Löwenthal, und mit ihm die öffentlich-rechtlichen Fernsehanstalten, verhelfen der DDR seit Jahren zu Devisen.«
»Bei solchem Verdacht hilft nur eins, Kontrolle der Medienpolitik, aber vor allen Dingen, Kontrolle der Medienpolitiker, mit Entschlossenheit und Energie, damit ein neuer Anfang folgen kann.«
»Aber wie denn? Die Meinungsmacher verschanzen sich hochmütig hinter Verträgen auf Lebenszeit.«
»Lächerlich, der Staat hat gegeben, der Staat kann nehmen, wenn es das Interesse des Staates verlangt.«
»Botschafter, Gabriel Laub hat gesagt, Demokratie ist die einzige Gesellschaftsform, die man auf demokratischem Weg abschaffen kann.«
»So ist es.«

*

Ein Telegramm aus der DDR, abends aufgegeben, weckt uns am 6. Februar morgens unsanft.
»Ist klaus bei euch, bitte sofort antworten.«
Das Telegramm hat mein Bruder Klaus-Jürgen aufgegeben. Sein einziger Sohn heißt Klaus.
Antworttelegramm von Hecki an meinen Bruder um 9 Uhr 30 vormittags:
»keine ahnung wir ermitteln gruß wolf.«
Heckis Recherche ergibt: Klaus ist mit seiner Freundin Sylke zum Wintersport nach Thüringen gefahren. Ende Januar wollte er vom

Skilaufen zurück sein. Aber in seinem Zimmer liegen vergessen eine Landkarte von Ungarn, ein ungarisches Wörterbuch und zwei abgeräumte Sparbücher, fast viertausend Mark für ein paar Tage Urlaub?
Hecki sendet von der Abendzeitung ein Telex an die Deutsche Botschaft Ungarn:
»können sie in erfahrung bringen ob ddr-bürger klaus klump (19) beim versuch die ungarische grenze zu überqueren ende januar festgenommen worden ist?«
Antwortfernschreiben der Deutschen Botschaft Ungarn:
»uns liegen keine informationen über einen klaus klump (ddr) vor.«

Ab sofort überstürzen sich die Ereignisse in der DDR.
Mein Bruder berichtet uns später darüber.

*

Um zehn Uhr vormittags erreicht ihn ein Anruf im Ingenieurbüro:
»Hier Ministerium für Staatssicherheit. Herr Klump, kommen Sie bitte sofort zum Dienststellenleiter ins CFG-Büro der Staatssicherheit.«
Wo ist denn das überhaupt?
»Melden Sie sich beim Betriebsschutz, das ist im gleichen Gebäude, die führen Sie dann da schon hin.«

Das CFG, Chemiefaserwerk Guben, ist ein Schwesterbetrieb des Chemiefaserwerks Schwarza, Thüringen.
Sämtliche Chemiefaserwerke der DDR gehören zum Kombinat Schwarza. Man muß sich das vorstellen als Riesenkonzern, nationaler Art.
Mein Bruder arbeitet im Polymerisationsbetrieb als technologischer Leiter, seine Frau Inge im Textil-Labor.
Auf dem Riesengelände mit Betriebsstätten unterschiedlicher Art gibt es mehrere Tore. Am Haupttor befindet sich die Betriebswache des CFG, der ganze erste Stock ist dem Staatssicherheitsdienst des Werkes vorbehalten, die telefonische Überwachungszentrale ist dort ebenfalls installiert.

Der Leiter der Kreisdienststelle des MfS[20] stellt sich vor: »Knut.« Als mein Bruder ihn später einmal telefonisch in seiner Dienststelle sucht, gibt es Verwirrung. Mit dem Namen Knut weiß man nichts anzufangen. Erst als er hinzusetzt: »der Dienststellenleiter«, wird er sofort mit ihm verbunden.

»Herr Klump, wir haben jetzt wenig Zeit, unten wartet der Staatsanwalt mit seinen Leuten, wir werden bei Ihnen eine Hausdurchsuchung machen. Ihr Sohn ist inhaftiert worden, weil er versucht hat, die DDR illegal zu verlassen.« Er bleibt in der offenen Tür stehen. Eine Diensthabende des Stasi steht im Korridor, sie hört mit, als er sagt: »Ihre Schwester hat in Westdeutschland ein Buch veröffentlicht, ist Ihnen davon etwas bekannt?«
»Ich würde es gern lesen.«
»Sie wissen nichts über den Inhalt?«
»Ich weiß nur, daß es um Bert Brecht geht und das Berliner Ensemble.«
»Für seinen Fluchtversuch muß Ihr Sohn bestraft werden, das sehen Sie ein. Aber wie das Strafmaß aussehen wird, ob er eventuell mit einem blauen Auge davonkommen kann, wird von Ihrem Verhalten gegenüber dem MfS abhängen. Die Freundin Ihres Sohnes wird mit Sicherheit auf Bewährung verurteilt, deshalb haben wir sie gleich auf freien Fuß gesetzt.«
»Ohne Verhandlung?«
»Für uns steht fest, daß Ihr Sohn der Anführer ist, er muß bestraft werden, weil er gegen die Gesetze der Deutschen Demokratischen Republik verstoßen hat, das werden Sie einsehen. Sie als Vater könnten ihm den Hosenboden moralisch versohlen, andernfalls bekommt er einige Monate Strafzumessung. Das hängt ganz von Ihrem Verhalten gegenüber dem MfS ab, Herr Klump. Aber jetzt nur ganz kurz: Wenn wir jetzt zu Ihnen zur Haussuchung kommen, dann sagen Sie uns bitte sofort, wo Ihre persönlichen Akten liegen, die schirmen wir dann vor der Staatsanwaltschaft ab.«
»Meine persönlichen Akten, meine Briefe wollen Sie nicht kontrollieren? Seit wann solche Diskretion?«
»Meine Mitarbeiter werden sie überprüfen. Geben Sie dem Staatsanwalt keinerlei Auskünfte über Ihre Verwandten, Ihren Schwager und Ihre Schwester in der Bundesrepublik, das geht ihn nichts an.«
Fünf Mann durchsuchten systematisch die Wohnung einschließlich Keller, ohne Unordnung anzurichten, äußerst gewissenhaft. Der Staatsanwalt stand die ganze Zeit an einem Schrank und betrachtete Familienfotos und Kochrezepte.

Erst, nachdem wir uns am 6. Februar von München aus mit Telegrammen und Ferngesprächen eingeschaltet hatten, erfahren die Eltern, daß ihr Sohn Klaus längst im Gefängnis sitzt, in der DDR, und Sylke in Freiheit ist, aber bei der Oma versteckt.
Sylke gibt kein Lebenszeichen von sich, weder durch die Oma, noch durch Klassenkameraden, sondern läßt Klaus und seine Familie in ihrer Angst schmoren, »weichkochen« nennt das der Stasi.
Sylke und Klaus waren bereits am 22. Januar in Ungarn verhaftet worden, im Walde von Köszeg, nahe der Grenze. Klaus hatte seinen Eltern Sylke niemals vorgestellt, und ihre Eltern lernten sie erst kennen, als mein Bruder sie, voll Sorge um Klaus, aufsuchte. Gemeinsam gingen sie zur Villa des Staatssicherheitsdienstes, an der Straße zu seinem Betrieb gelegen, der »Straße der Chemiearbeiter«, im Volksmund einfach »Die Villa« genannt, Sitz der Kreisdienststelle des MfS.
Als einmal eine MiG 21, ein Düsenjäger der Volksarmee, dreißig Meter neben der Villa abstürzte, sagten die Gubener, schade, Ziel verfehlt.
Während mein Bruder auf den Klingelknopf drückte, sagte Sylkes Mutter einen Satz, der sie schlagartig ins Zwielicht rückte:
»Möchte man nicht glauben, aber sechzig Leute arbeiten da drin.«
»Nanu, woher wissen Sie denn das so genau?«
Abends klingelt es an der Wohnungstür. Sylkes Mutter und ein zierliches junges Mädchen, blond, verlegen, das die Augen schüchtern am Boden hält, stehen davor.
»Und wer sind Sie?«
»Sylke. Die Verlobte von Klaus.«
»Klaus verlobt? Sagen Sie das noch einmal, ich kann's nicht glauben.«
»Doch. Ich bin die Verlobte von Klaus.«
Klaus verlobt? Dieses Kind, längst noch nicht trocken hinter den Ohren, kein Studium, verlobt? Das ist doch ein ganz faules Ei!
Sylkes Mutter beteuert:
»Doch, doch, die beiden wollen heiraten.«
»Auf wessen Mist ist denn diese Idee gewachsen? Das haben Sie wohl den Kindern aufgeschwatzt?«
Sylkes Mutter kommandiert:
»Zeig ihm deinen Ring!«
»Wer hat Ihnen den Ring aufgesteckt?«
»Klaus. In Dresden. Kurz vor der Flucht.«

»Und warum diese Flucht?«
»Klaus will Journalist werden. In der Bundesrepublik. Er wollte zu seinem Onkel Wolf Heckmann nach München.«
»Den kennt er doch gar nicht.«
»Klaus hat gesagt, bevor er Journalist in der DDR wird, läßt er sich lieber an der Grenze erschießen.«
»An der ungarischen Grenze wird nicht geschossen. Wer hat euch diesen Floh ins Ohr gesetzt, daß ihr flüchten sollt?«
Sie stottert:
»Nie im Leben will ich in die Bundesrepublik. Nie im Leben!«
»Und warum dann dieser Fluchtversuch?«
»Also... naja... es war... eine Verirrung.«
»Landschaftlich, oder wie?«
»Ich... eh... ich war auf dem falschen Dampfer.«
»Dann steigen Sie eben wieder ab. So einfach ist das. Lösen Sie Ihre Verlobung.«

*

Klaus später:
»Sylkes Mutter wollte mich zum Schwiegersohn. Sie lag mir damit in den Ohren, also haben wir uns in einem Gubener Juweliergeschäft Verlobungsringe gekauft. Erst war Sylke drin und hat ihren gekauft und einen für mich auf Verdacht mitgebracht. Er paßte mir nicht, und ich schickte sie noch mal in den Laden, während ich draußen vor der Tür wartete. Ich kam mir ein bißchen blöd vor, vergoldete Blechringe zu kaufen, das Stück fünfundzwanzig Mark.
Verlobt haben wir uns erst auf dem Weg zur ungarischen Grenze, im Hotel ›Lilienstein‹ in Dresden mit einer Flasche Sekt. Zwei Tage später waren wir schon verhaftet.«
»Deine Meinung heute, Klaus?«
»Keine Meinung, nur eine Beschreibung. Sylke hat ein ausgesprochen unschuldiges Gesicht, wie ein kleiner blonder Engel, der keiner Fliege etwas zuleide tun könnte. Ihre schüchterne Art gefiel mir, sie ist achtzehn Zentimeter kleiner als ich, braunäugig und sehr schüchtern.«
»Und?«
»Sie ist gehorsam.«
»Wie meinst du das?«
»Sie tut, was man ihr sagt.«
»Erzähl von eurem Fluchtversuch.«

»An einem zugefrorenen Flußlauf stand ein Schild: ›Halt, Passieren nur mit besonderem Passierschein!‹ in ungarischer und in deutscher Sprache. Dahinter ein Berghang, himmelhoch, mit Fichten bewachsen. Durch den knietiefen Schnee pflügten wir eine verdächtige Spur. Als wir zwei Berghütten umgehen wollten, parallel zum Grenzzaun, stoppten uns ein Arbeiter und ein Soldat, die MP im Anschlag. Ich fragte dämlich:
›Wo ist hier der Bahnhof?‹
Wir wurden auf einen Jeep verfrachtet, mit vier Soldaten und einem Schäferhund. Den Grenzsoldaten, die uns visitierten, brauchten wir nicht erst zuzureden, einen kräftigen Schluck aus unseren Wodka-Pullen zu nehmen. Wir hatten zwei Flaschen Wodka eingesteckt, zum Mutantrinken, aber wir hatten sie nicht angerührt. In meiner Aktentasche lag auch noch ein Knallkörper von Silvester. Der deutschsprechende Grenzer fragte mich:
›Schenkste mir den? Morgen werde ich von der Armee entlassen, da möchte ich noch einen kleinen Budenzauber veranstalten.‹
›Meinetwegen.‹
Damit war ich den Knallkörper wenigstens los. Man hätte mir vor Gericht einen Strick aus dem ›Sprengkörper‹ drehen können. Als mein Vater später meine persönliche Habe aus dem Untersuchungsgefängnis abholte, hatte sich mein Wodka wunderbarerweise in Wasser verwandelt.
Am 1. Februar wurden wir in die DDR eingeflogen, mit einer vom Stasi gecharterten Passagiermaschine. In Budapest und in Prag wurden ›Grenzverletzer‹ aufgepickt. Neben jedem Häftling ein Bewacher, Handschellen, aber Fensterplatz, aus Sicherheitsgründen. Landung Berlin-Schönefeld. Mit Gefangenentransporter, diesmal ohne Fenster, ging es nach Cottbus in Stasi-U-Haft. Sylke durfte zu ihrer Oma.«

*

Mein Freund im Ministerium weiß guten Rat.
»Beantragen Sie für Ihren Neffen Rechtsschutz der Bundesregierung. Sein Fluchtversuch gilt als Willensbekundung, auf die Staatsbürgerschaft der DDR verzichten zu wollen. Lassen Sie sich einen Termin geben bei Stange oder im Rechtsanwaltsbüro Näumann und Salm der Bundesregierung.«
»Wo sitzen die?«
»In Westberlin, Uhlandstraße.«

Hans-T. Reinarz begrüßt mich im Berliner Rechtsanwaltsbüro der Bundesregierung fast fröhlich:
»Also, dann wollen wir mal. Wie haben Sie sich denn eingelebt?«
»Eingelebt? Wo?«
Ich verstehe nicht ganz.
»In der Bundesrepublik«, hilft er mir höflich.
»Sie meinen – vor zwanzig Jahren?«
Staunen auf seiner Seite.
»Wir haben Sie doch neulich erst herausgekauft.«
»Nee, wirklich nicht. Ich bin ohne Geldbewegungen in die Bundesrepublik eingereist.«
»Ja, aber wie denn?«
»Ganz einfach mit der S-Bahn.«
»Das ist ein Ding.«
Er zieht einen Aktenordner.
»Hier habe ich aber den Vorgang Brigitte Klump.«
»Keine Ahnung, wer das ist, ich bin es nicht. Ich bin Brigitte Klump aus dem Roten Kloster, mein Buch mit diesem Titel ist gerade erschienen. Von mir kann es gar keine Akte geben, mein Buch ist mein Fluchtbericht.«
Hans-T. Reinarz wirft einen Blick in seine Akte, schüttelt den Kopf und stellt sie wieder weg.
»Zweimal Brigitte Klump, das ist ja merkwürdig.«
»Dreimal Brigitte Klump. Mein Bruder Hanno hat ein Mädchen namens Brigitte geheiratet, sie heißt jetzt auch Brigitte Klump. Meine Schwägerin trägt also auch meinen Namen. Möglicherweise gibt es noch mehr davon in der Bundesrepublik.«
Hans-T. Reinarz schlägt vor, Rechtsanwalt Werner Vogel in Cottbus mit dem Rechtsschutz für Klaus Klump zu befassen.
»Wie ist der Verrechnungsweg?«
»Kostenlos. Die Bundesregierung übernimmt kostenlosen Rechtsschutz für Bürger der DDR, auf dem Antragsweg.«
»Kostenlos ... das ist wirklich Hilfe in der Stille. Man bemerkt sie erst, wenn man selbst verwickelt ist, und dann wird sie zur großen Hilfe.«
»Unterstützend wäre, wenn der Vater von Klaus dem Rechtsanwalt Vogel ebenfalls ein Mandat erteilen würde, von der DDR aus.«
»Darf ich meinem Bruder brieflich diesen Rat geben?«
»Selbstverständlich, das entspricht dem Abkommen zwischen beiden deutschen Staaten. Rechtliche Auskünfte sind zulässig.«

»Und weiter?«
»Warten wir erst das Urteil ab. Aber Sie könnten inzwischen schon einen Antrag auf Familienzusammenführung ans Ministerium für innerdeutsche Beziehungen richten. Wenn Ihre DDR-Familie das wünscht, wäre das gleich ein Aufwaschen.«
»Keine Rede davon. Mein Bruder ist ungekündigt, er arbeitet in leitender Stellung in einem Chemie-Kombinat. Solange ihm keiner auf die Zehen tritt...«
»Fragen Sie ihn. Den Antrag auf Familienzusammenführung stellen Sie erst, wenn Ihr Bruder einen Ausreiseantrag gestellt hat, vorher nicht.«

*

Hecki hatte mit Eilbrief von München aus einen Tisch im »Ganymed« bestellt, einem Ostberliner Restaurant der Spitzenklasse, gleich neben dem »Berliner Ensemble«, dem ehemaligen Theater Bertolt Brechts. Er wollte dort mit meinem Bruder Klaus die weiteren Schritte besprechen. Mit Krücken humpelte er neben seinem Schwager ins »Ganymed«, er hatte sich das Bein gebrochen. Der Ober wies sie ab, das Gipsbein Heckis interessierte ihn keine Sekunde.
»Wir haben keinen Eilbrief erhalten. Ohne Reservierung kann ich Ihnen keinen Tisch geben.«
Der Eilbrief war vierzehn Tage zuvor in München aufgegeben worden. Am nächsten Tag stellte mein Bruder für sich und seine Familie Ausreiseanträge und ersuchte, aus der Staatsbürgerschaft der DDR entlassen zu werden. Auf dem Postweg mit Adresse Erich Honecker und an den obersten Polizeichef Dickel. Falls Klaus in die Bundesrepublik entlassen werden würde, wollten sie sich nicht von ihrem einzigen Sohn trennen.

Mein Bruder berichtet:
Ein paar Tage später kommt ein Anruf aus der »Villa«:
»Herr Klump, wann würde es Ihnen passen, mit dem Dienststellenleiter Rücksprache zu halten?«
»Wenn Sie etwas von mir wollen, kommen Sie zu mir nach Hause.«
Der Dienststellenleiter Knut kommt und eröffnet das Gespräch mit einem Angriff:
»Herr Klump, daß Sie den Rechtsanwalt Vogel genommen haben, das ist Ihr größter Fehler.«
»Ich habe ihn mir nicht ausgesucht, der Auftrag kam von meinem

Schwager, es handelt sich um Rechtsschutz der Bundesregierung für unseren Sohn. Wenn Sie aber sagen, es sei mein größter Fehler, dann weiß ich, es ist meine beste Tat.«
»Sie werden sich auch strafrechtlich zu verantworten haben wegen der Informationen, die Sie Ihrer Schwester in mindestens drei Fällen für ihr Buch gegeben haben.«
»Ich habe keine Informationen gegeben.«
»Ihre Schwester hat die Ausleihzahlen von Brechts Büchern in der Stadtbibliothek von Guben angegeben.«[21]
»Sie kommen mit Sätzen aus dem Buch meiner Schwester daher und können nicht den Beweis vorlegen, nämlich meine Privatbriefe. Legen Sie meine Privatbriefe vor, hänge ich das an die große Glocke, Bruch des Postgeheimnisses!«
»Diesen Vorwurf weise ich zurück.«
»Ich weiß, wie jeder Bürger der DDR, daß die Briefe kontrolliert werden. Eure Leute arbeiten bei der Briefzensur so schlampig, daß sie mit bloßem Auge festzustellen ist. Einmal lag in einem geschlossenen Brief von meiner Schwester die abgestempelte Ansichtskarte einer wildfremden Person. Ich habe einen Zusatz auf die Karte geschrieben und sie wieder in den Briefkasten geworfen.«
»Das kann nur der Verfassungsschutz gewesen sein.«
»Die inländische Post, mein Lieber, an die kommt der Verfassungsschutz nicht ran, und die sieht genauso aus. Ich habe gehört, Sie arbeiten mit Lösungsmittel-Spray. Manchmal kippen Sie wohl die ganze Flasche aus? Selbst die Schreibmaschinenschrift ist dann verlaufen. Einmal hat meine Schwester ein Foto von ihrem Mann geschickt mit seinem Motorsegler, das Foto war an der mit der Schreibmaschine geschriebenen Seite angeklebt, und die Schrift meiner Schwester lief über das ganze schöne Farbfoto.«
»Ich wiederhole, so was macht nur der Verfassungsschutz.«
»Herr Knut, jeden Brief, den ich erhalte, den lege ich im Betrieb unter die Quarzlampe. Das ist eine UV-Lampe, mit der man die durch Manipulation beschädigten Fasern des Papiers und der Farbstoffe durch Fluoreszenz sichtbar macht. Wenn ein Brief geöffnet wurde, dann kann man jede Spur, die das Lösungsmittel im Brief hinterlassen hat, wunderschön leuchten sehen. Und jeder Brief, den ich erhalte, ist geöffnet.«
»Wenn Sie auf diesem Vorwurf bestehen, dann wird das strafrechtliche Konsequenzen haben, denn wir zensieren keine Briefe.«
»Ich habe ja nichts dagegen, daß Sie meine Briefe kontrollieren, mein

Vorwurf richtet sich gegen Ihre Schlampigkeit. Wenn meine Arbeiter so schlampig arbeiten würden, gäb's einen Tritt in den Hintern.«
»Herr Klump, Tatsache ist, daß Sie Ihrer Schwester Informationen für ihr Buch gegeben haben, dafür können Sie drei bis fünf Jahre Freiheitsstrafe bekommen.«
»Ich habe meiner Schwester nicht geholfen. Wir haben uns vor zwei Jahren in Ostberlin getroffen, zu ihrem Geburtstag, und uns über Brecht unterhalten, weil das ihr Lieblingsthema war, und da hatten wir ein kleines Streitgespräch. Ich sagte: ›Jeder kennt Brechts Namen, aber kaum jemand hat ihn gelesen, geschweige denn ein Theaterstück von ihm gesehen.‹ Aber sie glaubt einem ja nichts, es sei denn, man kann's beweisen. Um den Wahrheitsbeweis anzutreten, bin ich in unsere Bibliotheken gegangen und habe mal nachgesehen und ihr dann das Resultat geschrieben. Keine Hilfe bei ihrem Buch, ein privater Brief! Und zwar zwei Jahre *vor* Erscheinen des Buches. Damals hatte sie noch keine Zeile geschrieben.«
»Nun gehen Sie mal nicht gleich auf die Barrikaden, nehmen Sie doch wieder Vernunft an, das Urteil gegen Ihren Sohn ist doch noch gar nicht gesprochen. Ihre Ausreiseanträge verschlechtern nur seine Lage. Nehmen Sie sie zurück, das rate ich im guten.«
Mein Bruder Klaus lehnt ab, und Knut läßt sich nie wieder blicken.

Trotz der Ausreiseanträge faßt man meinen Bruder und meine Schwägerin mit Samthandschuhen an. Sie bekommen keinen Behelfsausweis, wie das so üblich ist, den PM 12, man gibt ihnen freundlicherweise sogar ihre Personalausweise wieder zurück. Klaus legt sie unter die Quarzlampe. Auf der Fotoseite, über die ganze Unterschrift hinweg, sind unregelmäßig verteilte, rote Punkte aufgesprüht worden, nur unter der Quarzlampe sichtbar. Gezeichnete Papiere.

Die Verhandlung gegen meinen Neffen Klaus ist auf Anfang April festgesetzt. Vor jedem Besuch bei seinem Sohn wird mein Bruder Klaus vernommen. Das nennt sich Gespräch, ohne Protokoll, aber in der bedrückenden Atmosphäre der Untersuchungshaftanstalt des MfS Cottbus. Der Vernehmungsoffizier verlangt jedesmal von ihm, die Ausreiseanträge zurückzunehmen.

Das letzte Gespräch läuft von Anfang an schief. Der Vernehmungsoffizier ist offensichtlich mit dem linken Fuß aufgestanden, er giftet ihn gleich zur Begrüßung an:

»Der Tag kommt, daß wir Sie auch einsperren, wenn Sie von Ihren Vorwürfen gegen das MfS nicht abrücken.«
»Ihre Untersuchung ist von Anfang an ungesetzlich. Erich Honecker hat gesagt, das Recht ist in der DDR unteilbar, es gibt nicht zweierlei Recht. Aber hier ist der Klaus in Haft, und Sylke frei, mit keiner Einschränkung. Sie versuchen nicht, die Wahrheit zu finden, Sie wollen sich an uns als Familie rächen.«
Der andere springt auf:
»Wir haben kein Interesse an Ihnen, nicht an Ihrer Frau, nicht an Ihrem Sohn, sondern nur an Ihrer Schwester.«
»Mit meiner Schwester kann ich Ihnen ja nun nicht dienen. Sie sehen selbst, es hat gar keinen Zweck, mit mir zu diskutieren, ich rücke von meinem Vorhaben nicht ab, wir wollen die Ausbürgerung aus der DDR. Sperren Sie mich doch ein, meinetwegen bleibe ich gleich hier.«
Diesen Offizier sieht er auch nie wieder.

★

Zur Verhandlung kommt Sylke im bunten Sommerkleid mit großem Ausschnitt, blauen Augenlidern, stark geschminkt, österlich bunt gekleidet auch die Mutter. Der Vater im hellen Anzug herausgeputzt.
Im Normalfall dürfen Angehörige nicht teilnehmen. Verhandlungen dieser Art sind nicht öffentlich.[22] Aber mein Bruder verlangte vom Untersuchungsrichter und auch beim Rat des Kreises, Abteilung Innere Angelegenheiten, den Zutritt.

Die Verhandlung verläuft fair.
Der Staatsanwalt beurteilt Sylke vor dem Richter als negativ, politisch indifferent, uninteressiert, ohne eigenes Urteil, von Klaus aus Liebe abhängig, von Klaus zur Flucht verführt. Sylke findet kein Wort zur Verteidigung von Klaus aus Liebe, kein Wort zu seiner Entlastung.
Rechtsanwalt Vogel aus Cottbus, blind, versteht sich auf Wahrheitsfindung. Er befragte Sylke genau:
»Hat Klaus Sie jemals aufgefordert, mit Worten, in den Westen mitzugehen?«
Sie zögert kurz:
»Nein. Ich habe gesagt, ich komme mit.«
»Wer hat die Landkarte von Ungarn besorgt?«

»Ich... war dabei.«
Sie bequemt sich dann doch noch zu einem weiteren Satz:
»Klaus hat nie zu mir gesagt: ›Komm mit‹.«
Durch Rechtsanwalt Vogels Wahrheitssuche zerbricht der Vorwurf der Rädelsführerschaft, vom Stasi sorgsam konstruiert. Klaus erscheint in der Verhandlung als positive Figur, vom Brigadeleiter seines Betriebs mit bester Beurteilung versehen. Der Staatsanwalt lobt ihn als vorbildlichen Schüler, nur der Verführung der West-Verwandten unterlegen und des Westfernsehens. Moralisch sei der Vater der Schuldige, der aber nicht zur Verantwortung gezogen werden könne, weil er seinem Sohn die Briefe der Westtante zu lesen gegeben habe.
Bei der Urteilsverkündung, eine Woche später, macht der Richter eine Kehrtwendung.
Mit einemmal wird aus der negativen Sylke eine politisch denkende Person, die nur aus Liebe zu Klaus die Republik verraten wollte. Sylke bekommt Bewährung, aber keinen Bewährungshelfer. Und Klaus bekommt einen Stempel: Verräter der Arbeiterklasse. Keine Bewährung.
Wegen seiner negativen Einstellung zur Presse der Deutschen Demokratischen Republik und seines mehrfach geäußerten Wunsches, auch in kapitalistische Länder reisen zu dürfen. Da der Vorwurf, Anführer einer Gruppe zu sein, in sich zusammengebrochen ist, weicht der Richter vom Antrag des Staatsanwaltes erheblich ab. Statt zweiundzwanzig Monate bekommt Klaus eine Mindeststrafe von vierzehn Monaten.
Klaus bleibt in Haft und ist im Untersuchungsgefängnis des Staatssicherheitsdienstes laufend weiteren Befragungen ausgesetzt, die darauf zielen, ein Treuebekenntnis zur DDR zu erhalten. Sylke... fährt zur Erholung nach Bulgarien.

Im Laufe eines Beschwerdeverfahrens teilt mein Bruder das dem Staatsanwalt mit, der sichtlich geschockt ist. Denn jeder, der unter Bewährung steht, bekommt einen provisorischen Personalausweis, mit dem man über keine Grenze kann. Für Bulgarien braucht man sogar ein Visum.
Ein Visum bekommt auf gar keinen Fall eine Person, die gerade versucht hat, über ein Ostblockland in den Westen zu flüchten.

*

Zur gleichen Zeit bombardiert ein Maler namens Strupp meinen Mann in der Redaktion mit Briefen und Telefonaten. Er beruft sich auf eine alte Bekanntschaft aus dem Jahre 1953 in Lünen und lädt uns zum Besuch einer Ausstellung in Augsburg ein.
»Malen Sie noch?«
»Nein. Meine Augen machen nicht mehr mit. Netzhautablösung. Ich bekomme Gnadenbrot als Hausmeister im Holbein-Haus. Aber bringen Sie doch Ihre Frau mit, sie hat ein so aufregendes Buch geschrieben.«
Hecki bedankt sich für die Einladung und hat sie im täglichen Trubel der Redaktion schon wieder vergessen. Aber Strupp gibt nicht auf, er ruft wieder an. Um ihn endlich loszuwerden, gibt Hecki ihm meine Privatnummer.
»Sprechen Sie mit meiner Frau. Wenn sie Lust hat, spiele ich den Chauffeur.«

»Um welche Ausstellung geht's denn, Herr Strupp?«
»Herbert Sandberg, Professor Herbert Sandberg aus der DDR bittet herzlich darum, Sie kennenlernen zu dürfen.«
»Sandberg – mit spitzer Feder?«
»Ja, der. Sie kennen ihn?«
»Karikaturist und Kolumnist im ›Neuen Deutschland‹. Er hat treffende Charakteristiken von Brechts Mitarbeitern geliefert, daher kenne ich ihn.«
»Das ist er, war mit Brecht befreundet, Mitbegründer des ›Ulenspiegel‹.«
»Und warum will er mich kennenlernen?«
»Alle haben wir Ihr Buch gelesen.«
»Wer ist wir?«
»Augsburger und Ostberliner Intellektuelle. Sie werden bei mir auf die erste Garde des DDR-Kulturlebens treffen, alle wollen Sie kennenlernen.«
»Wollen sie mich lynchen?« lache ich.
»Nein, nein, wo denken Sie hin, wir wollen Sie ehren. Wir sind alles ehemalige Freunde von Brecht. Ehemalige.«
Das Wort »ehemalige« betont er so merkwürdig.
»Also, dann vielen Dank für die Einladung.«
»Darf ich das so verstehen, daß Sie kommen werden?«
»Ja, aber Sie erklären bitte meinem Mann, wie er fahren muß, rufen Sie später noch einmal an.«

Zu Hecki sage ich:
»Du, das ist eine Falle. Sie schicken nicht die erste Garnitur her, um mich zu ehren, sie wollen versuchen, mich aufs Kreuz zu legen. Mit Schmeicheleien fängt so etwas gewöhnlich an.«
»Brigitte, es gibt auch noch freundliche Menschen auf dieser Welt, nicht alle sind Bösewichter, sieh keine Gespenster.«
»Wer ist Strupp überhaupt?«
»Ein alter Kommunist, sicher schon weit über die siebzig. Glaubst du, die DDR schickt so alte Zausels, um dir Schwierigkeiten zu machen? Mußt du immer politische Interessen wittern, hinter jedem harmlosen Satz, hinter jeder harmlosen Einladung?«
»Sie haben Klaus in der Hand. Ich traue ihnen alles Böse zu.«

*

Augsburg, 12. Mai '79
Wir steigen eine Steintreppe hoch, die in die Privatwohnung einer Brauerei führt.
Hunde springen mich an, jaulen, kläffen, eine entnervende Begrüßung. Von einer Sekunde auf die andere werde ich zornig, befehle:
»Nehmen Sie die Hunde weg!«
»Warum?«
Fragt mich die Gastgeberin: »Mögen Sie keine Hunde?«
»Nein. Sie springen einen an, hinterhältig, ich kann Hunde nicht leiden!«
Im Hintergrund murmelt eine Damenstimme:
»Mein Gott, was für ein arroganter Auftritt.«
Ich kann Hunde nicht leiden?? Mein kleiner Hund zu Hause möge mir verzeihen.
Um den großen, ovalen Eßtisch sitzen, neben einem Augsburger Juristen, vom DDR-Kulturministerium delegierte Leute, deren Identität in diesem Zusammenhang keine Rolle spielt. Der Platz neben Herbert Sandberg ist frei. Maler Strupp fummelt an einem Tonband so offensichtlich herum, daß selbst mir das auffällt.
»Ist wohl kaputt?«
Er jammert: »Ich hätte so gern eine Aufzeichnung gemacht von dieser Begegnung, aber ich krieg's wohl nicht hin.«
Mit seinen halbblinden Augen verwirrt er alles total, aber niemand springt ihm hilfreich zur Seite. Ich sehe mir das zwei Minuten an und frage freundlich:
»Und wo läuft das Tonband mit, das funktioniert?«

Strupp hört auf zu fummeln.
Herbert Sandberg begrüßt mich:
»Ich freue mich, Sie kennenzulernen. Wir haben dem Strupp dauernd in den Ohren gelegen, er soll Ihren Mann anrufen, damit Sie zu meiner Ausstellung kommen. Wir wollten niemand sonst kennenlernen in München, nur Sie. Vor Ihnen haben wir Respekt. Reiner Kunze würden wir nicht neben uns dulden. Meine Frau ist übrigens zum erstenmal in der Bundesrepublik, die erste Aufenthaltsgenehmigung ihres Lebens, aber nur auf eine Woche befristet.«
Ich wende mich ihr zu, seidenweich, passend zu meinem champagnerfarbenen Seidenhemd, naiv bezopft:
»Frau Sandberg, bei wem müssen Sie Ihren Bericht über mich abliefern? Bei der Konflikt- oder der Kontrollkommission Ihrer Partei?«
»Was?... Unverschämtheit. Also... ich weiß nicht, was man Ihnen da in dem komischen Roten Kloster beigebracht hat, aber... heute ist alles ganz anders.«
»Dann müssen Sie wohl den Bericht über meine Worte direkt beim Staatssicherheitsdienst abgeben? Ich lege aber Wert darauf, daß Sie alle meine Sätze vollständig wiedergeben und nicht aus dem Zusammenhang und wie es Ihnen paßt. Ich bitte um Vollständigkeit.«
Ringsum Erstarrung.
Sandberg lächelt charmant.
»Wir akzeptieren die Kontrolle des Staatssicherheitsdienstes.«
»Das ist Ihre Sache, ich nicht. Deshalb habe ich die DDR verlassen.«
Frau Sandberg, anklagend in die Runde:
»Was hat man uns da erzählt? Man hat uns gesagt, sie ist ein liebes, sanftes Mädchen. Das stimmt ja gar nicht. Sie ist gar nicht sanft, sie sieht nur so aus!«
Und dann greift sie mich an:
»Sie passen ja überhaupt nicht in die DDR.«
»Warum auch? Ich lebe seit bald zwanzig Jahren in der Bundesrepublik bei meinem Mann. Warum sollte ich in die DDR passen?«
Endlich rückt Sandberg mit der Sprache heraus.
»Welche Bedingungen müssen wir erfüllen, damit Sie wieder in die DDR zurückkehren?«
Mein Mann setzt sein Bierglas ab, mit einem Ruck. Gleich platzt ihm der Kragen. Lächelnd komme ich ihm zuvor:
»Diese Frage hat man mir in Westberlin noch zweieinhalb Jahre nach meiner Flucht gestellt. Man schlug vor, mich direkt an die diplomatische Akademie in der Sowjetunion zu delegieren, ohne Rückkehr in

die DDR. Ich stelle fest, daß ich nach zwanzig Jahren immer noch gefragt bin. Vielen Dank, aber *ich* suche mir den Staat aus, in dem ich leben will. Ich brauche in keinen Staat zurückzukehren.«
Sandberg: »Bunge hat mir vor einer Woche gesagt, er könne nur alles bestätigen, soweit Ihr Buch ihn beträfe, aber eins könne er sich nicht vorstellen, daß Frau Weigel einen Prozeß gegen den Stasi geplant habe, das passe nicht zu ihr, das hätte nie zu ihr gepaßt.«
»Das ist eine Lüge, Herr Sandberg. Niemals hat Bunge das gesagt, Sie sind ein Lügner.«
Sandberg steckt das Wort Lügner gelassen ein.
Hecki: »Natürlich kann sich Bunge das nicht vorstellen, Brigitte, er weiß es ja nicht.«
Sandberg strahlt auf:
»Das ist es, er weiß es nicht.«
»Danke, Wolf, so ist es logisch, er kann nicht bestätigen, was er nicht weiß. Also, Herr Sandberg, Sie scheinen doch kein Lügner zu sein.«
»Ich bin ein Freund von Bunge, wirklich ein Freund. Ein langjähriger. Er hat ja gesagt, alles stimmt. Bunge will doch gar nicht dementieren.«
»Und die anderen sagen auch, alles stimmt, was sie beträfe. Leugnen Sie nicht, ich weiß es.«
»Ja, es gibt kein Dementi und wird keins geben, weil keins möglich ist.«
»Danke.«
Jemand fragt:
»Also, wenn ich das richtig gelesen habe, Ihr Halt war Bunge?«
»Bunge?« frage ich mit großen erstaunten Kinderaugen.
»Ja, Bunge, Ihr Halt war Bunge.«
»Aber nein.«
»Wer dann, wenn nicht Bunge?«
Erstaunen ringsum, Geflüster:
»Sie sagt: Nicht Bunge, versteht ihr das?«
»Mein Halt waren Helene Weigel und... Klaus Kampe.«
»Klaus Kampe? Wer ist Klaus Kampe?«
»Och... bloß der Erfinder der Studentenrevolution. Der Klaus Kampe aus meinem Buch«, helfe ich auf die Sprünge.
Getuschel, sie wollen's wohl nicht glauben. Einer fragt noch mal, höchstverwundert:
»Nicht Bunge?«
»Nein, Frau Weigel und Klaus Kampe.«

Die Gastgeberin läßt Platten mit garnierten Häppchen um den Eßtisch kreisen, betont privat.
Die Platten laß ich an mir vorbeiwandern, ebenso die Getränke.
Sandberg: »Sie rauchen nicht, Sie trinken nicht, und Sie essen auch nicht mit uns, aber Sie passen auf jedes Wort auf, und Sie kreiden uns jeden Fehler an. Und wir trinken Wein und reden zuviel, und Sie merken sich alles, und wir kriegen es eines Tages vorgehalten.«
»Ja. Mein Tonband läuft immer mit.«
Erschreckt zuckt er zusammen:
»Welches Tonband?«
»In meinem Kopf... mein Geheimdienst ist immer dabei.«
»Welcher Geheimdienst?«
»Mein Kopf!«
Alles lacht befreit.
In die entspannte Atmosphäre sagt Sandberg, ganz beeindruckt:
»Seht sie euch an, sie ist unser Produkt. Wir haben sie produziert. Sie ist unser Resultat!«
Sandberg, der Schmeichler, redet weiter auf mich ein:
»Mit Ihnen macht es wirklich Spaß zu diskutieren. Sie sind ja eine Dialektikerin reinsten Wassers, ich habe nicht geahnt, daß es solche Frauen gibt, ich dachte, die Dialektik sei die Domäne des Mannes. Mit Ihnen möchte ich mich noch oft unterhalten. Würden Sie eine Einladung zu mir nach Hause akzeptieren?«
»Nach Ostberlin?«
»Ja, zu mir nach Hause.«
»Also privat?«
»Offiziell, wenn Sie es wünschen, über das Kulturministerium, offiziell mit Einladung.«
»Und dann nimmt die kleine Brigitte die Einladung an, fühlt sich geehrt, und dann fährt die kleine, dumme Brigitte über die Grenze, und da warten schon die lieben Genossen vom Staatssicherheitsdienst und legen Hand auf sie. Und Sie werden sagen: ›Wo bleibt sie denn? O wie schade, das hat ja das Ministerium für Kultur nicht wissen können, daß das Ministerium für Staatssicherheit Brigitte Klump nicht schätzt. Nun sitzt sie im Gefängnis! Wirklich schade, ich hätte mich so gern mit ihr unterhalten. Aber, kann man nichts machen.‹«
Alles lacht.
»Bestimmen Sie den Ort. Westberlin? Ich könnte jederzeit zu einem Gespräch nach Westberlin kommen...«
»Ich werde darüber nachdenken. Dankeschön für die Einladung.«

Sandberg wird vertraulich und flüstert mir zu:
»Sie sind wirklich sehr hübsch. Immer möchte ich die Strähne über Ihrem Ohr wegschieben, mein Gott, sind Sie hübsch.«
»Hübsch – das ist ein Kompliment, alt wie die Welt, es ist mir nicht neu, Herr Sandberg, jetzt wollen Sie charmant sein. Nein, falsch, Sie sind charmant von Natur aus, Sie wollen es nicht sein, Sie sind es.«
Der böse Schmeichler wollte mich fangen. Jetzt ist er mir ins Netz gegangen.
»Aber der Auftrag von Helene Weigel, den Staatssicherheitsdienst zu verklagen, das ist doch ein Märchen?«
»Über alles gibt es Protokolle.«
»Was gibt es? Protokolle?«
Wieder Getuschel.
»Wo? Bei wem?«
»Fangen Sie doch ganz einfach zu fragen an.«
»Wen sollen wir fragen?«
Gierig warten sie auf einen Namen, den Namen Professor Kauls.[23] Aber ich werfe ihnen den Kaul nicht zum Fraße vor, ich nenne voll Spott einen anderen Namen. Bei diesem Namen zuckt Sandberg zusammen wie unter einem Peitschenhieb. Als ich ihn Lügner nannte, zuckte er nicht, aber bei diesem Namen erschrickt er.
Bühnenbildner Schmückle platzt herein, ahnungslos. Maler Strupp haut auf die Pauke:
»Sein Bruder ist ein bekannter General in der Bundesrepublik!«
Schmückle, irritiert:
»Was soll das? Was hat mein Bruder mit euch zu tun?«
Er begrüßt mich höflich und schenkt mir sein Buch ›Theaterarbeit‹.
»Schreiben Sie mir eine Widmung hinein?« frage ich.
»Mit Vergnügen. Ihr Buch habe ich leider noch nicht lesen können, das hat mir Wekwerth[24] geklaut. Ich treffe Wekwerth nächste Woche in Rom. Aber Ihr Buch kaufe ich mir gleich morgen noch einmal.«
Als er mir sein Buch samt Widmung in den Schoß legt, giftet Sandberg zwischen den Zähnen:
»Bist du verrückt? Doch nicht mit Widmung, Mensch, bist du wahnsinnig?«
»Warum denn nicht? Was soll das alles?«
Maler Strupp fotografiert uns mit seiner Polaroid-Kamera, ich tue ihm den Gefallen und posiere. Strupp plaudert weiter aus dem Nähkästchen, ungebremst:

»Und ich treffe nächste Woche Wieland Herzfelde, dem werde ich ja was zu berichten haben!«
Er freut sich diebisch.
Schmückle tut mir leid, die alte Dame in seiner Begleitung ebenfalls. Sie werden offensichtlich mißbraucht als ehrenwerte Staffage.
Als nun auch noch der Augsburger Jurist zu pöbeln anfängt, in dieser Art:
»Dieses Buch, das ist doch das Letzte, die Dame wollte nur pimpern und hat ihre Sexgeschichten politisch garniert, sie wollte wohl auch mal schreiben...« fahre ich ihm in die Parade. Flüstere aber vorher Sandberg zu: »Alles, was ich jetzt sage, gilt nicht für Sie!«
»Sie sind offensichtlich nicht nur ein schlechter Jurist, weil Sie nicht verstehen, mit Sachverhalten korrekt umzugehen, und nicht in der Lage sind, sich an Sachverhalten zu orientieren. Sie argumentieren nicht nur mies, Sie haben offensichtlich auch einen miesen Charakter. Mit Menschen dieser Art sitze ich nicht freiwillig auch nur eine Minute länger an einem Tisch. Aber ich habe von Anfang an geahnt, daß das hier eine Falle ist. Ich sollte hereingelegt werden. Ich hoffe, Sie haben Ihren Spaß gehabt, Herr Strupp.«
Meine Rede ist natürlich wesentlich länger, aber das sind die Kernsätze.
Hecki steht ebenfalls auf und verläßt mit mir den Raum. Die Gastgeberin schreit mir nach ins Treppenhaus:
»Unverschämtheit. So was habe ich noch nie in meinem Hause erlebt!«
»Mich hatten Sie ja auch noch nicht hier. Aber ich habe nicht um Ihre Einladung gebeten.«

So, meinen Zorn bin ich los. Nun wird das Gefetze oben weitergehen. Ich nehme an, daß Sandberg seinen Freunden die Leviten lesen wird, oder auch nicht.
»Hecki, stell dir vor, wieviele Minuspunkte Frau Sandberg für ihre Kaderakte eingesammelt hat, so leicht wird ihr kein Westaufenthalt mehr bewilligt werden.«
Hecki kann noch gar nicht lachen.
»Das war ja wohl die niederträchtigste, widerlichste Bande, die mir in meinem Leben untergekommen ist, und das bekommen sie noch schriftlich von mir. Ich kann nur hoffen, daß dieser Jurist mich verklagt. Diese Pestbeule bringe ich gern zum Platzen.«
»Reg dich nicht auf, Hecki, in so einer Welt habe ich jahrelang gelebt.

Weißt du, was ich Strupp ins Gästebuch geschrieben habe, bevor der Zauber losging?«
»Na?«
»Menschen kennen? – Menschen erkennen!«

★

Wie mein Bruder später berichtet, hat er es nach der Verhandlung gegen Klaus nur noch mit dem Rat des Kreises zu tun. Herr Bartusch, kommissarischer Abteilungsleiter, liegt anfangs noch mit ihm im Streit und beschuldigt ihn, Untersuchungsorgane der DDR zu diffamieren.
Plötzlich wendet sich das Blättchen, kurz nach seiner Beschwerde bei der Staatsanwaltschaft, und Herr Bartusch entschuldigt sich bei Klaus offiziell wegen der Untersuchungsmethoden. Er versucht, meinungsbildend auf ihn einzuwirken, mit einem Beispiel, direkt aus dem Leben gegriffen.
»Herr Klump, stellen Sie sich einmal vor, Sie wären in einer gefährlichen Situation in einem revolutionären Kampf. Sie hätten zur Auswahl zwei Maschinengewehrschützen. Der eine ist Kommunist mit dem Schießergebnis der Note zwei, der andere ist parteilos, hat aber ein Schießergebnis Note eins. Wen würden Sie auswählen?«
»Den mit der Note eins, der kann am besten schießen.«
»Das ist ganz falsch, denn in einer Bewährungssituation ist die Moral entscheidend, nicht nur die Handhabung der Waffe.«
»Den Ausgang eines Kampfes entscheidet nicht das Parteibuch, sondern wer besser schießen kann, Herr Bartusch.«

Ohne uns zu verabreden, haben wir einen gemeinsamen Weg gefunden.
Mein Bruder in der DDR versucht, auf dem *offenen* Weg der Fehler-Diskussion zu seinem Recht zu kommen, wir hier in der Bundesrepublik haben gleichfalls den Weg der Verhandlung gewählt, über das Rechtsanwaltsbüro der Bundesregierung und das Ministerium für innerdeutsche Beziehungen.
Es ist ein stiller Weg, ohne Presserummel.
Entgegenkommen auf beiden Seiten. Der Staatssicherheitsdienst wird zurückgepfiffen, mein Bruder hat weiter keine Schwierigkeiten.

★

»Botschafter, ein Silberstreifen am Horizont. Ich glaube, die DDR entschließt sich zu einer besseren Politik gegenüber ihren Bürgern. Diskussion der Fehler, Veränderung zum Guten bei Übergriffen des Ministeriums für Staatssicherheit.«
»Hoffst du, die DDR wird sich entschließen, ihre Kontrolleure, nämlich die Angestellten des Ministeriums für Staatssicherheit, zu kontrollieren? Glaubst du an einen Stop des Gefangenenfreikaufs?«
»Es sieht so aus.«
»Sind die Verträge schon gekündigt?«
»Ich weiß nicht.«
»Ist einer der Partner vertragsbrüchig geworden?«
»Davon weiß ich nichts.«
»Welche Bedingung gilt für den Freikauf?«
»Schweigen in der bundesdeutschen Publizistik, glaube ich.«
»Und was ist mit dieser Publicity-Kampagne, ›Freiheit für Nico Hübner‹?«
»Oooo... meinst du, die Strategen von der Abteilung Agitation und Propaganda des ZK der SED haben sich da etwas ganz Raffiniertes einfallen lassen, damit nicht die DDR vertragsbrüchig wird, sondern die Bundesrepublik?«
»Wer hat die Pressekampagne für Nico Hübner organisiert? Wer steht dahinter?«
»Mleczkowski.«
»Dieser Unbekannte mit dem komplizierten Namen, der dich für die Helsinki-Gruppe anwerben wollte?«
»Ja. Hübner ist sein Freund aus Ostberliner Tagen.«
»Brigitte, lies Zeitungen, geh in ein Archiv.«

Aus dem Archiv der Süddeutschen Zeitung lasse ich mir die Mappe Mleczkowski kommen, für internen Redaktionsgebrauch. Ich sitze in der Abendzeitung auf einem Stühlchen in der Ecke, lese und staune.

Mleczkowski, kaum aus der DDR in Westberlin eingetroffen, spaltet die Westberliner Arbeitsgruppe für Menschenrechte ab von der Gesellschaft für Menschenrechte in Frankfurt, und beginnt seine Publicity-Kampagne ›Freiheit für Nico Hübner‹.
Bis zu diesem Tag unbekannt, profiliert sich Mleczkowski mit einem Schlag vor der bundesrepublikanischen Presse als Verteidiger der Menschenrechte. Die Hintergründe:
Nico Hübner weigerte sich Anfang 1978, in die Volksarmee einberu-

fen zu werden, gemäß dem Abkommen von 1944 über den Extra-Status von Berlin, nach dem es in der Viermächtestadt Berlin kein deutsches Militär geben darf. Die Militärdienstverweigerung bringt Nico Hübner fünf Jahre Freiheitsstrafe ein. Die DDR erklärt dazu, Ost-Berlin sei ein integraler Bestandteil der DDR, der Viermächtestatus gelte nur noch für West-Berlin.
Das bringt die Alliierten auf die Palme, den Senat von Berlin, die IG-Metall. Alles kämpft für Nico, den Volkshelden. Der Regierende Bürgermeister von Westberlin betont im Abgeordnetenhaus den entmilitarisierten Status der Stadt, der besonders im Gesetz Nr. 43 des Alliierten Kontrollrats vom 20. Dezember 1946 formuliert sei. Gut ein Jahr lang täglich neue Aufregung in der Presse. Dann schlägt die DDR zu: Stop des Freikaufs.

*

»Hallooo.«
»Hallo, Brigitte?«
»Botschafter, die DDR hat zum 30. Jahrestag der Republik alle politischen Gefangenen amnestiert, bis auf ein paar Ausnahmen.«
»Und?«
»Sie entläßt sie in die DDR, zur Wiedereingliederung in den Produktionsprozeß.«
»Also Stop des Freikaufs, Brigitte?«
»Ja, so wie du vermutet hattest.«
»Die DDR verweist auf den Bruch der Bedingungen, das publizistische Schweigen sei nicht mehr gewahrt?«
»Ja, die bundesrepublikanische Presse hat den schwarzen Peter zugeschoben bekommen.«
»Was wurde aus Nico Hübner?«
»In die Bundesrepublik abgeschoben. Mleczkowski hat es verstanden, *einen* Menschen aus der DDR in die Bundesrepublik zu holen, aber damit hat er die Freiheit aller anderen blockiert. Fürwahr, ein Verteidiger der Menschenrechte!«
»Ab heute wärst du todunglücklich, wenn du mit Mleczkowski zusammengearbeitet hättest.«
»Ab heute bin ich todunglücklich, denn wir haben Mleczkowski zu verdanken, daß Klaus Klump amnestiert und in die DDR entlassen werden wird. Danke, daß du mich beizeiten vor Mleczkowski gewarnt

hast, solange ich deinen Rat habe, Botschafter, werde ich wohl nicht irre gehen.«

»Solange du meinen Rat annimmst...«

»Botschafter, noch etwas. Mleczkowski hat Hübner zweimal zu seinem Opfer gemacht. Zuerst hat er ihn der Willkür des DDR-Staatsapparates ausgeliefert mit Widerstandstexten – die er der bundesdeutschen Presse übergab als Originale von Nico Hübner[25] – dazu einem Foto von Nico, dem Kind, das um seine Menschenrechte kämpft. Selbst Carter hat das gerührt. Und jetzt läßt Mleczkowski den wehrlosen Hübner in einer Dissidenten-Show von der Presse schlachten, gegen hohe Honorare.

Nach siebzehn Monaten Haft steht hier vor den verblüfften Reportern ein gestandenes Mannsbild mit Ehefrau und dreijährigem Sohn an der Hand. Wo ist Nico, das Kind?

Wo ist Nico, der Philosoph?

In seinen Worten ist er nicht zu finden, aber im Text, den ihm Mleczkowski zuschiebt zum Ablesen.«

»Ist nur Nico Hübner in die Bundesrepublik entlassen worden?«

»Es gab gleichzeitig noch eine zweite Presse-Kampagne für Rudolf Bahro, der ein systemkritisches Buch geschrieben hat, ›Die Alternative‹, eine Gesellschaftsanalyse. Bahro ist auch frei.«

»Selbstgeschrieben?«

»Selbstgedacht, selbstgeschrieben. Urteil acht Jahre Freiheitsstrafe.«

»Wenn ich dich richtig verstehe, Brigitte, bedeutet Bahros Verurteilung das Verbot der Gesellschaftsanalyse des real existierenden Sozialismus?«

»Ja.«

»Sozialismus ist nicht möglich ohne Demokratie. Die Bekämpfung abweichender Ideen sollte nicht Sache der Polizei sein, sondern der offenen politischen Auseinandersetzung.«

»Ja, so sollte es sein, Botschafter.«

»Was nun?«

»Wir sind alle traurig. Jeder, der seinen Gefangenen nicht aus der DDR herausbekommen wird.«

»Du meinst, es tröstet dich, daß *alle* traurig sind?«

»Ja, ein bißchen.«

»O Brigitte, Brigitte, das ist... der Trost der Dummen.«

*

»Frankfurter Allgemeine Zeitung«:
»Ende September hat der Staatsrat der DDR eine Amnestie aus Anlaß des dreißigsten Jahrestages der Gründung der DDR beschlossen. Die Entlassungen begannen am 10. Oktober. Sie sollen bis zum 14. Dezember abgeschlossen sein. Am 9. Oktober ist der letzte Transport mit Häftlingen in der Bundesrepublik eingetroffen, deren Entlassung aus DDR-Haft durch ›besondere Maßnahmen gesamtdeutschen Charakters‹ der Bundesregierung bewirkt wurden. Im Klartext: die von der Bundesregierung freigekauft wurden. Seit einigen Tagen gibt es Gerüchte, die von der Bundesregierung ›sehr ernst genommen‹ werden, die DDR wolle die Freilassung von Häftlingen gegen ›Entschädigungszahlungen‹ aus Bonn einstellen. Als Begründung heißt es in den Gerüchten, diese Form des Menschenhandels schade dem Ruf der DDR – die ja jetzt immerhin Mitglied des Sicherheitsrates der Vereinten Nationen geworden ist...
Von der jetzigen Amnestie sind nach amtlichen Ostberliner Angaben zwanzigtausend bis fünfundzwanzigtausend Häftlinge betroffen. Bemerkenswert aber ist, daß bisher kein amnestierter DDR-Bürger in den Westen abgeschoben wurde. Insgesamt kamen bisher überhaupt nur zwei: Bahro und Hübner, und auch die waren zunächst in die DDR entlassen worden...
Amnestierte werden offenkundig nicht mehr sofort in den Westen abgeschoben, sondern in die DDR entlassen. Nach der Entlassung können sie Anträge auf Übersiedlung in den Westen stellen. Doch ob – wenn ja, wann – solchen Anträgen stattgegeben wird, ist offen. Vermutlich will die DDR der in der DDR sich ausbreitenden Auffassung entgegenwirken, man müsse nur, wenn man in den Westen wolle, irgendeine ›Straftat‹ begehen, die nicht allzu streng bestraft wird – etwa sich bei Fluchtvorbereitungen erwischen lassen –, dann eine kurze Haftstrafe absitzen, um schließlich in den Westen abgeschoben zu werden. Zu Bemühungen, diesen ›Fluchtweg‹ zu verstopfen, passen die Gerüchte, die DDR wolle auch die Möglichkeit des Häftlingsfreikaufs beenden. Viele Fluchtwillige, die in der DDR straffällig werden, spekulieren darauf, in absehbarer Zeit freigekauft zu werden. Solchen Spekulationen soll offenbar ein Riegel vorgeschoben werden...
Rechtsanwalt Vogel, der seit 1963 als Bevollmächtigter der DDR mit dem Häftlingsfreikauf zu tun hat, gegenüber der West-Berliner Zeitung ›Der Abend‹: ›Ich sehe in dieser Hinsicht ganz schwarze Wolken aufziehen, nachdem es Mode geworden ist, echte Hilfe zu Material für den Skandal- und Klatschmarkt zu erniedrigen.

Seit dem Mauerbau haben sich alle Bundesregierungen darum bemüht, politischen Gefangenen in der DDR die Entlassung in den Westen zu ermöglichen. Für rund eine Milliarde Mark sind bisher etwa sechzehntausendvierhundert Personen freigekauft worden...
Bisher ist für jeden Freigekauften ein individueller Preis vereinbart worden, der sich – von der DDR als ›Entschädigung‹ betrachtet – jeweils nach dem Grad der beruflichen Spezialisierung und den Aufwendungen für die Ausbildung des Betreffenden richtet. Schon vor Jahren ist erwogen worden, dieses ›Geschäft‹ dadurch zu entpersönlichen, daß Bonn jährlich eine bestimmte Pauschale an die DDR zahlt, woraufhin diese im Laufe eines Jahres eine bestimmte Anzahl von Häftlingen in den Westen entlassen sollte. Auf diese Weise wollte man dem Vorwurf des ›Menschenhandels‹ des Schacherns um einzelne Individuen entgehen.‹«[26]

Hecki schiebt den Artikel, den ich auf seinen Schreibtisch lege, zur Seite.
»Du hast einen Piloten als Mann, vergiß das nicht. Wenn sie uns den Klaus nicht freiwillig geben, werde ich mich unter Radar hindurchmogeln und die ganze Familie einladen.«
»Gibt's denn keinen anderen Weg, ohne persönliche Gefahr?«
»Ich versteh' sowieso den ganzen Zirkus nicht.
Jetzt, nach den Konferenzen von Helsinki und Belgrad sowie dem Beitritt beider deutscher Staaten in die Vereinten Nationen, gibt es doch Plattformen für Gespräche zwischen den Staatenvertretern. Menschenhandel ist überholt. Die DDR nennt sich demokratische Republik, sie sollte endlich Gelegenheit bekommen, den Beweis anzutreten.«

★

Götz und ein Freund von ihm, Ulrich, sitzen mit mir gemütlich am Frühstückstisch in Rohrbach. Wir reden über Krebs.
»Sie meinen, Krebs entsteht, wenn der Mensch resigniert?«
»Ja, Ulrich, aber wer wagt, den Menschen zu sagen: du selbst bist schuld an deinem Krebs. Du hast dich in die Situation gebracht, Krebs zu bekommen. Du hast gegen das Gesetz der Liebe verstoßen.«
»Babies haben manchmal auch schon Krebs, Mami.«
»Da sind Vater oder Mutter schuld. Sie haben ihrem Baby die eigene Disposition in die Wiege gelegt, die eigene genetische Schädigung, gegen die ihr Körper noch kämpft.«

»Aber woher kommt die Disposition?«
»Vom Mißbrauch ihres freien Willens. Von der Resignation. Resignation ist Absage an den Willen, ist schuldig werden an sich selbst oder am Nächsten, anstatt zu hoffen, daß die Zeit die Lösung bringt, denn jede Lösung liegt in der Zeit. Jeder Zugriff vor der Zeit verstößt gegen das genetische Programm, macht es kaputt.«
»Erklären Sie mir das Programm, Frau Heckmann?«
»Der Mensch ist auf Zeit programmiert. Was heute nicht gelingt, gelingt mühelos zu einem anderen Zeitpunkt. Die Hoffnung muß bleiben, daß die Zeit die Lösung bringt. Wer glaubt, keine Zeit mehr zu haben, kann *nur* im Augenblick gewinnen. Aber eines Tages sieht er, daß die Zeit die Lösung präsentiert. Er hat zu früh gehandelt, ist schuldig geworden. Der Krebs schlägt zu. Bei passiven Menschen, die verzichten, und bei aktiven, die zu früh starten. Ihr eigener Körper zählt die Opfer, die sie überrollt haben, nur das Ziel vor Augen, nicht den Weg.«
»Mami, du meinst, die Schulderkenntnis geht voraus?«
»Nicht unbedingt. Menschen, die fähig sind zu handeln, sind auch fähig zu erkennen. Aber wenn sie sich gegen die Erkenntnis sperren... ihre Seele registriert jeden Verstoß gegen ihr Programm. Seele, das meine ich nicht als Mystifikation, sondern als genetischen Code des Menschen, programmiert auf Zeit.«
»Alles ist Chemie.«
»Alles ist Chemie und Physik, Ulrich. Die Kräfte, die auf uns einwirken, sind physikalischer Art. Verhaltensweisen sind solche Kräfte. Druck führt zu biochemischen Reaktionen in den Zellen, zu Einschreibungen im genetischen Programm. Die Zelle wird förmlich aufgeknackt für den Krebs. Und dann bringt dich die tägliche Zigarette um, oder dein Bier.«
»Mut verloren, alles verloren?«
»Nein, den Mut darfst du verlieren, hundertmal. Du mußt ihn nur wiederfinden. Nie resignieren! Das Leben ist eine Welle, mal bist du oben, mal unten. Aber wer unten sitzt im Tal und nicht mit dem Wellenberg wieder nach oben schwimmen will, der ertrinkt. Resultat: Selbstmord oder Zerstörung des Körpers auf lange Sicht durch Krebs. Krebs ist die Antwort des Körpers auf einen Verstoß gegen das Gesetz der Liebe. Liebe dich und deinen Nächsten, und du wirst den Krebs besiegen können.«
»Nochmals zur Zeit, das scheint mir doch ein Problem zu sein. Es ist wohl sehr schwierig herauszufinden, wann die richtige Zeit ist?«

»Sie ist richtig, wenn dir die Umstände entgegenkommen.«
»Dann ist das Glück, Mami.«
»Glück ist eine Frage der Wahl des richtigen Zeitpunkts.«
»Und... wie findet man den richtigen Zeitpunkt?«
»Tja... man muß immer mal probieren.«
»Nicht warten?«
»Nein. Nicht aufgeben, aufschieben. Nicht dasitzen und hoffen, daß das Glück dir in den Schoß fällt. Geh dem Glück entgegen. Von nichts kommt nichts.«

★

Im Traum steht mein Botschafter vor mir und sagt:
»Demut, Brigitte, Demut.«
Immer wieder diesen Satz.
Das Wort Demut ist mir so fremd, daß ich es nicht einmal zu schreiben weiß. Als ich den Rat des Botschafters schlaftrunken notiere, schreibe ich Demuth mit »th«.
Mir ist das Wort verächtlich. Was soll ich damit? Im Wörterbuch finde ich Demuth mit »th« geschrieben, althochdeutsch. Damals hatte es den Inhalt: Dienstwilligkeit, Unterwerfung.

In der Bibel finde ich, was ich suche.
Philipper 2,2–4:
Nichts geschehe aus Eigensucht oder eitlem Begehren; sondern in Demut achte der eine den anderen höher als sich selbst. Und nicht auf das Seine nur blicke ein jeder, sondern auch auf das Wohl des anderen.

★

»Botschafter, die ganze Zeit jammere ich um Klaus. Und Tausende jammern, jeder für sich, um Klaus, um Sabine, um Christoph, um Margret. Tausende jammern, jeder für sich, im stillen Kämmerlein.«
»Und?«
»Du bist doch eine Schallwand. Aber jetzt hast du den Schall des Jammers auf mich gelenkt. Jetzt hat mich der Schall getroffen.«

Der Botschafter schenkt mir seine Madonna, sein Bild.
»Sie wird dich beschützen, sie ist deine beste Freundin.«
»Meine beste Freundin... ein Bild?«

»Es ist eine wundertätige Madonna. Wenn du nicht weiter weißt, meine Madonna hilft.«
»Botschafter, erklär mir das Gesetz der Zeit.«
»Das Gesetz der Zeit ist ein Gesetz der Bewegung, der Wandlung. Denk an den Jahresablauf, nach dem Winter folgt der Frühling. Das Gesetz der Zeit ist ein Gesetz der organischen Welt, ist Geburt und Tod, ist Heil und Unheil. Dein freier Wille entscheidet deinen Weg. Du hast die Freiheit zu wählen, bevor du handelst.«
»Aber man weiß nicht vorher das Ergebnis, man hofft nur auf den guten Ausgang.«
»Die Hoffnung bewirkt den Mut zur Tat. Wenn du mit der Zeit in Übereinstimmung bist, dann gewinnst du, denn dann ist das Glück auf deiner Seite. Aber denk an das Gesetz der Bewegung, denk an die Wandlungen. Behüte das Gute, damit es bleibt.«
»Das Gesetz der Zeit ist ein Gesetz der organischen Welt? In der anorganischen Welt, was wirkt da?«
»Auf dem Bild meiner Madonna siehst du es, die Zeichen sind Zeiten, und die Zeiten sind Zahlen. In der anorganischen Welt wirkt das Gesetz der Zahl.«
»Erklärst du mir das?«
»Unsere organische Welt ist eine Welt von Nachbildern, Abbildern von Zahlen. Kein bleibendes Abbild, ein vergehendes, nicht der Zahl selbst, sondern der Nachbilder, der immer wieder verworfenen, immer wieder neuen Abbilder.«
»Kein Abbild, das bleibt?«
»Im Buch des Lebens sind bleibende Abbilder eingetragen, Namen, unvergänglich, wie Zahlen. Nenne... Symbole der Liebe.«
»Jesus, Maria.«
»Nenne Wissens- und Wahrheitserkenner.«
»Plato. Menschen wie Einstein...«
»Vergiß nicht Mohammed und Zarathustra, Laotse, Buddha...«
»... Nietzsches Zarathustra? Aber das ist doch eine Kunstfigur.«
»Ich meine den westpersischen Propheten Zarathustra, 600 vor Christus. Nietzsche hat von dem großen Moralisten nur den Namen ausgeborgt. Du siehst daran, es gibt Namen, unvergänglich wie die Zahl, durch Raum und Zeit nicht eingeschränkt. Aber die Weisheit der Jahrtausende ist in einem Buch versammelt...«
»... der Bibel!«
»... dem Buch der Wandlungen, I Ging genannt.«[27]
»Der Verfasser?«

»Man sagt, vier Heilige. Vor mehr als sechstausend Jahren schrieb eine mythische Person, Fu-hsi genannt, acht Urzeichen nieder, mythische Zeichen. Fu-hsi wird die Erfindung der Schrift zugeschrieben.«

»Wann war das?«

»4480–4365 vor Christus. König Wen ergänzte die Urzeichen auf vierundsechzig Zeichen, mit kurzen Urteilen. Sein Sohn, der Herzog von Dschou, erklärte die Zeichen mit Texten. Kungtse...«

»Wer ist das?«

»Konfuzius fügte später seine Kommentare hinzu. Es wurde zum Lehrbuch der Staats- und Lebensweisheit. Es ist das Weisheitsbuch der Welt.«[28]

IV. Das Buch der Entschlossenheit

März 1980

Mein »Rotes Kloster« soll im Goldmann-Verlag als Taschenbuch erscheinen. Der Verleger ruft an, ob ich meinen Lesern in einem Vorwort meinen heutigen politischen Standpunkt darlegen möchte.
Beim Formulieren des Vorworts lasse ich mich aus dem Handgelenk auf eine juristische Erörterung ein, aber ich bin kein Jurist. Werden meine Überlegungen von Völkerrechtlern verspottet werden?
Die Probe aufs Exempel mache ich in der Bayerischen Akademie der Wissenschaften. Im exklusiven Kreis der Gesellschaft für Auslandskunde frage ich den referierenden Gast, Prof. Dr. Rudolf Bindschedler, Völkerrechtler, Botschafter der Schweiz, zum Thema »Der Schutz der Menschenrechte und das Verbot der Einmischung«:
»Exzellenz. Die DDR hatte bei der Gründung im Jahre 1949 siebzehn Millionen Einwohner. Die etwa zwei Millionen Mitglieder der SED haben, bis zum Bau der Mauer 1961, mit Zwangsmaßnahmen 2,6 Millionen Menschen aus der DDR vertrieben.
Wäre millionenfacher Bruch der Rechte der Person nicht zwingend gewesen – für die Vereinten Nationen –, das Politbüro der SED vor der Weltöffentlichkeit anzuklagen wegen Bruchs der Menschenrechte? Hätte die Bundesrepublik nicht die DDR verklagen müssen wegen Bruchs des Völkerrechts?«
Bindschedler antwortet präzis: »Ich bin Gast hier auf deutschem Boden. Aber hätten Sie mich nach Kambodscha gefragt, ich hätte JA gesagt.«
»Kein Volk kann auf Hilfe von außen hoffen? Ein Volk kann sich nur selber helfen?«
»Ja.«
Das Publikum klatscht beeindruckt, endlich mal ein Diplomat, der Klartext spricht.
»Wenn in einem Staat eine derart unerträgliche Unterdrückung herrscht, daß es zu Massenauswanderungen und Massenfluchten kommt, so sind die Nachbarn und andere Staaten zur Aufnahme und zur Betreuung der Auswanderer und Flüchtlinge gezwungen. Damit wird in ihre Interessen, ja sogar in ihre Rechte eingegriffen. Den Aufnahmestaaten werden gegen ihren Willen Lasten überbunden und

ihre Handlungsfreiheit eingeschränkt. Würden sie ihre Grenzen sperren oder einfach nichts tun, so würden sie ihrerseits die Menschenrechte verletzen. In diesem Sinne macht sich der Verursacher durch seine Zwangsmaßnahmen einer völkerrechtlichen Intervention schuldig; er übt Zwang auf andere Staaten aus. Ferner ist jeder Staat völkerrechtlich dafür verantwortlich, daß die Zustände in seinem Herrschaftsbereich anderen Staaten nicht Schaden zufügen; er hat entsprechende Vorkehrungen zu treffen, um das zu verhindern (vor allem auch gemäß dem völkerrechtlichen Nachbarrecht). Der Unterdrücker verletzt das Völkerrecht zweifach. Sein Vorgehen berechtigt die Verletzten zu Gegenmaßnahmen, zu völkerrechtsmäßigen Interventionen. So ist der Schutz der Menschenrechte unbestrittenermaßen zu einem Bestandteil des Völkerrechts geworden, in diesem Sinne gehören die Menschenrechte nicht mehr zu den Angelegenheiten, die in die ausschließliche Zuständigkeit der Staaten fallen... Deshalb liegt keine verbotene Intervention vor, wenn ein Staat bei einem anderen vorstellig wird zwecks Wahrung des Grundsatzes und der Einhaltung des völkerrechtlichen Minimalstandards. Das gleiche gilt für Vorhaltungen bei Verletzungen einzelner und besonderer völkerrechtlicher Verpflichtungen.«[29]

★

»Hallooo?«
»Hallo, Brigitte. Sag mal, du bist doch in Pommern geboren?«
»Ja.«
»Dann warst du schon einmal Opfer der Politik und Politiker.«
»Opfer von Hitler. Sein Krieg hat uns zur Flucht gezwungen, zur Aufgabe der Heimat.«
»Wann war das?«
»Im Januar 1945. Die Vertreibung der Deutschen...«
»Die Vertreibung *aller* Deutschen, Brigitte.«
»... war das Ergebnis der Konferenzen von Jalta und Potsdam. Das war eine Strafaktion für das Elend, das Hitler mit dem Krieg über die Welt gebracht hatte. Das war die kollektive Bestrafung der Deutschen.«
»Ihr konntet nicht auf Mitleid oder Gnade rechnen, Brigitte, schuldig oder unschuldig, ihr hattet keine Rechte. Aber die Konferenz von Potsdam hatte sich auf eine geregelte und humane Umsiedlung geeinigt, so lautete die Übereinkunft der Alliierten.«

»Geregelt und human? Das soll wohl ein Witz sein? Es war eine erbarmungslose Vertreibung. Ein ganzes Jahr nach unserer Flucht konnte ich nicht sprechen, nur bitte und danke, sonst kein Wort. Damals wurde ich kurzsichtig, von einem Tag auf den anderen.«
»Hatte man dir etwas angetan?«
»Ich konnte nicht ertragen, was ich sah.«
»Hältst du die Zwangsumsiedlung von Millionen Menschen für eine vertretbare Lösung bei internationalen Konflikten?«
»Nein. Es gibt nur noch eine niederträchtigere... den Gasofen Hitlers.«
»Hältst du die Vertreibung für eine schwere Schuld, begangen am Einzelnen?«
»Ja.«
»Dann stimmst du mit dem Völkerrechtler de Zayas überein.[30] Er weist nach, daß die Vertreibung von fünfzehn Millionen Deutschen im Zeitraum '45 bis '48, also *nach* dem Krieg, zwei Millionen Menschenleben kostete.«
»Zwei Millionen... dann war das ja Völkermord, Botschafter.«
»Ja.«
»Völkermord der Alliierten?«[31]
»Ja.«
»Mit dem Potsdamer Abkommen besiegelt?«
»Es gibt kein Potsdamer Abkommen, das ist juristisch falsch formuliert. Das Ergebnis der Potsdamer Konferenz war eine internationale Übereinkunft, die Umsiedlung der Deutschen geregelt und human zu lösen. Stalin selbst täuschte seine gutgläubigen Verbündeten mit millionenfach falschen Zahlen.«
»Botschafter, wie grauenvoll. Da waren die Alliierten in den Krieg gezogen, um die Verbrechen des Nazi-Regimes zu beenden, und, im Ergebnis von Potsdam, haben sie sich dann selbst in Verbrechen gegen die Menschlichkeit verstrickt?«
»So ist es.«
»Botschafter, die Zeit hat einen Teil der Schuld verwandelt. Jeder deutsche Bürger, der heute in keinem Ostblockland mehr leben muß, ist glücklich, in einem demokratischen Land leben zu dürfen, das seine Rechte schützt.
Damals, als das Massaker der Vertreibung lief, ahnte niemand etwas von einem demokratischen Land Bundesrepublik. Heute beneiden die zurückgebliebenen Deutschen in Rumänien, Polen und anderswo ihre Brüder und Schwestern im Westen. Die Entwicklung der Bundesre-

publik Deutschland zu einem demokratischen Staat hat zum größten Teil das Unrecht der Alliierten am Einzelnen getilgt.«

»De Zayas verlangt, daß die deutschen Erfahrungen Grundlage zur Überprüfung der internationalen Politik werden sollten, als Fallstudie, und zur Warnung vor künftigen Vertreibungen.«

»Ein glänzender Vorschlag! Aber für die Menschen, die heute leiden, zu spät. Millionenfache Flüchtlingsströme überfluten die Welt. Auslöser ist menschenverachtende Politik, Auslöser sind menschenverachtende Politiker. Man müßte den Verursachern von Massenfluchten und Massenvertreibungen unverzüglich in die Zügel fallen können. Sie gehören vor ein Tribunal der Welt, wie die Verbrecher des Dritten Reiches vor den Nürnberger Gerichtshof.«

»Tribunal der Welt? Was ist das?«

»Ein Tribunal... der UNO.«

»Gratuliere dir! Das Wort UNO war wirklich eine schwere Geburt für dich.«

»Vielleicht ist es eine... Totgeburt?«

»Dann will ich dir mal etwas verraten... das Kind lebt.«

*

Am 20. März '80 nehme ich meinen ganzen Mut zusammen und schreibe an den Außenminister und Vizekanzler der Bundesrepublik:

> Sehr geehrter Herr Genscher,
> ich wende mich an Sie als Vizekanzler mit meinem Vorwort zur Taschenbuchausgabe... das so etwas wie ein Arbeitspapier sein sollte. Es müßte doch möglich sein, zu erreichen, daß bei den Vereinten Nationen ein Gerichtshof installiert wird, im Sinne des ›Nürnberger Gerichts‹, weil es mir notwendig erscheint, daß Verbrechen gegen die Menschenrechte vor der Weltöffentlichkeit im Einzelfall und namentlich dargestellt und beurteilt werden. Wenn man schon an den Machtverhältnissen nicht rütteln kann, müßte man wenigstens Einzelpersonen in die Zügel fallen können, die ihre Macht mißbrauchen.
>
> Bedenken Sie die Veränderung der Welt: Vor dreihundert Jahren wurden insgesamt zweihundertfünfzigtausend Hugenotten aus Frankreich vertrieben. Davon spricht heute noch die Welt mit Mitgefühl. In jüngster Zeit wurden aus der DDR drei Millionen Einwohner vertrieben – keiner spricht davon.

Aber Sie, Herr Genscher, haben von solch einem Gerichtshof schon gesprochen, vor längerer Zeit, aber nun höre ich nichts mehr. Niemals habe ich einen Politiker von einer besseren Sache sprechen hören, und Sie sind Politiker mit Regierungsverantwortung, Sie könnten es durchsetzen.
Mit freundlichen Grüßen...

Am 31. März bekomme ich zwei Schreiben.
Ein empörtes aus dem Ministerium für innerdeutsche Beziehungen, und ein Schreiben aus dem Auswärtigen Amt.
Das Ministerium für innerdeutsche Beziehungen:

Sehr geehrte Frau Klump-Heckmann,
ich habe erfahren, daß Sie für Herrn Klaus Klump eine Publizitätskampagne planen, da nach Ihrer Einschätzung sich in der Übersiedlungsangelegenheit nichts tun solle.
... Vor der beabsichtigten Publizitätskampagne muß ich ganz eindringlich warnen. Ich muß darauf hinweisen, daß jede öffentliche Behandlung von Einzelfällen die Chance für eine positive Regelung praktisch zerstört.

»Hecki, unglaublich, welche Unterstellung. Plane ich eine Publizitätskampagne? Ich habe ein Vorwort geschrieben, weiter nichts, und Herrn Genscher zu lesen gegeben.«
»Herrn Genscher und einigen Völkerrechtlern.«
»Ja, aber ich plane doch gar keine Kampagne.«
»Ist doch deren Bier, wenn sie das annehmen.«
»Soll ich darauf überhaupt antworten?«
»Lächerlich, seit wann dementierst du Gerüchte?«

Das Auswärtige Amt:

Sehr geehrte Frau Klump,
in Ihrem Schreiben an den Herrn Bundesminister des Auswärtigen vom 20. 3. 1980 sprechen Sie sich für die Einsetzung eines Gerichtshofes für Menschenrechte aus. Die Schaffung eines internationalen Menschenrechtsgerichtshofes ist in der Vergangenheit wiederholt, insbesondere in der Menschenrechtskommission der Vereinten Nationen, angesprochen worden. Da die notwendige Staatenmehrheit dafür jedoch nicht erreichbar war, ist die Diskus-

sion nie in einen konkreten, abstimmungsfähigen Vorschlag eingemündet.

Es bleibt jedoch weiterhin Ziel der Bundesregierung, menschenrechtliche Institutionen – auch auf der Ebene der Vereinten Nationen – zu verstärken. Initiativen in dieser Richtung werden von ihr gefördert, wie zum Beispiel die Einsetzung eines Hochkommissars für Menschenrechte, eventuell als erster Schritt mit Blick auf das langfristige Ziel, die Schaffung eines Gerichtshofes für Menschenrechte. Bei allen Bemühungen um eine Verbesserung des internationalen Menschenrechtsschutzes dürfen die gegenwärtigen Mehrheitsverhältnisse in den Vereinten Nationen, insbesondere in dem für diese Fragen berufenen Organ der Menschenrechtskommission, jedoch nicht außer acht gelassen werden.

»Hecki, mich interessiert nicht die Vergangenheit. Wenn in der Vergangenheit nicht die notwendige Staatenmehrheit erreicht worden ist, sagt das nichts über die Zukunft aus. Ob im Auswärtigen Amt das Desaster von Afghanistan noch nicht meinungsbildend eingeschlagen ist, was meinst du?«

»Ich meine, du hast eine sehr höfliche Antwort auf deine kurze Briefkarte bekommen, Brigitte.«

»Tja... das ist auch wahr. Schreibe ich eben noch einmal.«

»Aber die Antwort vom Ministerium ist nicht korrekt. Du planst ja gar keine Publizitätskampagne. Und was soll dieser Satz: *Ich muß darauf hinweisen, daß jede öffentliche Behandlung von Einzelfällen die Chance für eine positive Lösung praktisch zerstört.* Die öffentliche Behandlung der Einzelfälle Bahro und Hübner führte soeben zu einer positiven Regelung ausschließlich der Fälle Bahro und Hübner.

Korrekt hätte der Satz höchstens lauten dürfen: Die öffentliche Behandlung von Einzelfällen könnte möglicherweise die Chance der Regelung aller anderen Fälle zerstören.«

»Hecki, der Satz, so wie er dasteht, der könnte einen das Fürchten lehren. Eine Veröffentlichung, meine Liebe, und sie haben keine Chance mehr, Ihren Klaus aus der DDR herauszubekommen. Da fürchtet sich doch jeder, die Presse um Hilfe zu bitten.«

»Brigitte, dieser Brief wird eine Überreaktion sein, auf ein Gerücht hin. Am besten, du kümmerst dich nicht weiter um ihn.«

Ein paar Tage später ein Brief von meinem Bruder, deprimiert. Ihm sei bei einer erneuten Aussprache im Rat des Kreises definitiv mitgeteilt worden, daß einem Ersuchen auf Familienzusammenführung nicht stattgegeben werde. Klaus' weiteres Beharren auf Ausreise aus der DDR würde nichts weiter bewirken, als seine Zukunftschancen in der DDR und seine berufliche Entwicklung zunichte zu machen. Nach langem Nachdenken fasse ich einen einsamen Entschluß und schicke eine Petition an Herrn Genscher mit einer Kopie an Rüdiger Freiherr von Wechmar, dem Ständigen Vertreter der Bundesrepublik Deutschland bei den Vereinten Nationen, New York, und eine Kopie an Claus Bölling, Staatssekretär im Bundespresseamt.

1. Mai 1980

Bittschrift

Sehr geehrter Herr Genscher,
erlauben Sie mir, Ihnen meine Bitte vorzutragen, auf dem Wege einer gerichtlichen Entscheidung vor dem Internationalen Gerichtshof der Vereinten Nationen, die Übergriffe des Ministeriums für Staatssicherheit der DDR gegen Mitglieder der Familie Klump seit nunmehr 23 Jahren zu beenden.

Ich berufe mich auf Art. I,3 der UN-Charta	»eine internationale Zusammenarbeit herbeizuführen, um internationale Probleme... humanitärer Art zu lösen und die Achtung vor den Menschenrechten und Grundfreiheiten für alle... zu fördern und zu festigen.«
und auf Art. 33,1 der UN-Charta	»Die Parteien einer Streitigkeit, deren Fortdauer geeignet ist, die Wahrnehmung des Weltfriedens zu gefährden, bemühen sich zunächst um eine Beilegung durch Verhandlung, Untersuchung... gerichtliche Entscheidung.«

Begründung
Ich bitte die Regierung der Bundesrepublik Deutschland, zu prüfen, ob meine Bittschrift die Möglichkeit eröffnet, den Minister für Staatssicherheit der DDR, Erich Mielke, seit 23 Jahren im Amt, mit

meinen Vorhaltungen zu konfrontieren – vor einem Internationalen Gerichtshof für Menschenrechte. In Wahrnehmung der Angelegenheiten von Klaus Klump (20), meinem Neffen, und meiner eigenen Angelegenheiten als ehemaliger Bürger der DDR, seit 23 Jahren in der Bundesrepublik Deutschland ansässig.
Laut Verfassung der DDR, Art. 91, ist mein Fluchtgrund, dargestellt in meinem Buch »Das rote Kloster, eine deutsche Erziehung«, Hoffmann und Campe 1978, *nicht verjährt.*

Wortlaut des Art. 91, Verfassung der DDR

»Die allgemein anerkannten Normen des Völkerrechts über die Bestrafung von Verbrechen... gegen die Menschlichkeit... sind unmittelbar geltendes Recht. Verbrechen dieser Art unterliegen nicht der Verjährung.«

Im Zusammenhang mit dem Art. 91, Verfassung der DDR, weise ich darauf hin, daß der Fall Klaus Klump und mein Fall nur zwei namentlich aufgeführte Fälle sind im Rahmen langandauernder Verbrechen gegen die Menschlichkeit auf dem Boden der deutschen Nation, Teilgebiet DDR, ausgeführt von Mitarbeitern des Ministeriums für Staatssicherheit, unter der Federführung von Erich Mielke, Minister im Amt seit 1957 und Mitglied des Politbüros des ZK der SED seit 1976. Seit 1980 Armeegeneral.
Ich gebe zu bedenken: Die DDR hatte bei der Gründung im Jahr 1949 17 Millionen Einwohner. Die etwa 2 Millionen Mitglieder der SED – von denen jeder einzelne namentlich und unterschriftlich die Zusammenarbeit mit dem Ministerium für Staatssicherheit akzeptiert hat – haben bis zum Bau der Mauer im Jahr 1961 mit Zwangsmaßnahmen 2,6 Millionen Menschen aus der DDR vertrieben.
Sensibilisiert durch meine eigenen Erfahrungen und in Kenntnis der Zwangsmaßnahmen gegen Klaus Klump, Bürger der DDR, bitte ich, die Übergriffe des Ministeriums für Staatssicherheit vor der Weltöffentlichkeit namentlich und im Einzelfall gerichtlich zu beurteilen.
Mir erscheint es zwingend notwendig, Personen, die Macht ausüben, mit ihrem Verhalten zu konfrontieren, *während* sie amtieren, und nicht erst Jahre später, wenn durch Kriegseinwirkungen oder revolutionäre Veränderungen Bedingungen geschaffen wer-

den, die nachträgliche Anklagen – wie im Falle des Nürnberger Gerichts gegen die Verbrecher des nationalsozialistischen Regimes – möglich machen.
Ich spreche ausdrücklich von revolutionären Veränderungen. Machtmißbrauch impliziert Volkserhebungen. Und Volkserhebungen gefährden den Weltfrieden – zumal an den empfindlichen Nahtstellen von Machtblöcken.

Im Zusammenhang mit meiner Bitte verweise ich zusätzlich auf die Vereinbarungen von Korb I der Schlußakte der Konferenz über Sicherheit und Zusammenarbeit (KSZE) von Helsinki.

In Korb I, Abschnitt VII über die Achtung der Menschenrechte und Grundfreiheiten, einschließlich der Gedanken-, Gewissens-, Religions- oder Überzeugungsfreiheit heißt es:
»Die Teilnehmerstaaten werden die wirksame Ausübung der zivilen, politischen, wirtschaftlichen, sozialen, kulturellen sowie die anderen Rechte und Freiheiten, die sich alle aus der dem Menschen innewohnenden Würde ergeben und für seine freie und volle Entfaltung wesentlich sind, fördern und ermutigen. In diesem Rahmen werden die Teilnehmerstaaten die Freiheit des Individuums anerkennen und achten, sich allein ... zu ... einer Überzeugung in Übereinstimmung mit dem, was sein Gewissen ihm gebietet, zu bekennen und sie auszuüben.«

In Korb I heißt es auch unter Punkt VI:
»Die Teilnehmerstaaten werden sich ... jeder direkten oder indirekten, individuellen oder kollektiven

> Einmischung in die inneren oder äußeren Angelegenheiten enthalten, die in die innerstaatliche Zuständigkeit eines anderen Teilnehmerstaates fallen.«

Klaus Klump und ich sind Mitglieder einer Familie. Wir sind in einem Zeitraum von dreiundzwanzig Jahren zweimal existenz- und lebensbedrohlich beschädigt worden von Mitgliedern des Ministeriums für Staatssicherheit. – Die inneren Angelegenheiten der DDR, in die ich mich einzumischen scheine, sind also seit dreiundzwanzig Jahren Angelegenheit der Familie Klump, und im großen Maßstab – ablesbar an den Fluchtberichten und Zahlen der Flüchtlinge aus der DDR – Angelegenheiten der deutschen Nation.
Ich befolge mit der Vorlage dieser Bittschrift den Rat von Helene Weigel, Bertolt Brechts Frau, mich mit gerichtlichen Mitteln gegen die Beschädigungen der Rechte der Person durch das Ministerium für Staatssicherheit zu wehren.
Da nach meiner Kenntnis der Sachlage vor keinem Gericht der DDR Anklage erhoben werden könnte gegen die fortwährenden Verletzungen der Menschenrechte durch das Ministerium für Staatssicherheit und den amtierenden Minister Erich Mielke, bleibt nur das Forum eines internationalen Gerichtshofs für Menschenrechte, zur Wiederherstellung der verbrieften Rechte der Person.

Brigitte Klump

Zur Vorgeschichte des Falles:

Klaus Klump wurde schon als Schüler vom Schriftstellerverband der DDR als hoffnungsvolles Nachwuchstalent gefördert. Er besuchte während seiner Oberschulzeit Kurse und Seminare der Nachwuchsförderung des Schriftstellerverbandes und dachte ernsthaft darüber nach, aus seiner Begabung einen Beruf zu machen.
Aber eins wollte er nicht, an der Sektion Journalistik der Karl-Marx-Universität Leipzig Diplom-Journalist werden. Er lehnte den Vorschlag ab, sich an dieses Institut delegieren zu lassen, im Volksmund genannt Rotes Kloster. Er wollte aus *eigenem Entschluß* kein Journalist werden, der, nach der marxistisch-leninistischen Pressetheorie,

gültig für die DDR, kollektiver Agitator, Propagandist und Organisator zu sein hat, Sprachrohr der Partei...
Auf der Hauptverhandlung befragt: »Warum wollten Sie bei uns nicht Journalistik studieren?« antwortete Klaus: »Drei Seiten Planerfüllung, die selbstverständlich sein sollte, eine Seite schwache Information zu internationalen Fragen!«
Klaus wurde in Handschellen abgeführt wie ein Schwerverbrecher. Obwohl Klaus längst verurteilt war, gingen die Verhöre in der Haftanstalt durch Mitarbeiter der Staatssicherheit weiter mit dem Ziel, Klaus zu bewegen, seinen Ausreiseantrag zurückzunehmen. Bei einem Verhör im August 1979 war Sylkes Mutter als aktiv Teilnehmende dabei.

»In Untersuchungshaft hatte ich tagelang den Spleen, das Wort Deutsche Demokratische Republik oder DDR im ›Neuen Deutschland‹ zu zählen, einmal kam ich auf hundertsiebenundvierzigmal in einer Ausgabe von acht Seiten.«
»Warum haben sie dich immer wieder und stundenlang verhört, Klaus?«
»Weil mein Vernehmer, der Untersuchungsoffizier, wohl noch nicht allzu lange im Geschäft war. Er brauchte lange, meine Aussagen aufzuschreiben, und blätterte unter dem Schreibtisch verstohlen im Duden nach. Ich zählte inzwischen Fliegen. Eines Tages sagte ich zu ihm:
›Fragen Sie mich doch, wenn Sie nicht wissen, wie etwas geschrieben wird, ich helfe Ihnen gern.‹
Er war mir richtig dankbar.
Den Duden gebrauchte er von da an offen auf dem Schreibtisch, aber meistens verließ er sich auf mein Sprachgefühl. Wenn er Fehler gemacht hatte, gestattete er mir großzügig, den Text zu korrigieren, oft veränderte ich auch ganze Satzkonstruktionen. Dann saß er da, leicht verzweifelt, und machte sich noch mal an das schwierige Werk, im Einfingersuchsystem alles noch einmal abzuschreiben.«
»Geprügelt worden bist du nie? Du hattest doch mal blaue Fingernägel?«
»Da bin ich an einer Werkzeugmaschine abgerutscht. Wirklich, Brigitte, keiner hat mich geschlagen, und renitent war ich auch nicht. Einmal besuchte mich mein Vater, da war ich in sehr schlechter gesundheitlicher Verfassung, mein eines Ohr war taub, und die Zähne wackelten. Aber das lag am miserablen Lärmschutz und dem Staub in

unserer Werkstatt und an der vitaminarmen Kost. Mein Vater beschwerte sich beim Rat des Kreises und bei der Staatsanwaltschaft, weil er glaubte, man hätte mich zusammengeschlagen. Ihr hattet ja auch Protest über Rechtsanwalt Vogel eingelegt?«

»Ja, Klaus, der Hecki bekam fast einen Herzinfarkt, als er den Bericht von deinem schlechten Gesundheitszustand las. Es hätte nicht viel gefehlt, und wir hätten mit Kanonen auf Spatzen geschossen.«

»Die Beschwerde von meinem Vater hat im Rat des Kreises Entsetzen hervorgerufen. Einer der Parteigenossen sagte verstört: ›Das haben wir auch schon gehört, daß so etwas in Cottbus vorkommen soll.‹ Weißt du, von wem sie das gehört hatten? Von Löwenthal. Löwenthal macht mit seinen Berichten selbst die DDR-Genossen verrückt, das mußt du dir mal vorstellen.«

»Als es unsere eigene Familie betraf, also dich, Klaus, da haben wir uns auf einmal gedacht, vielleicht stimmen die Geschichten doch vom Löwenthal, vielleicht sind das gar keine Latrinenparolen. Wir waren schon dabei, dem Löwenthal alles abzubitten, buchstäblich...«

»... dem brauchste nichts abzubitten.«

»In Panikvorstellungen habe ich der Generalstaatsanwaltschaft der DDR einen Offenen Brief angedroht, wenn nicht in sieben Tagen die Situation positiv verwandelt sein würde.«

»Das Resultat der Beschwerden, vom Vater und von euch, war beachtlich. Mein ›Erzieher‹ wurde unverzüglich beurlaubt, ich wurde medizinisch versorgt, und die Versorgungslage verbesserte sich auch schlagartig.«

»Also findest du es richtig, sich zu beschweren?«

»Völlig richtig. Mir war's nur peinlich, daß Vater dachte, er müßte mich vor knüppelnden Sadisten retten. Wenn ich da an meinen harmlosen Vernehmungsoffizier denke, nee, also wirklich, der hat bestimmt noch keiner Fliege etwas zuleide getan.«

»Waren die Erziehungsmethoden differenzierter, ich meine, im Sinne von Gehirnwäsche?«

»Nicht die Bohne. Sie machen Vorschläge, die kann man ablehnen. Sie machen Versprechungen, lügen das Blaue vom Himmel herunter. Wenn man drauf reinfällt, ist man selbst schuld. Von differenziert habe ich jedenfalls nichts bemerkt. Möglicherweise saß ich unter einer Käseglocke. Unter dem Rechtsschutz der Bundesregierung sitzt ja nicht jeder, möglicherweise war das mein Glück, ich weiß es nicht.«

*

Die Antwort auf meine Petition an Genscher ist ein Schreiben aus dem Auswärtigen Amt mit einem JEIN.

> 29. Mai 1980
> Wir haben die Angelegenheit hier sorgfältig unter allen Aspekten geprüft und können Ihnen dazu folgendes mitteilen:
> Die Möglichkeiten, individuelle Menschenrechtsverletzungen im Rahmen der Vereinten Nationen zu behandeln, sind leider noch sehr begrenzt...
> Der Internationale Pakt über Bürgerliche und Politische Rechte, der am 23. 3. 1976 in Kraft getreten ist, sieht zwar Staaten- und Einzelbeschwerden bei Verletzungen der im Pakt niedergelegten Menschenrechte vor, jedoch nur, wenn sich die Staaten diesem Verfahren besonders unterwerfen. Die DDR ist dem Pakt zwar beigetreten, hat sich aber der Staaten- und Einzelbeschwerde nicht unterworfen.
> In der Praxis bleibt den Betroffenen daher lediglich der Weg, individuelle Beschwerden über Menschenrechtsverletzungen an das Generalsekretariat der Vereinten Nationen (die Abteilung Menschenrechte befindet sich im Genfer Büro) zu richten. Dieses leitet die Beschwerden nach einem eingespielten Verfahren an die Unterkommission für Diskriminierungsverhütung und Minderheitenschutz weiter, die die Eingaben zusammenstellt und auch Stellungnahmen der betroffenen Regierungen einholt. Bei »Regelbeispielen schwerer und zuverlässig bezeugter Verletzungen von Menschenrechten« kann die Menschenrechtskommission der Vereinten Nationen damit befaßt werden. Allerdings ist in diesen Fällen mit dem Widerstand des Ostens zu rechnen.
> Das Instrumentarium, um gegen individuelle Menschenrechtsverletzungen auf internationaler Ebene juristisch vorzugehen, steckt also noch sehr in den Anfängen. Die Bundesregierung wird, soweit es in ihrer Macht steht, alles tun, um daran mitzuwirken, daß es erweitert wird. Solange dies nicht der Fall ist, bleiben wir in erster Linie auf die Wege angewiesen, auf denen Sie sich bereits um die Familienzusammenführung mit Ihrem Neffen bemüht haben.

»Hecki, hör mal, da ist ein Passus, der macht mich hellhörig. Hier heißt es: bei Regelbeispielen... mein Fall ist ein Regelbeispiel. Vielleicht könnte sich die Menschenrechtskommission der UNO damit befassen...?«

»Brigitte, interpretiere nicht etwas hinein, das nicht dasteht, dieser Brief ist ein ausgesucht höfliches Nein.«
»Denkst du, ich lasse mich abwimmeln? Mit Briefen dieser ausgesucht höflichen Art ist bestimmt, na, jeder abgewimmelt worden. Jetzt fange ich an, mal nachzubohren.«
»Mein Gott, wo denn noch?«
»Bei der UNO.«
»Brigitte, tu mir einen Gefallen, blamier dich nicht. Im Auswärtigen Amt sitzen doch keine Anfänger, sie werden schon wissen, warum sie deine Idee nicht begrüßen können.«
»Ich weiß es aber nicht.«
»Ich hole dir deine Familie mit dem Flugzeug!«
»Nein, keine Leichen.«
»Väterchen Heckmann ist ein Flieger-As, nur du weißt das nicht, Angsthase, du fliegst ja nie mit mir.«
»Ach Hecki, du kannst dich doch nicht mit Abfangjägern einlassen.«
»Ich tauche unter der Radarkontrolle weg, im Tiefflug. Laß mich mal machen, den Dreh find ich schon.«

Mit Freunden mietet mein Mann ein Flugzeug und fliegt nach Norwegen und Finland. Ich habe Angst und rufe meine Freundin Lille an.
»Komm her, ich flieg nach New York zur UNO. Hecki will sein Leben riskieren, um meine Familie aus der DDR herauszuholen, mit einem gecharterten Flugzeug. Am Schluß werden vier Leichen auf einem DDR-Acker liegen.«
»Was ist passiert? Nochmal langsam im Text.«
»Ich habe mich in New York bei unserem UNO-Botschafter Rüdiger von Wechmar angemeldet.«
»Und Hecki?«
»Der ist in Norwegen, Finnland, und probt Grenzüberflüge, um unter Radar in die DDR einzufliegen. Er ist entschlossen, sein Leben zu riskieren, um meiner Familie zu helfen.«
»Ich komme auf der Stelle.«

An das Auswärtige Amt schreibe ich einen Donnerbrief:

3. Juni 1980
Sehr geehrter Herr Genscher,
es war sehr freundlich von Ihnen, mir ... Kenntnis geben zu lassen

von den juristischen Grundlagen, in denen sich meine Bittschrift an Sie zu verfangen scheint.
Vor einem halben Jahr hätte ich nach dieser Auskunft Ruhe gegeben. Aber jetzt, *nach* der Veränderung des Meinungsspektrums der Welt durch Afghanistan, Kuba und nun auch noch nach der Abwahl der Militärregierung sozialistischer Art in Peru – die seit 1968 versuchte, ein beispielgebendes Modell eines sozialistischen Staates in Lateinamerika zu schaffen, damit aber Peru an den Rand des Staatsbankrotts führte – nach all diesen Veränderungen mit meinungsbildender Durchschlagskraft, bin ich sicher, daß es der SU und den angeschlossenen Paktstaaten in Zukunft schwerfallen wird, die Staaten der 3. Welt bei Abstimmungen in der UNO zu majorisieren.
Wie könnte ein deutscher Minister vor der Weltöffentlichkeit glaubwürdig bleiben, wenn er sich in der UNO einsetzt für Flüchtlinge aus Indochina (1 Million), Nahost und Nordafrika (4 Millionen), Schwarzafrika (3,5 Millionen), Lateinamerika (1,8 Millionen) und zu erreichen sucht, daß die Gewaltregimes zur Rechenschaft gezogen werden, wenn er die etwa 3 Millionen Flüchtlinge aus der DDR vergißt?
Wollen Sie, sehr verehrter Herr Bundesminister, nicht noch einmal überdenken, ob meine Bittschrift nicht doch die Möglichkeit einer Abstimmungsvorlage für die Vereinten Nationen vorzubereiten hilft?
Erlauben Sie mir, in diesem Zusammenhang den Passus ... zu zitieren: »Bei Regelbeispielen schwerer und zuverlässig bezeugter Verletzungen von Menschenrechten *kann* die Menschenrechtskommission der Vereinten Nationen damit befaßt werden.«
Ich fliege nach New York, um mir – bis zum Ende dieses Monats – an Ort und Stelle von den Mehr- oder Minderheitsverhältnissen selbst ein Bild zu machen.

★

Bei »Ponater« im Preysing Palais in München hängt ein dunkelblaues Seidenkostüm mit langem Revers und weißen, doppeltgereihten Knöpfen, Plisseerock. 735 Mark, stolzer Preis für einen UNO-Fummel. Aber was sein muß, muß sein. Die Diners-Club-Karte ist meine Rettung. Nachmittags hole ich mein Kostüm ab, die Änderung kostet zehn Mark, aber mein Portemonnaie ist leer, und Hecki in Norwegen, ich kann ihn nicht in der Redaktion überfallen, Geld her.

»Soll ich zaubern?«
Die Verkäuferin lacht.
»Können Sie das?«
»Also zaubere ich jetzt jemanden her, der mir zehn Mark pumpen wird.«
Ich hebe die Hand – in derselben Sekunde spaziert Lille am Schaufenster vorbei.
»Da sind meine zehn Mark.«
Lille, überrascht:
»Ja, was machst du denn hier?«
»Komm, borg mir zehn Mark, ich habe dich gerade hergezaubert.«
Die Verkäuferin betrachtet mich mit einem Gemisch aus Spaß und Grusel:
»Aber Sie können doch nicht wirklich zaubern?«
»Hier steht der Beweis, meine zehn Mark sind schon da.«
Gott sei Dank hat Lille zehn Mark im Portemonnaie.

Zu Hause drehe ich die Einladung von Wechmars hin und her.
»Ich glaube, ich sag' ab in New York.«
Lille klappert nur mit den Augen, fassungslos.
Inga: »Das kannst du doch nicht machen, Mami. Du bist angemeldet. Du darfst doch nicht einfach einen Botschafter versetzen, das geht zu weit.«
»Also, Inga, im Prinzip habe ich gerade darin Übung.«
»Mami, wirklich, flieg doch hin. Du bekommst bestimmt guten Rat.«
»Eigentlich weiß ich gar nicht, was ich da soll. Wenn es wirklich eine Hilfsmöglichkeit gäbe, das Auswärtige Amt hätte sie mich wissen lassen.«
»Mami, hast du schon wieder vergessen, daß du direkt bei der UNO fragen wolltest?«
»Ach Inga, süße Maus, ich werde mich bis auf die Knochen blamieren, ich kann doch gar kein Englisch. Erst werde ich mal einen Intensiv-Kursus belegen, bevor ich mich aufmache, New York zu erobern.«
»Mami, Mami, das fällt dir aber spät ein.«

Entschlossen wähle ich die Nummer der UNO-Botschaft in New York. Über den großen Teich kommt ein Echo zurück:
»Hallo?«
»Ooo... also... Exzellenz, sind Sie das etwa selbst?«
»Und mit wem spreche ich?«

»Mit Brigitte Klump.«
»Wo bleiben Sie denn? Wir freuen uns schon auf Ihren Besuch.«
»Also... ich rufe nur an... weil ich absagen möchte.«
»Warum das denn auf einmal?«
»...kein Zimmer und...«
»Richtig, wir haben ja schon Saison. Sagen Sie einen schönen Gruß von mir bei der Lufthansa, man möchte Ihnen aus dem Zimmer-Kontingent über Telex ein Zimmer reservieren, heute noch, und Sie nehmen das nächste Flugzeug.«
»Vielen Dank, Herr von Wechmar, mein Gott, ist mir das peinlich, Sie nun auch noch mit meinen Zimmer-Problemen zu behelligen.«
»Wann dürfen wir Sie erwarten?«
»Also, wenn alles klappt...«
»Es klappt.«
»Dann am 17. Juni.«

»Lille, Inga! Ihr seid meine Zeugen, ich wollte nicht, ich muß zur UNO.«
»Wenn die Sekretärin abgenommen hätte, wäre alles aus gewesen.«
»Ja, dann hätte ich den Termin streichen lassen.«
»Zufälle, die gibt's gar nicht, die's bei dir gibt, Brigitte.«

Am nächsten Morgen sitze ich in der Maschine nach New York. Freitag, der 13. Die Probleme beginnen schon im Flugzeug. Sonst hatte Hecki die Immigrations-Cards ausgefüllt, ich unterschrieb nur. Mein Englisch, ungeübt, schlummert in einer Schublade des Gehirns. Die Frage nach der Hautfarbe bringt mich zum Nachdenken. Lange betrachte ich meinen Teint auf dem Arm, ist er nun rosig oder gelblich? Ich schreibe beige. Profession? Evangelisch.
Der Visa-Kontrolleur studiert meine Karte, redet auf mich ein, ich verstehe kein Wort, lächle, zeige ihm mein Telex.
Hotel New York Hilton.
Er versucht offensichtlich zu ergründen, was ich in New York will. Ich habe vollkommen vergessen, daß in meinem Paß ein Tourist-Visum eingestempelt ist, lebenslang gültig, aber nicht für Geschäfte. Das Wort Tourist fällt mir nicht ein. Als er nochmals fragt, zusehends amüsiert über meine Sprachlosigkeit, sage ich auf gut Glück: »UNO!«
Das versteht er nicht.
»United Nations«, fällt mir endlich ein.

Er lächelt, aber dann wieder Blättern im Paß.
»Business or visiting?«
Fragend gehobene Braue.
Ich erkenne die Klippe und sage:
»Visitor.« So, wie es ist.
Auf den Passus Profession einigen wir uns auch noch. Er streicht evangelisch und schreibt statt dessen: housewife. Und für beige – white. Jetzt verstehe ich erst die Frage nach dem Teint. Ich bin ja im Lande der Rassenprobleme eingetroffen, black or white.

Der Zöllner will meinen Koffer nicht kontrollieren. Er starrt mich an, legt seine Hand aufs Herz und begrüßt mich mit:
»Jean Harlow!«
Dann winkt er Kollegen herbei. Sie diskutieren wie die Weltmeister das Problem Jean Harlow. Einer läßt seine Pflichten sausen, schnappt sich meinen Koffer und schleppt ihn zu einem Taxi. Handkuß für mich zum Abschied, aber er gilt Jean Harlow. Er erklärt dem Taxifahrer, daß ich ins New York Hilton möchte. Es gibt noch ein anderes Hilton, gleich am Flughafen. Ohne den freundlichen Zöllner wäre ich wahrscheinlich dort gelandet.

Drei Tage Zeit, mir die Stadt anzusehen, und den Strand, vor den Toren der Stadt, weißer Sand, rußgekörnt. Kilometerweite Einsamkeit. Außer mir niemand, der im eiskalten Wasser schwimmt.
Von morgens bis abends bin ich unterwegs, besuche Gemäldegalerien, Musicals am Broadway, Kaufhäuser. Aber ich hüte mich vor der U-Bahn und kriminalisierten Stadtteilen. Die freundlichen Damen und Herren an der Reception machen mir Vorschläge, geben mir Ratschläge und Warnungen, und freuen sich mit mir, daß die Verständigung von Tag zu Tag leichter wird.

Am dritten Tag klappt die telefonische Verbindung von meinem Zimmer aus nach Deutschland. Mit Erfolg erfrage ich auf englisch den area-code.
Als ich das endlich schaffe, fällt mir eine Last von der Seele, mein passiver Wortschatz fängt an, sich zu mobilisieren. Jetzt bin ich ein New Yorker!
Gelernt habe ich noch etwas. Trage ich meinen Zopf, fragt man mich neugierig, aber mit viel Respekt in der Stimme, ob ich aus Boston wäre.

Also spaziere ich am 17. Juni in die UNO-Botschaft als Lady aus Boston, in dunkelblauem Seidenplissee, aber mit fröhlichen roten Schuhen. Eine etwas verwegene Lady aus Boston.
Von Wechmar lacht.
»Tun Sie mir einen Gefallen. Wenn Sie etwas durchsetzen wollen, dann bitte genau in diesem Dress. Frau Roser, was meinen Sie, ist dieser Zopf nicht eindrucksvoll zu diesem Kostüm? Aber ich bin ein Mann, vielleicht sehen Sie das anders?«
»Ich sehe das genauso.«
»Wir haben das Büro extra für Sie geöffnet. Heute ist Feiertag, der 17. Juni, Tag der Einheit. Sie befinden sich hier auf deutschem Boden.«
»Ooo... an den 17. Juni habe ich nicht gedacht. Tut mir leid.«
»Ist schon richtig so, stellen Sie Ihre Fragen, wir haben heute keinen Termindruck.«
Wir trinken Tee aus Meißner Tassen, blau-weißes Zwiebelmuster. Von dieser Sekunde an fühle ich mich so wohlaufgehoben wie zu Hause am Teetisch. Allerdings, solch riesige Zuckerdose haben wir nicht. Als von Wechmar einen Augenblick im Vorzimmer verschwindet, angele ich mir Zucker aus der Dose. Er sieht mich in der Tasse rühren.
»Was denn, Sie haben den Zucker gefunden?«
»Die Dose ist ja groß genug.«
»Daran scheitern die meisten. Keiner denkt, daß der Zucker da unter dem Deckel verborgen liegt.«
»Früher hatte man doch so riesige Zuckerdosen, als Zucker noch kostbar war, da galt so eine große Dose als diskretes Zeichen des Wohlstandes.«
»Seit wann sind Sie in New York?«
»Seit Freitag, dem 13.«
»Und wie haben Sie Ihre Zeit verbracht?«
»Am Meer...«
»Sie traun sich ja was, der Weg da hinaus ist ja nun nicht gerade das Gelbe vom Ei.«
»Erst mit dem Zug eine Stunde von Pennsylvania Station und dann mit dem Bus, ganz für mich allein. Auf dem Hinweg saß niemand drin, und auf dem Rückweg auch nicht, der Strand war menschenleer.«
»Deshalb sind Sie so schön braun, ich habe mich schon gewundert, in Deutschland ist doch die Sonne bis jetzt ausgefallen. Und sonst, was haben Sie noch unternommen?«

»Kunstausstellungen angesehen.«
»Den Picasso?«
»Nein, da stehen die Leute in hundertmeterlangen Schlangen, ich war in der Pierpont Morgan Library. Sepia-Zeichnungen von Michelangelo bis Dürer, wunderschön. Wir können uns noch so viel mühen in dieser Welt, was bleibt, ist die Kunst.«

In anderthalb Stunden Nachhilfeunterricht wird mir der Aufbau der UNO erklärt, anderthalb Stunden Mißverständnisse. Aber jedes Mißverständnis macht mich sicherer, wirkt sich nachträglich als Vorteil für mich aus, denn mir erscheint alles ganz einfach.
Von Wechmar rät mir: »Reichen Sie Ihre Petition bei der UNO ein, in Genf.«
»Versteh' ich nicht. Hier ist doch der Sitz der UNO.«
»Sie müssen sich das so vorstellen. Hier in New York ist praktisch der Regierungssitz, aber die Weltbehörde befindet sich in Genf. Sie müssen sich bei der Behörde durchsetzen. Da geht es um Beachtung von Formalitäten. Das ist viel schwieriger, als einen Fuß in die Tür einer Regierung zu setzen. Wenn Sie sich in Genf durchzusetzen verstehen, dann haben Sie gewonnen.«
»Bei einer Behörde? Ich Konfusionsrat?«
»Versuchen Sie es.«
»Wie könnte ich mich da durchsetzen, haben Sie einen Vorschlag?«
»Das geht nur... mit Glück.«
»Also... wenn es um Glück geht, Glück hab' ich immer, wenn ich etwas will.«
Ich vergewissere mich noch einmal:
»Wirklich nur mit Glück?«
»Sie sagt *nur!* Ist das nicht herrlich?« Alles lacht.
»Mit Glück geht's. Aber das ist genau das, was wir nicht für Sie strikken können. Wir können Ihnen nur bei Kontakten behilflich sein.«

Funkelnd vor Freude fahre ich mit dem Taxi zum Hochhaus der UNO am Hudson River. Drücke unten auf einen Knopf im Fahrstuhl und lande ganz oben, direkt im Generalsekretariat. Spaziere durch einen großen Raum, von dem viele kleine Räume abgehen, eigentlich nur mittelgroße Verschläge mit doppelten Schreibtischen, aber einem herrlichen Blick über New York, sehe ins Zimmer des Generalsekretärs, die Tür steht offen. Dieser Raum hat repräsentativere Größe, aber er ist leer.

Das Nachbarzimmer ebenfalls.
Um mich herum wird auf die Schreibmaschinen eingehämmert. Menschen kommen und gehen, Hektik. Berge von Akten, Papierstapel. Beim Vizepräsidenten des Verlages Doubleday sah es ähnlich aus, als ich gestern dort meinen Besuch machte, radebrechend auf englisch und mit viel Spaß.
Hier und dort nickt mir ein freundlicher Mensch lächelnd zu, aus Aktenbergen aufblickend, fragt höflich, ich antworte abwehrend. »No, german«, bis mich jemand auf deutsch anspricht.
Ich frage zurück:
»Sicherheitsbestimmungen gibt es hier wohl gar nicht?«
»Warum? Die haben wir doch unten am Eingang.«
»So?«
»Ja, wie sind Sie denn hier heraufgekommen?«
»Ich hab' auf den Fahrstuhlknopf gedrückt.«
»Ein Weltwunder ist passiert.«
Jetzt verstehe ich gar nichts.

In diesem Gespräch werde ich alles los. Meine Sorgen, meine Ängste, meinen Unglauben.
»Die UNO kann wirklich helfen?«
»Als ich hierherkam, vor Jahren, da habe ich gedacht, um Gottes willen, was soll ich bei der UNO, da bin ich ja auf dem Abstellgleis. Inzwischen habe ich begriffen, wie notwendig das ist, was wir hier tun. In aller Stille oder in der Öffentlichkeit, das Gewicht der UNO hat schon viel Leid verwandeln können. Jetzt weiß ich, die UNO ist die großartigste Institution der Welt. Das sage ich nicht im Namen des Generalsekretariats, das sage ich heute aus voller Überzeugung, das ist meine Meinung, die sich, durch unsere Arbeit hier, gewandelt hat. Wir helfen wirklich. Nicht immer, und nicht in jedem Fall, mal klappt es, und dann ist es wieder so, als redeten wir mit Wänden. Aber Stück für Stück, in Kleinarbeit, bauen wir an einer Welt mit mehr Gerechtigkeit.«
»Werden Sie nicht überlaufen von Menschen, die um Hilfe bitten? Von solchen, wie mir?«
»Sie bitten doch gar nicht. Sie verlangen. Und Sie haben recht damit. Wer verlangt, bekommt.«
»In der Bibel heißt es: Wer bittet, dem wird gegeben.«
»In der Bibel-Übersetzung von Luther?«
»Ja.«

»Luther war Machtpolitiker, er wollte Macht. Er hat das Wort verfälscht. Im Originaltext heißt es nicht: Bittet, so wird euch gegeben. Verlangt! Und ihr werdet bekommen.«
»Die vielen Menschen... wenn sie alle verlangen würden. Schauen Sie auf diese Riesenstadt. Wenn alle vor Ihrem Schreibtisch aufmarschieren würden...«
»Soll ich Ihnen etwas verraten? Sie sind der erste Mensch hier, seit Jahren, der vor mir an diesem Schreibtisch sitzt.«
»Wieso... das verstehe ich nicht.«
»Keiner findet den Weg. Ich weiß nicht, wo sie alle hängenbleiben. Sie sind der erste Mensch, seitdem ich bei den Vereinten Nationen bin, der hier vor mir auf einem Stühlchen sitzt. Hier sitzen sonst nur Diplomaten, die ihre Angelegenheiten vortragen.«
»Aber warum kommt denn keiner? Es ist doch so einfach, man drückt auf den Fahrstuhlknopf, und schon ist man da.«
»Für die meisten scheint das Einfache, Gehör zu finden, die schwierigste Sache der Welt zu sein. Und Sie sprechen nicht einmal Fremdsprachen?«
»Nein, aber ich lerne Englisch zu verstehen, mein passiver Wortschatz kommt langsam wieder in Bewegung.«
»Welche Sprachen haben Sie gelernt?«
»Englisch, Russisch und Französisch.«
Ich reiche meine Petition über den Schreibtisch.
»Es geht nicht nur um Klaus. Es geht auch um die anderen, die wie Klaus in der Falle sitzen.«
»Aber es geht Ihnen doch vorrangig um Klaus?«
»Ich suche einen Weg für ihn und die anderen, die sich auch nicht zu helfen wissen.«
»Für die anderen auch?«
»Mein Mann und ich, wir gehören nicht unbedingt zu den Menschen, die resignieren. Aber diesmal wissen wir nicht mehr weiter. Nach einem Jahr stiller Verhandlungen mit dem Rechtsanwaltsbüro der Bundesregierung und dem Ministerium für innerdeutsche Beziehungen denkt die DDR nicht daran, Klaus freizugeben.
Wenn wir es schon nicht schaffen, uns durchzusetzen – und mein Mann ist leitender Redakteur einer Zeitung, das heißt, wir könnten die Presse mobilisieren, mit Schlagzeilen in jeder Größe –, also, wenn selbst wir keinen Weg mehr finden, und wir haben gelernt, uns zu verteidigen, in Wort und Schrift, wie können sich da andere wehren, mit Erfolg?«

»Bei welcher Zeitung arbeitet Ihr Mann?«
»Bei der Abendzeitung München.«
»Und keine Zeile erschien bisher über Ihren Klaus?«
»Keine Zeile. Aber mein Mann, unerschütterlich wie ein Felsen, ist außer sich. Jetzt denkt er ernsthaft daran, mit seinem Flugzeug unter Radar hindurchzutauchen, um meine DDR-Familie herauszuholen. Aber mir ist das Risiko zu hoch. Ich will nicht, daß mein Mann auch noch Opfer wird, nur weil das Ministerium für innerdeutsche Beziehungen sich nicht durchzusetzen weiß, obwohl es der DDR Jahr für Jahr hundert Millionen in den Rachen schmeißt.«
»Diese deutsch-deutschen Vereinbarungen sind wirklich ein Skandal ersten Ranges.«[32]
»Mein Mann hat ein Flugzeug, er ist Pilot. Was haben die anderen? Menschen, die sich nicht zu helfen wissen, gehen zugrunde, sie sterben vor Gram.«
»Fliegen Sie nach Hause. Übersetzen Sie Ihre Petition ins Englische, und dann buchen Sie auf der Stelle einen Flug nach Genf.«
»Mir wurde geraten, über Telex von meinem New Yorker Hotel aus eine Zimmerreservierung im Interconti in Genf zu buchen. Ab 1. Juli ist dort eine Konferenz. Und alle Zimmer sind weg. Deshalb sollte ich meine Reservierung sofort machen.«
»Haben Sie schon?«
»Nein, ich wollte weiteren Rat einholen.«
»Also... unsere internationale Konferenz ist zwar nur eine kleine, aber wer immer Ihnen den Rat gegeben haben mag, der wird wissen, warum.«
»Es geht um Zeit?«
»Sagen wir mal so, es geht um Klaus.«
Ein letzter Abschiedsblick auf die UNO.
Aus allen Fenstern fällt Licht.
Leuchtend wie ein Schiff in blauer Nacht wird sie für mich Symbol der Hoffnung.

*

»Hallo, Brigitte, du bist in meiner Nähe, setz dich ins nächste Flugzeug, komm her zu mir.«
»Unmöglich, Botschafter, ich muß nach Genf zur UNO. Aber mir schwirrt der Kopf, zu viele Informationen...«
»Ordne sie ein, schreib sie auf, schreib ein Buch.«

»Also... mein nächstes Buch werde ich wohl erst in... zwanzig Jahren schreiben können.«
»Aber Brigitte, wo lebst du denn? In einer Diktatur ist jedes Wort gefährlich, aber nicht in einer Demokratie.«
»Nein, aber indiskret, alles ist indiskret, das ist ja das Schreckliche.«
»Die Information als Privileg – nicht als Recht – ist das Kennzeichen sozialistischer Diktaturen. Du lebst in einem demokratischen Land, gebrauche deine Rechte, von der Verfassung garantiert.«

Zu Hause hütet Lille Haus, Kinder und Hund. Unsere Frau Steffi ist zur Kur wegen eines Rheumaleidens. Aber die Ärzte bringen sie fast um, das Rheuma ist ein Herzleiden.
Lille ist ein Geschenk des Himmels, und ein amerikanisches College hat sie außerdem besucht.
»Erst habe ich mal zur Begrüßung Zitronen-Huhn gekocht, welches Wunder erwartest du dann von mir?«
»Eine fabelhafte Übersetzung meiner Petition.«
Lille, Augen wie ihre Siamkatzen, Augen wie Scheinwerfer, vertieft sich in die juristische Sprache meiner Petition.
»Das schaffe ich nicht allein.«
»Wo finden wir hier in Rohrbach, schnell, schnell, jemanden, der perfekt englisch spricht?«
Hecki übt immer noch Grenzzwischenfälle zu vermeiden, auf Hecki können wir nicht warten. Da fällt mir sein amerikanischer Fliegerkollege ein, Chef der Testpiloten, der mit seiner Familie hier in Rohrbach wohnt. Mrs. Trengove, beim Kofferpacken, denn sie sind schon wieder auf dem Sprung über den großen Teich, erbarmt sich meiner Petition. Mrs. Trengove spricht aber kaum deutsch, also macht Lille die Rohübersetzung ins Englische, Mrs. Trengove besorgt die korrekte englische Fassung, ich tippe. Gerda Weber, meine Fachkraft im Haushalt, hält uns mit Tee wach.

*

Am 30. Juni bin ich in Genf.
Als mein Taxi vor der UNO hält, bricht die Sonne durch, die ersten Sonnenstrahlen seit fünf Wochen, die UNO liegt vor mir im blendenden Licht. Ein Gebäudekomplex von beeindruckenden Ausmaßen, nicht in die Höhe, wie in New York, sondern breit hingelagert in einer weiten, englischen Parkanlage am See.
Der Polizist, der die Auffahrt zur UNO sperrt, schickt mich in ein

Glashaus. Meine Personalien werden überprüft von zwei bewaffneten Uniformierten, dann wird telefoniert. Nach geraumer Zeit holt mich ein freundlicher Zivilschutzbeamter ab und führt mich den langen Weg zum Eingangsportal, dann über einen Innenhof, mit Bäumen bepflanzt, und an parkenden Autos vorbei zum zweiten Portal, dem Seitenflügel des Hauptgebäudes.
Handwerker mörteln im Flur.
Der Zivilschutzbeamte bleibt neben dem Schreibtisch stehen, pistolengegürtet, jeder Satz unter Kontrolle, jeder Griff in mein dunkelrotes Aktentäschchen ebenso. Hier in Genf sind die Sicherheitsvorkehrungen perfekt.

Meine Petition bewirkt Erstaunen.
»Sie bitten auch für die anderen? Nicht nur für Ihren Neffen?«
»Ja, die anderen sitzen im selben Boot.«
»Sonst bittet hier nur jeder für sich, alles Einzelbeschwerden, sehen Sie sich um, die Aktenordner türmen sich bis zur Decke, und jeder bittet nur für sich.«
»Was ist daran falsch?«
»Falsch... nichts.«
»Wie viele Petitionen erhalten Sie in einem Jahr?«
»Im Schnitt werden es wohl vierzigtausend sein, aus aller Welt.«
Traurig sitze ich da.
»Dann wird meine Petition wohl untergehen. Vierzigtausend...«
»Formfehler liegen bei Ihnen nicht vor.«
Mein Schreiben vom Auswärtigen Amt fällt mir ein. Ich ziehe es aus der Aktentasche.
Ein kühles Lächeln.
»Also dieser Passus ist... hm, etwas merkwürdig, die DDR habe sich der Staaten- und Einzelbeschwerde nicht unterworfen. Die Bundesrepublik hat sich ebenso der Einzelbeschwerde nicht unterworfen, also kann sie das auch nicht der DDR anlasten. Bis heute hat die Bundesrepublik Deutschland versäumt, das Fakultativprotokoll[33] zu ratifizieren. Was man selbst nicht tut, sollte man einem anderen Staat nicht unter die Nase reiben.«
»Wäre es für einen demokratischen Staat nicht selbstverständlich, sich Einzelbeschwerden zu stellen? Warum unterzeichnet die Bundesrepublik nicht?«
»Das sollten Sie das Auswärtige Amt fragen, nicht mich.«
Meinen Brief nehme ich wieder zu meinen Akten.

»Verraten Sie mir bitte, warum Sie gerade heute gekommen sind?«
»Ist heute ein besonderer Tag?«
»Quasi die letzte Sekunde. Wenn Sie morgen gekommen wären, hätte Ihre Beschwerde ein Jahr lang nichts bewirken können.«
»Warum das denn?«
»Aus Gründen des Terminkalenders der UNO ist der Einsendeschluß in diesem Jahr der 30. Juni.«
»Und was wird jetzt mit meiner Petition?«
»Die Verfahrensfragen sind intern, tut mir leid.«
»Und der Verfahrensweg?«
»Der ist so, wie Ihnen das Auswärtige Amt schreibt, der Verfahrensweg ist kein Geheimnis.
Die erste Vorprüfung aller eingelaufenen Beschwerden erfolgt in einer Arbeitsgruppe der Unterkommission. Die Unterkommission selbst tagt nur einmal im Jahr, vom 18. August bis 12. September '80, das ist die dreiunddreißigste Sitzung. Diese Unterkommission, der korrekte Name heißt The Subcommission on the Prevention of Discrimination and the Protection of Minorities, prüft die einzelnen Beschwerden und bringt dann nicht mehr die einzelne Beschwerde, sondern die besonderen Situationen, die auf systematische und glaubhaft nachgewiesene, grobe Menschenrechtsverletzungen hinweisen, zur Kenntnis der Arbeitsgruppe der Menschenrechtskommission.
Diese Arbeitsgruppe trifft die Entscheidung, ob ein Thema der Menschenrechtskommission vorgetragen wird.«[34]
»Schon wieder Nachhilfeunterricht in UNO-Fragen, wie in New York, danke schön.«
»Noch etwas unklar?«
»Wie viele Mitglieder hat die Unterkommission? Und wie viele Mitglieder hat die Menschenrechtskommission?«
»Konkrete Angaben möchte ich Ihnen nicht machen. Meine Arbeit ist politisch mehr als delikat.[35] Lesen Sie im Handbuch der Vereinten Nationen nach. Das Ministerium für Auswärtige Angelegenheiten von Neuseeland unterrichtet seit 1961 fortlaufend über Zusammensetzung der Kommissionen und andere Fragen, den Aufbau der UNO betreffend.«
»Gibt es keine deutsche Veröffentlichung?«
»Allgemeiner Art wohl, aber in Deutschland existiert wohl kein besonderes Interesse an UNO-Fragen.«
»Wieso, wir haben doch Menschenrechtsorganisationen! Und den Herrn Löwenthal! Kommen die nie persönlich fragen?«

»Davon weiß ich nichts. Bei mir hat sich noch niemand blicken lassen.«
»Dachte ich mir doch, die schützen die Menschenrechte mit dem Mund, aber sie fragen nicht danach, wie man sie wirklich schützen kann, die kochen lieber ihr eigenes politisches Süppchen. Die leben doch von den Problemen anderer, wenn sie gelöst würden, könnten die Herren ja ihren Hut nehmen.«
»Sie führen ja eine kräftige Klinge.«
»Nur manchmal, wenn es nicht anders geht. Erfahre ich von Ihnen, was aus meiner Petition wird?«
»Ja, einmal. Sie bekommen von uns eine Bestätigung über den Eingang Ihrer Petition, das ist gleichzeitig die Bestätigung, daß der DDR eine Kopie Ihrer communication nach Resolution 728 F (XXVIII) übergeben worden ist. In der Anlage Ihrer Bestätigung finden Sie dann auch den englischen Text der Resolution. Aber Sie brauchen sich mit dem Text nicht abzuquälen, der bringt Sie auch nicht weiter. Sie müssen sich schon in Geduld fassen und abwarten.«
»Höre ich dann nichts mehr von Ihnen?«
»Nein. Entweder steht der Klaus eines Tages vor Ihrer Tür... oder auch nicht. Die Entscheidung liegt bei der DDR.«
Ein verstohlener Blick zur Uhr.
Ich verstehe den Wink und habe schon die Klinke in der Hand.
»Sie brauchen nicht gleich davonzustürmen. Eine Minute habe ich noch Zeit für Sie bis zum nächsten Termin. Mich interessiert privat, wieso Sie sich um Himmels willen auf die Schlußakte von Helsinki berufen?«
»Warum nicht? Helsinki ist doch verbindlich.«
»Aber nein, Absichtserklärungen sind nicht einklagbar. Absichtserklärungen sind kein geltendes Recht. Helsinki war ein Ort der Zusammenkunft, ein Platz der Debatte. Immer wieder stoße ich auf dieses Mißverständnis. Haken Sie doch da mal nach in Ihrem Land. Lassen Sie sich besser informieren. Und nun... viel Glück für Sie.«
Den Satz kenne ich schon.
»Glück... was bedeutet das hier bei der UNO?«
»Mit Glück ist, in Zahlen ausgedrückt, eine einfache Mehrheit zu gewinnen, bei der Abstimmung in der Arbeitsgruppe der Menschenrechtskommission.[36] Also nochmals, viel Glück!«
Der Zivilschutzbeamte liefert mich wieder am Tor ab.
Perfekte Sicherheitsvorkehrungen?
Mal ausprobieren.

Nach ein paar Minuten mache ich wieder kehrt, lächle dem Polizisten zu, der am Eingang die Autos stoppt, er erkennt mich wieder, ein freundliches Nicken zum Pförtnerhaus, und ich darf passieren, ohne Begleitschutz, wandere quer über den grünen Rasen links zum Bürgersteig, noch mal die hundert Meter weiter zum Torbogen, über den Innenhof, direkt ins Nervenzentrum der UNO hinein in eine weit offenstehende Tür, und frage höflich mit meinem frisch erworbenen Englisch:
»Ich habe hier vorhin eine Petition abgegeben, nun habe ich nur noch eine Frage zum Verfahren, aber gleich geht mein Flugzeug, soll ich schriftlich anfragen, oder...?«
»Worum geht es denn?«
»Ich verstehe nicht, warum Einzelbeschwerden wirkungslos sind?«
»Sie haben wirklich keine Zeit?«
»Gleich geht mein Flugzeug.«
»Dann bringe ich Sie zur Pforte.«

Unterwegs erfahre ich:
»Einzelbeschwerden werden den Staaten übergeben, aber die Staaten brauchen sie nicht zur Kenntnis zu nehmen, damit ist die Beschwerde abgewürgt, sie kann von Genf aus nicht weiter bearbeitet werden, ohne Stellungnahme des beschuldigten Staates.«
»Ach ja, Genf ist ja eine Behörde, da geht alles seinen Gang.«
»So ist es. Aber Sammelbeschwerden versetzen die Menschenrechtskommission in die Lage, selbst tätig zu werden, ohne von Stellungnahmen abhängig zu sein, wenn eine Situation vorliegt, die auf grobe und systematische Menschenrechtsverletzungen hinzuweisen scheint.«
»Was ist eine ›Situation‹ im Sinne der UNO? Reicht ein Buch aus, das eine Situation beschreibt?«
»Nein. Ein Buch ist die Meinung *eines* Autors. Notwendig sind die Beschwerden mehrerer Personen, die den Einzelfall beschreiben. Die Situation muß aus einer Mehrheit von Fällen abzulesen sein, die der UNO zur gleichen Zeit auf dem Beschwerdeweg zugehen.«
»Warum wurde mir im Generalsekretariat in New York geraten, zusammen mit dem Original unbedingt eine Übersetzung vorzulegen?«
»So, in New York waren Sie auch schon?«
»Ich frage und frage, aber ich bin ein Laie, hoffentlich ordnet mein Kopf auch alles richtig ein.«

»Und warum fragen Sie so unnachgiebig?«
»Aus persönlicher Betroffenheit.«
»Das Original der Beschwerde, das sich über die UNO an den beschuldigten Staat richtet, muß in der dort geltenden Sprache abgefaßt sein. Die Übersetzung ist zwingend. Die UNO hat sich auf zwei Konferenzsprachen geeinigt, Englisch und Französisch. Wenn keine Übersetzung mit eingereicht wird, wandert die Petition in die Übersetzungsabteilung und schmort dort drei bis vier Monate. Es fehlt an Übersetzern. Wenn also eine Beschwerde hier als Sammelbeschwerde eintrifft, aber einige Petitionen sind nicht übersetzt, muß die Sammelbeschwerde auseinandergerissen werden, und sie verwandelt sich, aus Übersetzungsgründen, wieder in Einzelbeschwerden.«
»Das ist doch Absicht?«
»Die Übersetzungsabteilung wird jedenfalls nicht vergrößert.«
»Aber dann wäre die UNO doch viel effektiver, bei vierzigtausend Einzelbeschwerden im Jahr... da müßten sich doch leicht Sammelbeschwerden zusammenstellen lassen? Jede Menge sogar. Dann würden nicht nur immer Chile und Südafrika auf der Anklagebank sitzen, es gibt viele Staaten mit schwerwiegenden Verstößen gegen die Menschenrechte und Grundfreiheiten. Fast jeder Ostblockstaat ist darin doch Weltmeister...«
»Tja, wenn das Problem der unterbesetzten Übersetzungsabteilung nicht wäre...«
»Die Armen, die sich keinen Übersetzer leisten können?«
»Ja, die Armen sind arm dran.«
»Wenn ich zum Beispiel wiederkäme, mit einer Sammelbeschwerde unter dem Arm, wie heißt dann die genaue Adresse, an die sich die Petitionen zu richten haben?«
»Division of Human Rights, Palais des Nations, CH-1211 Genève 10.«
»Also, ich glaube, ich werde in Deutschland Sammelstelle werden für UNO-Petitionen.«
»Als Beschwerdeführer?«
»Ja, heißt das so?«
»Dann wären Sie der erste Beschwerdeführer aus Deutschland hier bei der UNO.«
»Jetzt wollen Sie mich verspotten.«
»Entschuldigen Sie meine Neugier. Wieso sind Sie eigentlich gerade in das Zimmer gekommen, in dem ich stand? Wer hat Sie in dieses Zimmer geschickt? Sie waren doch gar nicht angemeldet?«

»Nein. Ihre Tür stand offen, das hat mich verführt.«
»Unglaublich ... wenn Sie eine Terroristin wären, mit Handgranaten im Täschchen, dann hätten Sie ja die gesamte UNO, Zimmer für Zimmer, in die Luft sprengen können. Viele Türen stehen offen ...«
»Bitte, Sie wollen doch Ihren Sicherheitsleuten keinen Ärger machen, zum Abschluß?«
»Nein, nein, natürlich nicht. Ich könnte den Sicherheitsleuten auch gar keinen Ärger machen ...«
Er lacht herzlich.
»Ich war zufällig dort im Zimmer, genau wie Sie.
Aber Sie hatten Glück mit mir. Das Beschwerdeverfahren ist nicht öffentlich. Niemals hätten Sie Angaben darüber von einem Sekretariats-Mitglied bekommen können. Aber wir Delegierten, wir haben einen besonderen Ruf, wir quatschen ...«
»Sie sind nicht ...?«
»Nein, ich bin nicht Theo van Boven, der Director der Division of Human Rights. Ich bin nur ein armer Delegierter aus einem armen Land.«
Wir geben uns die Hand.
»Und Sie, wer sind Sie?« fragt er mich.
»Wenn Sie wüßten, wie oft in meinem Leben ich das schon gefragt worden bin ...«
Ich krame meinen Ausweis aus der Tasche.
Meinen Finger auf dem Mund, verrate ich ihm auch ein Geheimnis:
»Ich kann natürlich zaubern.«
»Ja, wenn das so ist, da kann man sich nicht wehren. Kommen Sie wieder, Zauberin, und verändern Sie die Abstimmungsergebnisse, mein Land braucht auch dringend Hilfe.«
»Mit Glück geht's?«
»Nur mit Glück. Bringen Sie uns Glück.«

Gleich geht mein Flugzeug?
Am nächsten Tag, zur gleichen Zeit, fliegt wieder ein Flugzeug. Im Interconti fliegt nur mein UNO-Fummel aufs Bett. Und dann, ein weißes Baumwollkleid übergestreift, hinunter zum See, in die Sonne.

Gerade komme ich zurecht zu einer Bootsrundfahrt. Der Kapitän fragt mich auf französisch, ob ich keine Jacke mit hätte.
»Bei der Sonne?«
Er legt mir lächelnd die Decke um. Nur noch weitere fünf Passagiere wagen sich auf den See. In der kühlen Brise bin ich froh über die

Decke. Und dann überfällt mich schlagartig ein Bärenhunger. Die innere Anspannung hatte seit Tagen meinen Appetit gelähmt, jetzt zähle ich die Minuten, bis wir anlegen. Aber wir legen nirgendwo an, es ist eine Rundfahrt, stundenlang auf dem riesigen See.
Als ich dem Bootsführer begreiflich mache, ich möchte am gegenüberliegenden Ufer aussteigen, beim nächstbesten Restaurant, lächelt er, fährt zu einem Steg, ganz unplanmäßig.
»Hier essen unsere Staatsgäste.« Er reicht mir seine Hand und entläßt mich aus seinem Boot in einen Park, unbeschreiblich gepflegt, der zum Restaurant hinaufführt. Restaurant, was für eine Schmähung. Residenz! Rosen überall. Nach ein paar Schritten stehe ich mitten im Genfer Rosengarten. Blüten aller Farben und Art, Rosen aus aller Herren Länder leuchten in der Sonne vor dem Blau des Sees mit der Riesenfontäne blitzender Wassertropfen, einem zerstäubenden, wehenden Schleier. Andächtig stehe ich im Blütenmeer. An der Brüstung über mir Rosen aus Metall, eherne Rosen. Sie graben sich in mein Gedächtnis als Zeichen. So viele Rosen auf meinem Weg, das kann nur ein guter Weg sein.

*

Auf meinem Schreibtisch zu Hause liegt eine Einladung zu einem Gespräch ins Auswärtige Amt. Meine Reise um die halbe Welt stellt sich nun als der kürzeste Weg heraus, in Bonn einen Gesprächstermin zu bekommen.

Der Pförtner behält meinen Ausweis gleich da. Hier sind die Sicherheitsvorkehrungen tatsächlich perfekt.
Das Auswärtige Amt, von vorn eine Villa im Garten, zeigt am seitlichen Eingang seinen Mammutcharakter, ein Beamtensilo mit unzähligen Büros. Ein Paternoster trägt mich nach oben.

Und dann werde ich fündig.
Als ich mein frisch erworbenes Wissen zur Begutachtung ausbreite, erfahre ich, daß ein »consistent pattern of gross and reliably attested violations of human rights and fundamental freedoms« ein Verfahren vor der UNO bewirken könne.
»Wie bitte? Wie heißt das auf deutsch?«
»Systematische und glaubhaft nachgewiesene grobe Verletzungen von Menschenrechten und Grundfreiheiten.«

»Seit wann gibt es denn dieses ›consistent pattern‹?«
»Moment, wir lassen uns gleich mal die Akte vom Justizministerium herüberkommen.«
Die Akte wird vor mir auf den Tisch gelegt.
»Bitte schön. Zu Ihrer Verfügung.«
»Ja, und was soll ich damit?«
»Sie finden dort alles, was Sie wissen möchten.«
»Aber ich bin kein Jurist, ich verstehe doch gar nicht die verschlüsselte Sprache von Juristen. Sie sind Jurist und Diplomat dazu, bitte, wollen Sie mir nicht sagen, seit wann es dieses ›consistent pattern‹ gibt? Wenn Sie es mir nicht sagen wollen, frage ich eben in New York nach.«
»In unserer UNO-Botschaft?«
»Nein, direkt im Generalsekretariat.«
»Kennen Sie denn da jemand?«
»Ja, natürlich.«
Aktengeraschel.
»Also, die Resolution 1503 (XLVIII) wurde am 27. Mai 1970 vom Wirtschafts- und Sozialrat der UNO verabschiedet.«
Fassungslos vor Staunen sitze ich da.
»Heißt das, es gibt diesen Beschwerdeweg schon seit... zehn Jahren? Und keiner kennt ihn? Er ist mir jedenfalls niemals als Möglichkeit genannt worden, weder vom Rechtsanwaltsbüro der Bundesregierung noch vom Ministerium für innerdeutsche Beziehungen...«
»Seit 1973, seitdem die DDR und die Bundesrepublik Deutschland der UNO beigetreten sind, ist auch diese Resolution ratifiziert. Jeder Bürger könnte sich darauf berufen.«
»Jeder Bürger, der die Resolution kennt. Warum ist sie nie publiziert worden?«
Darauf bekomme ich keine Antwort.
»Ich sehe doch, hier, in diesem Aktenordner aus dem Justizministerium ist diese Hilfsmöglichkeit *abgeheftet*. Warum wurde sie nicht publiziert? Warum werden seit zehn Jahren Hilfsmöglichkeiten verschenkt?«
»Der Beitritt zur UNO wurde 1973 ratifiziert, also vor sieben Jahren.«
»Jetzt brauche ich erst mal was zu trinken.«
Das Mineralwasser ist ausgegangen, aber eine Coca-Cola läßt sich noch auftreiben.
»Was halten Sie übrigens von dem *stillen* Weg der Hilfe?«

»Viel. Seit einem Jahr haben wir versucht, ihn zu gehen, aber ohne Erfolg.«
»Es gibt Diplomatenpässe und Diplomatenwagen...«
»...niemals würde ich es wagen, jemanden, auch den besten Freund nicht, in illegale Aktionen zu verwickeln. Andere Leute haben keinen besten Freund, der Diplomat ist. Wie sollen sich diese Menschen helfen? Ich suche den legalen Weg, ohne Fluchthilfe und ohne Diplomatenpaß. Krumme Wege gehe ich nicht, auch keine krummen Diplomatenwege.«
»Das war kein Vorschlag, das war nur eine Frage.«
»Bleiben Sie nachsichtig mit mir, auch wenn ich hier so aufgeregt bin. Aber ich habe doch selbst erlebt, wie furchtbar es ist, wenn man in der DDR sitzt und Schwierigkeiten mit dem Stasi hat. Man duldet die Übergriffe, oder man geht auf die Barrikaden, also ins Gefängnis. Der Stasi bricht ununterbrochen die Verfassung, setzt jedes Grundrecht außer Kraft, und man kann sich nicht wehren. Wissen Sie, was als Ersatzdienst in der DDR gilt, wenn man nicht zur Armee will?«
»Nein.«
»Man braucht sich nur zur Mitarbeit für den Staatssicherheitsdienst zu verpflichten, das hat neulich die DDR-Zeitung ›Der Kämpfer‹ publiziert. Und wenn ich hier nun sehe, daß man sich schon seit zehn Jahren...«
»...seit 1973.«
»...mit Hilfe der UNO gegen die Übergriffe des Ministeriums für Staatssicherheit wehren könnte, auf einem internationalen Beschwerdeweg, mein Gott, die DDR hätte sich längst nicht mehr erlauben können, so rücksichtslos mit ihren eigenen Bürgern umzuspringen, wenn sie weiß, daß ihr die UNO auf die Finger sieht.«
»Das mit der UNO, das ist sehr kompliziert...«
»...wer sein Recht in der Heimat bekommt, braucht seine Heimat nicht zu verlassen. Glauben Sie, ich hätte die DDR verlassen, wenn ich die Möglichkeit gehabt hätte, mich gegen die Übergriffe des Ministeriums für Staatssicherheit zu wehren? Wer sein Recht in der Heimat bekommt, der bleibt gern in der Heimat. Was soll dann, bitte schön, noch diese Mauer?
Wer sein Recht bekommt, bleibt. Nicht die Mauer wird ihn festhalten, sondern der eigene Wille wird wirksam, einem Staat die Treue zu halten, der das Recht seiner Bürger schützt. Warum wurde diese Hilfsmöglichkeit nie publiziert?«

»Bitte, lasten Sie das jetzt nicht dem Auswärtigen Amt an. Wer uns fragt, bekommt Antwort.«

»Ja, das habe ich bemerkt. Aber das Ministerium für innerdeutsche Beziehungen, das dient doch ausschließlich den innerdeutschen Beziehungen, warum werden Ratsuchende da nicht mit der Beschwerdemöglichkeit über die UNO vertraut gemacht? Wenn der nationale Weg nicht funktioniert, warum wird den Menschen dann nicht der internationale Weg der Hilfe genannt?«

»Der Informationsfluß zwischen dem Ministerium für innerdeutsche Beziehungen und dem Auswärtigen Amt findet so gut wie gar nicht statt. Sie sollten beim Ministerium für innerdeutsche Beziehungen anfragen.«

»Dieses Ministerium hat eine Eigenschaft: die Beamten dort stellen Fragen, aber man bekommt so gut wie keine Antwort. Dieses Ministerium wird von mir nicht mehr gefragt, ich werde es nur noch von meinen weiteren Schritten unterrichten, das ist alles. Und das ist mehr, als sie noch erwarten können.«

»Weitere Schritte? Wie dürfen wir das verstehen?«

»Die Form der Sammelbeschwerde beschäftigt mich. Wie viele Petitionen gehören zu einer Sammelbeschwerde? Aus wie vielen Petitionen könnte die UNO, im günstigsten Fall, eine ›Situation‹ ablesen?«

»Wenn Sie mich so direkt fragen...«

»...ich frage Sie direkt!«

»Also, zwanzig Petitionen, aus denen klare Rechtsbrüche abzulesen sind, dürften genügen.«

»Dann sammele ich auf der Stelle zwanzig Petitionen.«

»Wieso das denn? Die Petition von Ihrem Neffen ist doch in Ordnung, denke ich?«

»Es ist eine Rahmenbeschwerde, für Klaus und die anderen Bürger, die sich nicht zu wehren wissen. Aber was weiß ich, ich bin kein UNO-Experte, am Schluß wird meine Rahmenbeschwerde als Einzelbeschwerde behandelt, und dann sieht es für den Klaus nicht gerade rosig aus. Ich werde seine Petition noch einmal vorlegen, mit zwanzig anderen, und dann will ich mal sehen, ob die DDR bereit ist, das Unrecht zu tilgen, wenn sie via UNO von ihren eigenen Rechtsbrüchen hört. Ich will doch mal sehen, ob sie bereit ist, Bürger aus der Staatsbürgerschaft der DDR zu entlassen, ohne auf Honorierung vom Ministerium für innerdeutsche Beziehungen zu bestehen.«

»Das wollen Sie tun?«

»Ja. Wenn dieses Ministerium mit der DDR mauschelt wie auf einem arabischen Bazar, statt klipp und klar die Rechtsbrüche der DDR aufzudecken, dann wird sich die DDR auch weiterhin nicht gehalten fühlen, die Rechte ihrer Bürger zu respektieren. Warum auch? Sie wird für ihre Rechtsbrüche *belohnt,* mit hundert Millionen jährlich.«

»So kann man das allerdings auch sehen.«

»Ich kann es nicht mehr anders sehen. Ich habe gehört, daß jede Petition, in Genf präsentiert, unverzüglich als Fotokopie der DDR übergeben wird, das wird mit jedem beschuldigten Staat so gehalten, in der Hoffnung, daß das etwas bewirkt. Die DDR hat bis heute in null Fällen auf Einzelbeschwerden der UNO reagiert. Wenn ich jetzt in Genf eine Sammelbeschwerde vorlege, und sie entspricht diesem ›consistent pattern‹, dann wird sich die Menschenrechtskommission von sich aus mit der Angelegenheit DDR befassen können. Das wird der DDR sehr peinlich sein, wenn vor dreiundvierzig Staatenvertretern ihr Verhalten besprochen wird, das dem Namen *demokratische* Republik keine Ehre macht.«

»Aber wie wollen Sie an zwanzig Petitionen kommen? Von der Gesellschaft für Menschenrechte, oder wie?«

»Ich arbeite mit keiner Organisation zusammen, ich lasse mich nicht vor irgendeinen Karren spannen. Ich werde meine zwanzig Petitionen selbst auftreiben.«

»Aber wie denn?«

»Zuerst fahre ich zum ›Spiegel‹, um zu sehen, ob mir der ›Spiegel‹ hilft.«

★

Hecki, am Telefon: »Brigitte, fahr nicht zum ›Spiegel‹, blamier dich nicht. Du jagst einem Phantom nach.«

»Nein, es gibt die Möglichkeit, sich zu wehren, seit zehn Jahren, nur uns in Deutschland hat man das unterschlagen.«

»Wenn da was dran wäre, der ›Spiegel‹ wäre längst darauf gekommen, sie haben doch das beste Archiv in Deutschland, niemals hätte der ›Spiegel‹ das übersehen. Brigitte, sie werden dich auslachen. Komm nach Hause!«

»Ich fahre zum ›Spiegel‹, die wissen genau so wenig wie du oder ich. Ich weiß nicht, warum, aber aus irgendeinem Grund ist dieser Beschwerdeweg in Deutschland nie bekanntgeworden.«

»Brigitte, komm nach Hause.«

»Und wenn ich mich blamiere, ich fahre nach Hamburg.«

Im »Spiegel« Schock.
»Was ist das für ein ›consistent pattern‹? Wo ist das formuliert?«
»Fragen Sie mich nicht, ich weiß es nicht. Man hat mir den Aktenordner hingelegt, aber ich habe nicht reingesehen. Ich weiß nur, daß dieses ›consistent pattern‹ seit zehn Jahren existiert und eine UNO-Resolution ist. Wo man sie finden kann, weiß ich nicht.«
»Wenn das so ist, wie Sie sagen, dann ... ist auf einen Schlag die Ostpolitik kaputt. Wollen Sie das, so kurz vor der Wahl?«
»Nein, ich will nur zwanzig Petitionen finden für die UNO, damit ich Klaus helfen kann.«
»Und den zwanzig anderen auch?«
»Ja, die zwanzig werden zusammen in einem Boot sitzen.«

»Der Spiegel« veröffentlicht nach gründlicher Eigenrecherche am 1. September einen Bericht unter dem Titel:

> »Methode 1503«
> »Im Alleingang will eine Bundesbürgerin durchboxen, daß die DDR wegen Menschenrechtsverletzungen von der UNO verurteilt wird...«

Mit Veröffentlichung dieses Artikels, des ersten *journalistischen* Berichts in der Welt über die »Methode 1503«, treffen die ersten Anfragen bei mir ein. Sie zeigen mir einen Leidensdruck, ohne Ventil, der mich kaum noch schlafen läßt.
Anfrage bei meinem Verleger Frederking.
»Wenn ich die Methode 1503 formulieren würde, könnte man sie noch ins Taschenbuch hineinhängen?«
»Lassen Sie mich mal nachsehen, morgen nachmittag ist Andruck. Sprechen Sie mit Renate Richter, Ihrer Lektorin. Wenn Frau Richter das noch klarbekommt, mein O.k. haben Sie.«

Frau Richter schafft das Unmögliche. Die Methode, am 13. September formuliert, geht noch am 13. in Satz. Damit ist der Goldmann-Verlag schneller als jede Zeitung. Bis auf den »Spiegel« kapiert niemand, worum es eigentlich geht.

Bis zu diesem Zeitpunkt gab es keine »Methode 1503«, sondern nur den Text der UNO-Resolution und die Veröffentlichungen darüber von UNO-Beamten. Das Know-how, mit dem die UNO-Resolution

anwendbar gemacht werden kann, die UNO-Methode 1503, habe ich in meinem »Roten Kloster« veröffentlicht, als Ergebnis von UNO-Texten und von mir recherchierten Interna.
Jede Nachrichtenstation mit deutscher Adresse bekommt von mir den Text der UNO-Methode 1503 auf den Tisch, genannt »Ein Bürger hilft dem anderen«, mit einem Anschreiben:

> »Rohrbach, 15. September 1980
> Ich wäre Ihnen außerordentlich verbunden, wenn Sie helfen würden, die Medien über die Methode 1503 zu informieren. UNO-Methode 1503 kann in jedem Land der Welt zu einem Akt der Hilfe für alle Menschen werden, die wie Klaus Klump sich dagegen zu wehren suchen, daß die verbrieften Rechte der Person vom Staat beschädigt werden.«

Keine Nachrichtenstation reagiert, auch keine kirchliche. Angeschrieben habe ich die Katholische Nachrichtenagentur (KNA) epd (Evangelischer Pressedienst), ddp, DPA, AP, Reuters, AFP, UPI, jeweils die Zentralredaktionen.
Offensichtlich halten mich alle, insgesamt, für einen Traumtänzer.

⋆

Die UNO-Debatte der deutsch-deutschen Angelegenheiten schlägt nach Deutschland durch, intern.
Der Minister für Staatssicherheit, Erich Mielke, läßt sich zum erstenmal in seiner dreiundzwanzigjährigen Amtszeit in der Öffentlichkeit sehen und hält, säbelrasselnder Armeegeneral, eine Friedensansprache auf dem Marx-Engels-Platz in Ostberlin.
Ich telefoniere mit meinem Botschafter.
»Botschafter, der Minister für Staatssicherheit redet vom Frieden, bewirke ich Krieg? Dann höre ich auf.«
»Brigitte, welchen Vogel liebst du vor allen?«
»Die Möwe.«
»Erinnere dich, deine Möwe ist die Taube der Provence, sie hat einen Namen, von Picasso ...«
»... die Friedenstaube.«
»Also, welchen Vogel liebst du vor allen? Dein Gegenbild gab dir die Antwort.«
»Die Taube der Provence, die Friedenstaube.«

»Also, dienst du vor allem dem Frieden. Europa wird das Zünglein an der Waage sein für Krieg oder Nichtkrieg. Europas Sein oder Nichtsein hängt am seidenen Faden. Wird Europa ausgelöscht, werden auch deine Tauben der Provence ausgelöscht sein, für alle Zeit.«
»Was kann Europa tun?«
»Schafft ein Neutrales Europa. Wenn sich Europa einigt, dann könnte Europa zu einem neuen Machtfaktor werden, zum Zünglein an der Waage, zur Balance zwischen den Supermächten, dann könnte Europa zum Faktor wirklicher Entspannung werden. Aber bis heute ist Europa zerstritten in einzelstaatliche Interessen, klammert sich an die Supermächte. Allein die geographische Lage kann diese Anklammerung tödlich werden lassen.«
»Warum?«
»Sieh auf die Landkarte. Die Supermacht USA ist von ihren Verbündeten durch einen Ozean getrennt.«
»Gibt es keinen Führungswillen in Europa?«
»Keine Führungsbereitschaft, das ist Europas Problem.«
»Kanzler Schmidt wäre ein Mann mit Führungsfähigkeit.«
»Seine eigene Partei unterläuft seine Führungsfähigkeit mit Wunschvorstellungen nach einem neutralen Deutschland.«
»Was ist daran falsch?«
»Ein neutrales Deutschland kann nur Teil eines Neutralen Europas sein, *ohne* Hegemonie einer Supermacht. Ein neutrales Deutschland, im Augenblick ohne Schutz, wäre der Supermacht vor der Tür preisgegeben.«
»Botschafter, das Ergebnis der Konferenz über Sicherheit und Zusammenarbeit in Europa, KSZE genannt, ist kein geltendes Recht?«
»Nein, aber frage Juristen, Juristen wissen das, Absichtserklärungen sind nicht einklagbar. Aber Absichtserklärungen haben schon einmal Leid über Deutsche gebracht, denk an die Potsdamer Konferenz.«
»Die Völker Europas lesen nicht mit den Augen von Historikern oder Juristen. Sie lesen mit den Augen der Hoffnung, wie ich. Die Protokolle der KSZE-Konferenzen verwandeln sich vor unseren Augen in Rechte, die wir verlangen dürfen. Noch im Gefängnis schreien die Dissidenten nach ihren Rechten.«
»Brigitte, die Dissidentenbewegung ist das Zeichen der betrogenen Menschen, besonders vom Fernsehen hereingelegt, das im Osten empfangen wird. Es gibt nur ein Volk, das den Betrug begriffen hat. Die Polen.«
»Betrug, Botschafter?«

»Der Betrug liegt in der gezielt falschen Unterrichtung. Die Konferenz von Helsinki, von Moskau angeregt, läßt glasklar Moskaus Vorstellung erkennen, ein neutrales Europa zu schaffen, unter Hegemonie der Sowjetmacht, das ist ein *Nahziel*, Brigitte. Nutzt die Gunst der Stunde, aber wehrt euch gegen jede Hegemonie.«
»Erklär mir das.«
»Dazu müßte ich dir den Doppelcharakter der Entspannung erklären, das Gespräch würde zu teuer. Lies Rudolf Bindschedler ›Entspannung und Sicherheit in Europa‹.[38] Bindschedler hat den Doppelcharakter ausgezeichnet erklärt.«
»Bitte, erkläre gleich, damit ich weiterdenken kann.«
»Richtschnur der sowjetischen Außenpolitik ist die friedliche Koexistenz, die Fortführung des internationalen Klassenkampfs mit anderen Mitteln, wie Chruschtschow das formulierte, eine offensive Politik. Es geht um die Einschläferung des Abwehrwillens und der Abwehrfähigkeit des Gegners. Um die Verhinderung der weiteren westlichen Einigung in NATO und EG, es geht insbesondere um die Spaltung der Koalitionen. Entspannungspolitik ist für den Ostblock ein taktisches Mittel zur Erreichung wirtschaftlicher Vorteile und der eigenen strategischen Ziele. Entspannungspolitik ist Machtpolitik, Brigitte.«
»Und das westliche Gesicht der Entspannungspolitik?«
»Das ist erschreckend harmlos. Leichtfertig und dilettantisch in der Abwehr gegnerischer Politik, bemüht um Herstellung besserer Beziehungen zum Osten, vor allem aus wirtschaftlichen Gründen. Aber auch humanitäre Hilfe, Achtung der bestehenden Einflußsphären, Wahrung der eigenen Sicherheit. Es ist eine defensive Politik.«
»Politik der Entspannung – das hört sich an wie gemeinsame Zielsetzung, so hört sich das wirklich an.«
»So soll es sich auch anhören, aber die Ziele sind *entgegengesetzt.* Deshalb produziert die Entspannungspolitik ständig neue Spannungen. *Konfliktlösung* sollte das oberste Ziel der Politik sein, das ist Entspannungspolitik.«
»Dein Rat, Botschafter?«
»Schafft ein Neutrales Europa, fangt endlich damit an. Ein Neutrales Europa muß die USA und die Sowjetunion an den Verhandlungstisch zwingen, zum Rüstungsstop.«
»Was würdest du tun, wenn du Kanzler Schmidt wärst?«
»Ich bin Diplomat, also darf ich mich nicht einmischen. Sag selbst, Brigitte, was würdest du tun in Helmut Schmidts Lage?«

»Aufräumen.«
»Die Hausfrau Brigitte denkt ans Putzen? Seit wann das denn? Hast du nicht immer Personal?«
»Ich meine Parteiausschlußverfahren. Genossen, die die Bundesrepublik von Amerika abkoppeln wollen, ohne den Schutz eines unabhängigen Neutralen Europas, sollten unverzüglich Gelegenheit bekommen, ihren Platz in der kommunistischen Partei einzunehmen.«
»Wen hältst du für die profiliertesten Vertreter dieser Richtung?«
»Ich will keine Namen nennen...«
»Warum nicht, Brigitte? Urteile. Urteile entscheiden Heil oder Unheil einer Bewegung. Fehlt das Urteil, ist keine Wandlung möglich.«
»Ich bin kein Richter.«
»Nein, Brigitte, du sollst *beurteilen,* nach deinem eigenen Gefühl. Und nach deiner eigenen Einsicht in den Lauf der Welt.«
»Laß mir noch ein wenig Zeit.«

V. Das Buch der Befreiung

Herbst 1980

Unmittelbar nach der Bundestagswahl, dem Sieg der SPD/FDP-Koalition, kommt die Politik in Deutschland in Bewegung.
Rüdiger von Wechmar wird UNO-Präsident, höchste Auszeichnung für einen integren Deutschen. Günther Gaus, Ständiger Vertreter der Bundesrepublik in der DDR, erhält unverzüglich nach der Wahl seine Ablösungsmitteilung in einem förmlichen Schreiben.
Erich Honecker überschlägt sich vor Empörung in Lobeshymnen auf Günther Gaus und verfügt am 13. Oktober '80, als Attacke auf die Bundesregierung, die unverzügliche Erhöhung des Zwangsumtauschs bei der Einreise in die DDR.
Das verstehe ich als glatten Erpressungsversuch: Her mit den hundert Millionen für den Freikauf, oder wir nehmen sie uns auf dem Weg des erhöhten Zwangsumtauschs.
Seit dem 13. Oktober ist der Eintrittspreis in die DDR pro Tag und Erwachsenen von dreizehn auf fünfundzwanzig Mark erhöht worden. Dieser Devisen-Zwangsumtausch garantiert der DDR Mehreinnahmen von etwa hundert Millionen Mark, die jährlich im Haushaltsplan der Bundesregierung für humanitäre Hilfe an die DDR verabschiedet werden.
Claus Bölling wird zum designierten Nachfolger von Gaus ernannt.
Als Gaus in den Medien blauäugig Wirbel macht, wir Bundesdeutschen sollten endlich aufhören, einer deutschen Nation nachzuträumen, von der tatsächlich keine Rede mehr sein könne, kommentiert die »Stuttgarter Zeitung« lakonisch:
»Zu Ende gedacht, wären in der Tat zwei Staatsbürgerschaften, verbunden mit einem Auslieferungsvertrag, eine Möglichkeit, Mauer und Stacheldraht überflüssig zu machen. Bundesdeutsche Behörden müßten DDR-Flüchtlinge abschieben.«[39]
Von der »Zeit« knallhart befragt[40], lobt Gaus selbst die Pflastersteine in der DDR, die alten. Über die neuen, in der Mauer, kein rügendes Wort.

Mitte September erreicht mich ein Brief der Gesellschaft für Menschenrechte in Frankfurt.

In der Anlage die Kopie eines Leserbriefes der Gesellschaft, eingesandt an den Spiegel, Lob und Glückwunsch zu meiner Aktion.
»Hecki, igitt, ich werde gelobt.«
»Wie schön, wer wird nicht gern gelobt?«
»Nein, versteh doch, ich werde über den grünen Klee gelobt, von der Gesellschaft für Menschenrechte.«
»Nanu, ist da wieder ein Karren, der deine Hilfe braucht?«
»Weiß ich nicht...«
»Also, antworte freundlich und verweise auf deine Methode, damit hat sich dann die Angelegenheit für dich erledigt.«
»Ich glaube, sie wollen mir helfen, zu meiner Liste zu kommen.«
»Willst du nun deine eigenen Fälle oder die Fälle der Gesellschaft für Menschenrechte, Brigitte? Wir bringen auch etwas in unserer Zeitung. Du bekommst deine zwanzig Petitionen schon noch zusammen, hab Geduld.«
Der nächste Brief der Gesellschaft für Menschenrechte ist inhaltsschwer. Eine Einladung zu einem Besuch der Geschäftsstelle mit dem Angebot, mich der Fälle dort zu bedienen, nach eigener Auswahl. Ein äußerst faires Angebot. Meine Einschätzung der Gesellschaft gerät ins Wanken.
Beigefügt sind zwei Sammelbeschwerden, eine alte von 1979, erfolglos verfaßt von der Gesellschaft für Menschenrechte, eine andere von Juni '80, verfaßt von der International League for Human Rights, New York. Beide Sammelbeschwerden berufen sich auf die Resolution 1503, und sind über den Generalsekretär der UNO nach Genf weitergeleitet worden.
Ein Blick auf das Datum der New Yorker Sammelbeschwerde, 20. Juni '80, und schon jubiliere ich. Madonna, wir haben es geschafft. Danke schön, Madonna, für diesen Brief, er ist ein Geschenk des Himmels. Glücklich lege ich ihn unter die Madonna. Sie lächelt, wunderschön, im weißseidenen Gewand. Die Augen des Jesuskindes sehen mich an, ernste Augen, mahnend.
Wer meint, er stehe, sehe zu, daß er nicht falle.
Jubiliere ich zu früh?
Ich rufe meinen Mann in der Redaktion an.
»Hecki, die Gesellschaft für Menschenrechte kennt die Resolution 1503 mindestens schon seit 1979.«
»Ja, aber woher denn?«
»Keine Ahnung. Sie haben mir eine Sammelbeschwerde an die UNO zugeschickt, von 1979, die sich auf die Resolution 1503 bezieht.«

»Ergebnis?«
»Die Beschwerde ist gescheitert.«
»Was haben sie falsch gemacht?«
»Sie argumentieren politisch, statt rechtlich.«
»Nanu? In einer Petition sollen doch wohl Rechtsbrüche beschrieben sein, vom Bürger selbst oder seinem Stellvertreter?«
»Die Gesellschaft liefert seitenweise politische Interpretation, mit Abbildung von Schießanlagen usw. ganz allgemein, und nur wenige Zeilen Kurzangaben zur Sache und zur Person.«
»Also das Mark aus den Knochen entfernt?«
»Total.«
»Was sind denn das da für Schlauberger in der Gesellschaft für Menschenrechte? Wer hat denn da die Fälle so lange ausgekocht, bis sie unbrauchbar wurden?«
»Keine Ahnung.«
»Wer hat dir denn diese Sammelbeschwerde geschickt?«
»Dr. Gnauck, der Sprecher des Vorstandes.«
»Jurist?«
»Nein, Mediziner.«
»Nach politischen Rezepten besteht ja wohl kein Bedarf, sondern nach juristischem Rat.«
»Er hat mir noch eine Sammelbeschwerde zugeschickt, von der International League for Human Rights, New York, die der UNO zur gleichen Zeit wie Klaus' Petition vorgelegt worden ist. Hecki, sie verbindet sich in Genf mit meiner Beschwerde, ist das nicht toll?«
»Donnerwetter, das ist ja fabelhaft. Aber sag mal, ist diese Sammelbeschwerde etwa in derselben Art verfaßt wie die Sammelbeschwerde der Gesellschaft für Menschenrechte?«
»Ja, ähnlich, aber mit weit mehr Fällen.«
»Ist das vielleicht sogar derselbe Verein?«
»Keine Ahnung.«
»Na, dann gute Nacht, dann ist das doch auch nur wieder eine Beschwerde für den Mülleimer.«
»Nimm mir nicht die Hoffnung.«
»Mach dir keine Illusionen. An wen ist die Sammelbeschwerde adressiert?«
»An Waldheim.«
»Und sie liegt vor dir auf deinem Schreibtisch? Ist das keine interne Akte, für den Dienstgebrauch der UNO bestimmt?«
»Ich habe eine Fotokopie bekommen.«

»Hast du darum gebeten?«
»Nee, wirklich nicht.«
»Aber warum schmeißen die mit Adressenlisten herum, unverlangt?«
»Vielleicht will mir die Gesellschaft für Menschenrechte klarmachen, daß ich nicht die erste bin, die über die UNO-Resolution 1503 gestolpert ist.«
»Du wendest die Methode 1503 an, von dir selbst recherchiert. Gewußt wie, das ist nun mal die Sache im Leben. Die Methode, nach der die Gesellschaft für Menschenrechte vorgeht, das ist ja wohl nicht deine Methode.«

*

»Hallooo?«
»Hallo, Brigitte, was machen die Vereinten Nationen? Die Wolkenkratzerumrisse in deinem Kopf löschen wohl meine kleine Hütte aus?«
»Deine kleine Hütte steht nicht in meinem Kopf, Botschafter.«
»Hast du sie schon rausgeworfen?«
»Sie steht längst in meinem Herzen.«
»Das erzählst du mir auch nur, weil uns tausende Meilen trennen.«
»Botschafter, erkläre mir die Sätze von einem UNO-Beamten, die ›Der Spiegel‹ zitiert: Ausreisebeschränkungen... stehen hier in der Tabelle der Menschenrechte ganz unten. ›Wer sich als Mitglied der Menschenrechtskommission dauernd mit Folter und Völkermord beschäftigen müsse, dem könnten die Menschenrechtsverletzungen in der DDR als Bagatelle erscheinen...«
»Brigitte, kann man überhaupt eine Liste von Menschenrechten aufstellen? Welches wäre die Rangfolge? Was wäre wichtiger, das Recht zu leben? Zu überleben? Oder die Freiheit? Alles ist eine Frage derderder PerspektivePerspektivePerspektive...«
Seine Stimme hallt mit Echo im Telefon.
»Botschafter, ich verstehe dich nicht gut. Dududu sprichstsprichstsprichst mitmitmit HallHallHall...«
»Dududu, auchauchauch... derderder SatellitSatellitSatellit stehtstehtsteht schlechtschlechtschlecht...«
BotschafterBotschafterBotschafter, HilfeHilfeHilfe...«
»Fragfragfrag nachnachnach dendenden GründenGründenGründen derderder AusreiseAusreiseAusreise-BeschränkungenBeschränkungenBeschränkungen...«

Aus der Liste der International League, New York, suche ich Adressen von Bundesbürgern heraus, die für DDR-Bürger bitten, und schreibe auf meinen braunen Kärtchen einen Brief nach dem anderen, zwei Tage lang, und handschriftlich:

> ... sollte die Ausreiseverweigerung Gründe haben, die im Bereich Sippenhaft liegen, ersuche ich Sie, mir den Fall kurz darzustellen. Ich versuche, eine Verurteilung der DDR wegen Verfassungsbruch vor der UNO durchzusetzen (siehe Spiegel 1. September '80) und nehme mich aller Fälle an, die ein Muster dieser Art erkennen lassen ...

Anschließend versiegele ich meine braunen Briefe mit dem Klump-Siegel von 1555. Mein Siegel wirkt, so hoffe ich, vertrauensbildend. Mehr kann ich nicht tun als nachzufragen. Neunundzwanzig Briefe stecken im Briefkasten, als ein Anruf aus der DDR meine Schreibarbeit unterbricht:
»Ich soll Ihnen nur sagen, daß am Mittwoch nächster Woche das Gepäck verladen wird, für alle drei. Aber die Zeit wissen wir noch nicht.«
»Was ...?«
Klaus *und* seine Eltern kommen.
Kuß auf die Madonna. Und Dankbriefe an das Auswärtige Amt und die UNO, einen an Rüdiger Freiherr von Wechmar, Präsident der UNO.

> 7. November 80
> Exzellenz,
> soeben höre ich durch einen Anruf aus der DDR, daß Klaus und seine Eltern am Mittwoch nächster Woche die Ausreise gewährt werden wird. Das wollte ich Ihnen unverzüglich sagen, damit Sie diese Nachricht, die mich vollkommen glücklich macht, spätestens zu Ihrem Geburtstag auf Ihrem Schreibtisch finden.
> Sie waren *der* Stern für mich auf meinem Weg. Mögen Sie glückliche Antworten finden auf alle Fragen, die Ihnen in diesem Jahr beschert werden.
> Herzlichen Glückwunsch zu Ihrem Geburtstag. Wie schön, daß es Sie gibt,
>
> Ihre Brigitte Klump

Anruf vom Auswärtigen Amt, Bonn, am 12. November:
»Ich muß Sie anrufen, um Sie zu beglückwünschen. Sie haben es geschafft, daß die DDR zum Thema der Menschenrechtskommission wird.«
»Wirklich?«
»Wir wissen es schon seit ein paar Tagen. Ich war richtig neugierig, ob sie ein paar Leute vorher freilassen, und richtig, da ist schon Ihr Kärtchen. Herzlichen Glückwunsch, das haben Sie erreicht, diese Feder dürfen Sie sich nun wirklich an den Hut stecken.«
»Was? Nein, nicht allein, dank all der Hilfen, die mir zugute kamen, ohne Hilfe hätte ich überhaupt nichts erreicht.«
»Aber Sie haben, durch Ihre Initiative, das muß hier einmal festgehalten werden.«
»Danke.«

Nachts träume ich:
Ein wildes, schäumendes Meer, in einem Becken eingeschlossen, ist höher gestiegen als jemals zuvor. Aber es bricht nicht über die Uferbefestigungen, obwohl es himmelhoch darüber schäumt. Es prallt gegen eine unsichtbare Wand, überflutet weder Häuser noch Straßen, sieht gefährlich aus, aber richtet keinen Schaden an. Die Häuser rings um das Becken sind zwei bis drei Stock hoch, pastellfarben, schmalbrüstig, sie verbreiten Geborgenheit.
Der Ozean brüllt, schäumt und tobt, und tritt nicht über die Ufer. Ein Binnenmeer in Aufruhr. Die UNO?

Am 13. November erscheint die Taschenbuchausgabe des »Roten Klosters«.
Kühn formuliert auf der Rückseite ein Satz, von mir voll Hoffnung geschrieben:

> Heute, zwanzig Jahre später, hat Brigitte Klump mit der UNO-Methode 1503 ein Loch in der Mauer der DDR gefunden (s. Anhang).

Heute, am 13. November, am Tag der Auslieferung meines Buches, ist mein Wort Wahrheit, von der DDR mit der Bewilligung der Ausreise selbst bestätigt. Am 13. November, kurz vor Mitternacht, steigt meine DDR-Familie in einen Zug Richtung Bundesrepublik. An einem 13. November, kurz vor Mitternacht, war ich in einen Zug Richtung Westberlin gestiegen, wie meine Familie jetzt exakt zur selben Zeit dreiundzwanzig Jahre später.

»Als wir die Genehmigung zur Ausreise bekamen«, erzählt uns mein Bruder, »war ich gerade beschäftigt. Ich fuhr einen großtechnischen Versuch, der zur Energie-Einsparung führen sollte, und überwachte die Temperatureinstellung, als mich in der Meßwarte ein Anruf alarmierte:
›Herr Klump, würden Sie bitte um halb zwölf in die Kaderabteilung kommen.‹
Mir wurde freigestellt, mit Frau und Sohn die DDR zu verlassen, mit dem bemerkenswert entgegenkommenden Satz:
›Die DDR trennt keine Familien.‹
Wir durften unser Konto auflösen, Hab und Gut verpacken und in einem Container verfrachten. Dieser plötzliche Abschied war hart. Ich ließ meine Arbeit im Stich, meine Kollegen. Aber da stand die Tür weit offen zur Freiheit. Einmal habe ich einen Vogel in Ostberlin über die Mauer fliegen sehen. Einfach hinüber. Die Erinnerung an diesen Vogel bewirkte meinen Entschluß, ohne Zögern den Staatsentscheid der DDR zu begrüßen, uns aus der Staatsbürgerschaft der DDR zu entlassen.
Da sind wir. Habt ihr Platz für uns in eurem Haus?«

Das bayerische Kultusministerium erläßt einen Sonderdispens für meinen Neffen Klaus. Er wird mitten im Schuljahr in der Berufsoberschule Scheyern eingeschult, einem Versuchsmodell für die Bundesrepublik. Hier können Facharbeiter mit mittlerer Reife ihr Abitur nachmachen.
Klaus wohnt im Internat der Benediktinerabtei, nun doch in einem Kloster. Aber keinem Roten Kloster.
Ingeborg, die Mutter von Klaus, wird Verkäuferin in einem Feinkostgeschäft in München, bis der Vater von Klaus eine neue Arbeitsstelle gefunden hat. An zwei Sorten Brot gewöhnt, steht Inge im Brotparadies vom »Käfer«. Nicht einmal im Traum hätte Inge sich vorstellen können, daß es so viele Sorten Brot gibt, und nun soll sie verkaufen, ohne Fachkenntnisse. Am ersten Tag verkauft sie französisches Stangenbrot aus einem Korb. Die armen Kunden! Inge verkauft die Attrappen.
Nach kurzer Zeit ist sie schon die Lieblingsverkäuferin der Kunden. Jedes Brot, das sie empfiehlt, hat sie selbst geprüft.

Mein Bruder lernt, von Tag zu Tag besser auf der Schreibmaschine zu tippen, bei den vielen Bewerbungsschreiben, die er verfaßt, bleibt das nicht aus.

*

Meine Briefaktion mit den neunundzwanzig Briefen trägt Früchte. Vor Freude über das Eintreffen meiner Familie hatte ich meine Briefanfragen vollständig vergessen. Antworten treffen ein:

Höpfingen, den 8. 11. '80
Sehr geehrte Frau Brigitte Klump,
wir bedanken uns für Ihre Bereitschaft, uns zu helfen. Der Fall Wolfgang H. und Familie hat sich erledigt. Mein Bruder ist seit einem Jahr in der Bundesrepublik Deutschland.
Mit freundlichen Grüßen Otto H.

Tag für Tag treffen Antworten dieser Art ein:

Mein Sohn Uwe J. ist aus der DDR freigekauft worden und befindet sich seit März 1979 mit Familie in der Bundesrepublik.
Mit freundlichen Grüßen Marga J., Henstedt-Überlingen

Eine Marie S. aus München schreibt mir:

Wir haben Ihr Schreiben, welches an meinen Sohn Klaus-Dieter A. gerichtet war, von Ihnen mit Dank erhalten. Ich will gleich selbst an Sie schreiben. Mein Sohn Heinz-Günter A. ist im Mai 1979 nach hier entlassen worden, und ich mit meiner Mutter, welche im Mai 1979 90 Jahre alt wurde, wir beide sind Ende August 1979 ebenfalls zu meinen Söhnen nach hier auf Familienzusammenführung endlich herübergekommen. Wir sind sehr froh, wieder eine Familie zu sein. Wir sind mit nichts angekommen, da alles sehr schnell gehen mußte, ich mit Oma an der Hand und einem Köfferchen, aber trotz alledem haben wir alles überstanden, und wie gesagt, sind wir sehr froh, daß wir wieder zusammen sind. Wir bedanken uns nochmals bei Ihnen für Ihr Interesse für unsere Angelegenheit und wünschen Ihnen alles Gute.

Ihre Marie S., Söhne und Oma.
Wir wohnen alle zusammen.

Brigitte Sch.: lebt seit 8. 6. 79 in der Bundesrepublik Deutschland, verheiratet mit Otto Sch. aus Alb.
Karl S. aus Parkstein: Seit einem reichlichen Jahr befinde ich mich in der Bundesrepublik Deutschland.

Jeder Tag bringt neue Briefe und Dankschreiben an mich. Jeder, der mir antwortet, ist über die Familienzusammenführung in der Bundesrepublik eingetroffen, organisiert vom Ministerium für innerdeutsche Beziehungen. Niemand durch die Bemühungen der Gesellschaft für Menschenrechte.
Ein ganz besonders fauler Fall ist dabei, eine Ehefrau legt mir ihre Heiratsurkunde vor. Ihr Mann könne gar keine »Verlobte« in der DDR haben. Als ich bei dem Ehemann anfrage, mehrmals, sogar in Libyen, weil er sich dort auf Montage befindet – keine Antwort.
Eine Reihe der Adressen stimmt nicht mehr, die Post bringt mir Briefe als unzustellbar zurück.
Ich mache mich auf den mühsamen Weg der Ermittlung über Einwohnermeldeämter.
Warum hat die Gesellschaft für Menschenrechte nicht der Liga in New York geholfen? Offensichtlich arbeiten sie doch zusammen? Oder woher hat die Gesellschaft für Menschenrechte die interne Liste der Liga? Warum überprüfte die Gesellschaft für Menschenrechte nicht die Adressenliste der Liga? Von Deutschland aus ist das eine Kleinigkeit. Warum wirft sie diese Listen auf irgendwelche Schreibtische, unaufgefordert?
Tatsache ist, daß dem Generalsekretär der UNO eine Sammelliste eingereicht worden ist, mit merkwürdig vielen, schon gelösten Fällen. In meinem Kopf klingelt es Alarm.

Anruf bei einem Nachrichtenredakteur:
»Also, wenn man ehrenwert bleiben will, muß man auch die anderen Dinge sagen. Ich habe in neunundzwanzig Fällen Briefe hinausgeschickt. Die meisten Fälle sind Enten, längst gelöst, jedenfalls zeichnet sich ein solcher Trend aus den Rückantworten ab. Ich bin gern bereit, eine Ehrenerklärung für die DDR abzugeben, wenn sich herausstellt, daß sich hauptsächlich Spinner beteiligen.«
Er lacht: »Und das trägt dann zur deutsch-deutschen Entspannung wieder bei.«

Am 12. November '80 erreicht mich ein Schreiben von Walburga H. aus Dortmund.[43]

Sehr geehrte Frau Klump,

ich bedanke mich sehr für Ihr freundliches Schreiben vom 6. November. Ich kann Ihnen mitteilen, daß meine Familienmitglieder, das heißt, meine Tochter Ulrike R., mein Schwiegersohn Günther R. sowie die Kinder Astrid und Berit am 2. September 1978 aus der DDR einreisen durften. Sie wohnen in Dortmund und haben sich bereits gut eingelebt.
In den ersten Novembertagen 1978 habe ich dann allen Helfern bei dieser geglückten Familienzusammenführung schriftlich meinen Dank ausgesprochen. Es waren fast 50 Briefe, die ich verschickt habe. Sollte ich trotzdem einen Unterlassungsfehler begangen haben, so bitte ich um Verzeihung.
Es ist tröstlich zu wissen, daß es in dieser Welt Menschen gibt, die so selbstlos helfen wie Sie, werte Frau Klump. Meine Kinder und ich danken Ihnen, sicher werden noch viele Menschen Ihre Hilfe brauchen.

Mit freundlichen Grüßen Ihre Walburga H.

Am 13. November schreibe ich an das Generalsekretariat in New York:

... Dr. Gnauck, der Pressesprecher der Gesellschaft für Menschenrechte, Sitz Frankfurt, gab mir Akteneinsicht in Fälle, die The International League for Human Rights, Sitz New York, am 25. Juni 1980 dem Herrn Generalsekretär präsentierte, in Übereinstimmung mit der Resolution 1503.
Da diese Fälle offensichtlich zur gleichen Zeit mit dem Fall Klaus Klump auch in Genf bei der Division of Human Rights eingereicht wurden, hatte ich ganz intuitiv die Idee, bei den angegebenen Adressen von Bundesbürgern nachzufragen, welche Gründe hinter den Ausreisebehinderungen stehen, ob es möglicherweise Gründe von Sippenhaft sind.
Ich schrieb neunundzwanzig Briefe, um die Gründe herauszufinden. Alle mit der Hand und versiegelt, und zwar am 5. und 6. November. Am 7. November bekam ich einen Anruf aus der DDR,

daß Klaus und seinen Eltern die Ausreise gewährt sei. Die Freude darüber stoppte meine Briefaktion. Seit ein paar Tagen kommen nun die Antworten zurück...

Ein Verdacht drängt sich mir auf von einem unerhörten, politischen Spiel, Ziel Menschenrechtskommission der UNO. Es ist bis heute nur ein Verdacht, aber ich glaube, jeder Tag zählt, ich will nicht tagelang auf meinem Verdacht sitzenbleiben.
Wie ich aus »bester« Quelle hörte, wird sich die Menschenrechtskommission der UNO erstmalig mit der DDR befassen, und dann entpuppt sich ein Fall nach dem anderen als »Scheinfall«. Der Menschenrechtskommission würde dann wohl nichts anderes übrigbleiben, als der erstaunten Weltöffentlichkeit zu berichten, daß ein Versuch gestartet worden wäre, der DDR vor dem Forum der UNO Unrecht zu tun.
An Fällen, die mir selbst auf meinem Schreibtisch vorliegen, kann ich ablesen, daß Unrecht geschieht in der DDR, aber ich fürchte, sollten die Fälle der Liga für Menschenrechte unter der Hand explodieren, dann wird es so aussehen, als geschähe der DDR bitteres Unrecht.
Ich bitte herzlich darum – wenn ich das bitten darf – die eingereichten Fälle der Internationalen Liga für Menschenrechte zu überprüfen, *bevor* ein Skandal die UNO erschüttert. Ich selbst versuche, jeden Fall zu recherchieren, bei Einwohnermeldeämtern und auch in der DDR, soweit das auf dem Postweg zu klären geht. Ich beschwöre Sie, meinen Brief ernst zu nehmen.

Weitere Anfragen, insgesamt fünfzig, bringen weitere Rückmeldungen, auch aus der DDR, aktuelle Fälle neben längst gelösten Fällen. Stand meiner Recherche bis zum 30. 12. '80, ebenso dem Generalsekretariat der UNO mitgeteilt:
Die Liste ist (mein Urteil nach den Rückmeldungen meiner brieflichen Überprüfungen in der DDR und in der Bundesrepublik, die Aktion läuft noch) zu zweiundvierzig Prozent faul. Aber die Prozentzahl verschiebt sich weiter auf fünfzig Prozent zu. Alle »faulen« Fälle sind seit '78/'79 bereits gelöst, wurden der UNO aber im Juni '80 als ungelöst präsentiert.
Mir selbst liegen inzwischen dreiundzwanzig Petitionsangebote vor mit erschreckenden Sachstandsmeldungen. Heute nur ein Zitat aus einem Brief einer Bundesbürgerin (Datum 27. 12. '80) über ih-

ren Cousin Gerald Sch., DDR, der zu zwei Jahren Haft verurteilt wurde. Verhaftet wurde er am 3. 1. '78 aufgrund eines Antwortschreibens der UN-Menschenrechtskommission, welches vom Sicherheitsdienst abgefangen wurde.

Der Bundesvorsitzende der Gesellschaft für Menschenrechte, Frankfurt, Professor Hellmuth Nitsche, legt sein Amt nieder. Der neue Vorsitzende der Gesellschaft heißt Dr. Reinhard Gnauck.

Am 26. Januar habe ich meine Sammelbeschwerde I zusammengestellt, dreiundzwanzig Petitionen und dazu einen Begleittext, den ich unverzüglich der Menschenrechtskommission zur Kenntnis bringen möchte, denn die Tagung der Menschenrechtskommission beginnt am 2. Februar.

Als ich mit meiner Sammelpetition I in Genf einfliege, weiß ich, daß ich damit eine *Abrede* von Staatenvertretern der DDR und der Bundesrepublik breche, sich gegenseitig bei der UNO nicht in die Pfanne zu hauen.

Ich bin kein Staatenvertreter, *Abreden* dieser Art können mich nicht binden. Mir kann niemand in die Zügel fallen, mir kann niemand meinen Job aufkündigen, ich habe keinen, ich bin nur eine Hausfrau, ausschließlich meinem Gewissen verantwortlich. Man könnte mir nur meine Petitionen stehlen... Mit einem Goldkettchen schließe ich sie an mein Handgelenk. Wer meine Petitionen klauen will, muß mich schon mitklauen. Als mich ein Fotoreporter im Auftrag der »Bunten« Illustrierten am Flughafen Genf abholt, zeige ich ihm mein Kettchen. Er fotodokumentiert auch die Übergabe in der UNO.

Mein Begleittext zur Sammelbeschwerde I vom 26. 1. '81:

> *Ich bezeuge* mit dreiundzwanzig exemplarischen Petitionen von Bürgern der Bundesrepublik für Bürger der DDR andauernde Verletzungen von Menschen- und Grundrechten in der DDR.
>
> Aus diesen dokumentierten Petitionen ist ablesbar, daß die Verfassung der DDR durch die DDR selbst systematisch und fortgesetzt handelnd vielfach gebrochen wird.
>
> Wenn es deutsch-deutsche Abreden gibt, deutsche Angelegenheiten nicht vor das Forum der Weltöffentlichkeit zu tragen, sollten sie für die Vereinten Nationen nicht bindend sein. Die DDR sitzt im Sicherheitsrat der UNO. Ein Ehrenplatz für einen Staat, der

Bürger verkauft. Stückpreis je nach Ausbildung vierzigtausend bis einhundertzwanzigtausend DM. Seit 1964 ein Milliardengeschäft für die DDR. Sie verkauft *nach eigener Auswahl* im Jahresdurchschnitt etwa eintausendzweihundert ihrer eingemauerten Bürger an die Bundesrepublik.[44]

Weitere Petitionen, von mir vorgelegt, werden folgen. Ich sammle diese Petitionen aus *eigenem* Entschluß, ohne Auftraggeber und ohne finanzielle Hilfe von irgendeiner Seite. Ich bin eine Privatperson, Hausfrau, politisch engagiert in der Literatur, keiner Partei verpflichtet. Entspannung verstehe ich so: Konflikte sollten nicht versteckt, sondern debattiert werden, damit sie gelöst werden können. Mit Hilfe der UNO.

Brigitte Klump

Mit meinem Begleittext[45] verbindet sich auf seriöse Weise der DDR-Bericht von amnesty international[46] unverabredet, aber zur gleichen Zeit in Genf vorgelegt. AI hat Beraterstatus bei den Vereinten Nationen (Wirtschafts- und Sozialausschuß, Ecosoc). Daß ai bei der Menschenrechtskommission Gehör findet, ist Ergebnis seiner langjährigen Arbeit, in der sich zeigte, daß ai eine ehrenwerte Organisation ist. Daß ich Gehör finde, ist von Anfang an... Glück. Zum erstenmal in der Geschichte der UNO sitzt damit ein Ostblockstaat auf der Anklagebank der Menschenrechtskommission, die DDR.

Erich Honecker läßt über seinen Londoner Verleger dem »Stern« ein Interview anbieten.

In diesem Interview finde ich all die schönen Sätze, die die DDR vor der UNO jetzt nicht mehr loswerden kann, weil die Liste der Internationalen Liga in Genf keine Rolle mehr spielt.

»Der Stern«, 12. Februar 1981:

STERN: amnesty international hat eine Dokumentation veröffentlicht, die der DDR vorhält, sie verletze internationale Verträge, etwa den 1976 ratifizierten Vertrag über Bürgerliche und Politische Rechte oder auch die Schlußakte von Helsinki. Zwischen dreitausend bis siebentausend DDR-Bürger seien gegenwärtig in Haft, weil sie ihr Land verlassen wollten. Wie stellen Sie sich zu diesem Vorwurf?

HONECKER: Offensichtlich ist diese Gesellschaft eine der vielen Vereine im Westen, die aus dunkler Quelle finanziert werden und es sich zur Aufgabe gemacht haben, anständige Staaten zu verleumden. Ich bitte Sie, sich unsere Verfassung und die Gesetze der DDR anzusehen. Sie werden finden, daß die Grundsätze des Völkerrechts in der Verfassung verankert sind. Die Angabe, daß dreitausend bis siebentausend Bürger der DDR aus politischen Gründen gegenwärtig in Haft sind, ist schlicht gesagt eine grobe Lüge. Allein die Differenz von viertausend zeigt, wie ernsthaft diese Leute an solche Fragen herangehen. Im übrigen können Sie davon ausgehen, daß bei uns alle Bürger vor dem Gesetz gleich sind. Seit der Amnestie im Jahre 1979 gibt es bei uns keinen einzigen politischen Gefangenen mehr.[47]

★

»Hallooo?«
»Hallo, Brigitte, hast du die Gründe herausgefunden, die hinter den Ausreiseverweigerungen stehen?«
»Ja.«
»Erzähle mir.«
»Es gibt viele Gründe, hast du Zeit?«
»Für dich immer.«
»Keine Konferenz?«
»Konferenz mit dir im Flughafen München.«
»Wann?«
»Jetzt. Wie lange braucht der Zug von Rohrbach?«
»Vierzig Minuten.«
»Dann erwarte ich dich in einer Stunde im Flughafenrestaurant.«

»Brigitte!«
»Botschafter, beinahe jeder mir vorgelegte Fall ist ein Fall von Sippenverfolgung, über die deutsch-deutsche Grenze hinaus...«
»Über die Staatsgrenze hinaus? Das mußt du mir erklären.«
»Wenn jemand aus der DDR geflohen ist oder ausreisen durfte, dank der besonderen Bemühungen der Bundesregierung, legt das Ministerium für Staatssicherheit in der DDR Hand auf die Verwandten, Verlobten, Freunde.«
»Mit welcher Begründung?«
»Sie verlangen den sofortigen Abbruch jeden Kontakts, auch des Briefwechsels. Wer sich weigert, erleidet Diskriminierungen, verliert seine Stellung, die Kinder werden von der Oberschule gewiesen, das alles steht in meinen Petitionen. Nicht in jedem Fall ist das MfS so rachsüchtig, aber in jeder Petition sind mit Namen und Adresse diese ungeheuerlichen Übergriffe dokumentiert.«

»Willst du mir ein Beispiel nennen?«
»Der Fall Mainz.«
»Honecker hat soeben im ›Stern‹ verkündet, es gäbe in der DDR seit der Amnestie von 1979 keine politischen Häftlinge mehr. Simone Langrock, geborene Mainz, ist am 22. April 1980 in ihrer Wohnung in Leipzig von Beamten des Staatssicherheitsdienstes festgenommen worden und wegen staatsfeindlicher Hetze zu fünf Jahren Haft verurteilt worden.«
»Du nennst Namen, Brigitte? Sind deine Petitionen nicht vertraulich?«
»Sie sind vertraulich. Rolf Mainz selbst hat mich um Veröffentlichung gebeten. Denn mit Simone wird die Familie Mainz bereits in der dritten Generation politisch verfolgt. Albert Mainz, Simones Großvater, hat wegen Widerstands gegen die Naziherrschaft vier Jahre im Konzentrationslager und Zuchthaus gesessen. Er war im Krieg Angehöriger des Strafbataillons 999.
Rolf Mainz, Simones Vater, wurde wegen regimekritischer Äußerungen über gesellschaftliche Zustände in der DDR zu insgesamt neuneinhalb Jahren Haft verurteilt, er konnte nach zweijähriger Haft von der Bundesregierung freigekauft werden.
Simone hatte zusammen mit Ehemann und Sohn im Sommer 1979 einen Ausreiseantrag in die Bundesrepublik gestellt. Rolf Mainz wörtlich: ›Mit der Verhaftung und Aburteilung unserer Tochter wird Sippenhaft praktiziert in einer Form, die den NS-Praktiken nicht unähnlich ist. Damals wie heute wird unter dem Vorwand von Rechtsverletzung Rache genommen an den Angehörigen von Personen, die für das Regime nicht greifbar sind. Es ist eine moderne Form staatlicher Geiselnahme mitten in Europa...‹«
»Du hast die Fälle überprüft?«
»Das Ministerium für innerdeutsche Beziehungen hat sie geprüft.«
»Aha, du akzeptierst nur Petitionen, wenn du erkennst, daß die Bemühungen des Ministeriums gescheitert sind, oder wenn sich abzeichnet, daß sie scheitern könnten?«
»Ja. Ich bin kein Konkurrenzunternehmen. Wenn der nationale Weg der Hilfe keinen Erfolg bringt, dann vielleicht der internationale Weg über die UNO.«
»Willst du mir noch ein Beispiel berichten?«
»Ein Fall aus Halle.
Eine Mutter bittet seit 1975 um Familienzusammenführung mit ihrer Tochter, Ärztin in Halle. Die Mutter kann nicht sprechen, sie hat

Kehlkopfkrebs. Als sie 1977 versuchte, in die DDR einzureisen, wurde sie aus dem Interzonenzug geholt, das bereits erteilte Paßvisum ungültig gestempelt und zurückgeschickt. Die neueste Variante ist, daß die DDR-Behörden gegenüber dem Ostberliner Rechtsanwalt Vogel erklärt haben, ihre Tochter wolle nicht ausbürgern.«

»Woher weiß das die Mutter?«

»Aus einem Telegramm ihrer Tochter.«

»Einen anderen Fall, bitte.«

»Eine Arztfamilie aus Dresden. Als dem Bruder eines in der DDR bekannten Chirurgen die Ausreise nach Österreich gewährt wurde, erhielten der Chirurg und seine Familie die Auflage vom MfS, unverzüglich jede Beziehung zu diesem Bruder abzubrechen. Als sie sich weigerten, verloren beide ihre Stellungen. Daraufhin stellten sie Anträge auf Entlassung aus der Staatsbürgerschaft der DDR.«

»Du sprachst von Kindern, die von der Oberschule gewiesen werden?«

»Eine Oma in der Bundesrepublik, schwer herzkrank, bittet um Familienzusammenführung mit ihrer Tochter. Der Tochter geht es materiell sehr schlecht. Ihr Mann ist Frührentner mit achtunddreißig, asthmatisch, sie leben von dreihundertundzwanzig Mark monatlich mit vier Personen. Seitdem sie ihren Ausreiseantrag stellten, haben sie schweren Kummer durch den Staatssicherheitsdienst. Gegen den Oberschüler ist eine Kampagne in der Schule gestartet worden, jeden Tag wird er während des Unterrichts angegriffen, als Verräter des sozialistischen Staates, als Egoist und Schmarotzer, dem energisch entgegengetreten werden müsse. Der Sohn wird als Risikofaktor für das gesamte Klassenkollektiv hingestellt, und der Lehrer führt Einzelgespräche mit Freunden und Klassenkameraden, in denen er klarlegt, daß sie den Umgang und die Freundschaft mit ihm meiden sollen. Die Oma hier in der Bundesrepublik weint nur noch. Ich habe ein paarmal mit ihr am Telefon gesprochen, sie ist vor Kummer fast am Ende.«

»Du sagtest, Sippenverfolgung über die deutsch-deutsche Grenze hinaus?«

»Ja, das Ministerium für innerdeutsche Beziehungen verlangte von dieser Oma die Adressenliste aller lebenden Verwandten in der Bundesrepublik.«

»Aus welchem Grund?«

»Die DDR besteht offensichtlich auf diesen Auskünften, und das Ministerium für innerdeutsche Beziehungen beschafft sie. Sicherlich aus dem lobenswerten Grund, die Akte möglichst bald als erledigt vom Tisch zu bekommen. Daß die Armen dann später keinen Besuch mehr aus der DDR empfangen dürfen und auch keine Einreisegenehmigung in die DDR einschließlich aller Verwandten bekommen, das steht auf einem ganz anderen Blatt, nämlich in meinen Petitionen. Die Polizei untersteht dem Ministerium des Inneren. Das Ministerium für Staatssicherheit, als Kontrollinstanz, verwirft Entscheidungen der Paßämter, es hebt Entscheidungen der Behörden auf, ohne Begründung.«

»Erkennst du weitere Fehler in der Beratungspraxis des Ministeriums für innerdeutsche Beziehungen?«

»Fehler ja, aber Fehler sind menschlich. Ich will dem Ministerium keine Fehler vorhalten, sie haben Tausenden von Menschen geholfen, das tilgt Fehler.«

»Aber?«

»Ich will nur warnen vor zu weit gehenden Auskünften, die in die Rechte der Bürger einschneidend eingreifen.«

»Dann anders gefragt, machst du den Behörden der DDR Vorwürfe?«

»Nein, die Behörden dort arbeiten nicht besser oder schlechter als anderswo. Mein Vorwurf betrifft einzig und allein das MfS mit seinen Mitarbeitern. Sechstausend Postzensurstellen gibt es allein in der DDR, in jeder Post eine Zensurstelle. Die Bemühungen der Regierung der DDR, eine gute Regierung zu sein, werden durch die Praktiken des MfS zerstört. Das MfS versucht, die Gedanken zu erkennen, durch Briefzensur und durch Ausstreuen von Verdächtigungen. Erst sät es selbst die Gedanken, mit Lug und Trug, um dann die zu schädigen, die sie Lügner und Betrüger nennen. Dieses Ministerium erzeugt selbst die Verstöße gegen die Gesetze der DDR. Wenn sich ein Bürger in hilflosem Zorn gegen Verdacht, Verleumdung oder Unterstellung auflehnt, nimmt ihn der Staatssicherheitsdienst in Untersuchungshaft. Dort wird ein Protokoll verfaßt. Der Verhaftete muß Freunde und Verwandte nennen, jeden einzelnen mit Adresse, auch hier im Westen, schon hat der Stasi wieder Zugriffsmöglichkeiten auf weitere, unbescholtene Bürger. Der Stasi braucht Opfer. Würde er sie nicht dem Richter vorführen, zu Tausenden jährlich, zeigte sich bald, daß das MfS ein überflüssiges Ministerium der DDR ist.«

»Wer zeichnet verantwortlich für das MfS?«

»Lenin hat sich das Prinzip der Kontrolle ausgedacht. Und Stalin hat das System der Kontrolle installiert. Die Politbüros der Ostblockstaaten glauben seither an die staatssichernde Notwendigkeit dieser Mini-

sterien. Resultat ist, diese Ministerien torpedieren durch ihre eigenen Verhaltensweisen einen Ostblockstaat nach dem anderen.«
»Ja, Brigitte, so wirkt die Dialektik in der Geschichte.«
»Weißt du, Botschafter, was das Grauenvolle ist? Die Methoden des Nazireichs haben überlebt. Damals hat man die Menschen, nach rücksichtsloser Kontrolle und Beschlagnahmung ihrer Vermögen, in die KZs und die Gasöfen geschickt. Heute beschlagnahmt man ebenso den Besitz, der einzige Unterschied ist, man läßt ihnen das Leben.«
»Aus Respekt vor der Unantastbarkeit menschlichen Lebens?«
»Nein. Aus Furcht, vom Urteil der Geschichte mit den Nazis auf eine Bank gesetzt zu werden.«
»Aber du setzt sie heute schon darauf, Brigitte.«
»Noch ist es Zeit zu lernen, noch ist es Zeit zu ändern, noch...«
»...ist Polen nicht verloren.«
»Auf meiner Anklagebank sitzen einzig und allein die Mitarbeiter des Staatssicherheitsdienstes, die Verfassungsbrecher der DDR.«
»In welchem Ansehen steht das MfS in der DDR, Brigitte?«
»Botschafter, die Staatsführung der DDR verkündet offiziell, es sei höchste Ehre und Ruhm für den einzelnen, Mitarbeiter des MfS sein zu dürfen. Und besonderes Lob verteilt sie an die ›Kundschafter des Friedens‹, die Mitarbeiter der ›heimlichen Front‹ hier in der Bundesrepublik.«
»Wie heißen diese Mitarbeiter?«
»Kundschafter. Kundschafter des Friedens!«

In der Nacht zum Aschermittwoch, dem 4. März, habe ich einen merkwürdigen Traum.
Eine menschenleere Straße führt auf eine Fassade zu. Eine prächtige Fassade mit Säulen und Steinfiguren, reichgegliedert wie ein griechischer Tempel. Die Säulen tragen einen steinernen Sims. Hinter der Fassade ist – nichts. Kein Tempel. Nichts. Steinerne Figuren, vergoldet, blitzen in der Sonne. Funkelnde Reflexe tanzen über rosa und hellblau getünchte Säulen, pastell-geschminkt, aufgeputzt wie eine Hure.
Die Tempelfassade ist Theaterfassade.
Eine Stimme sagt: Wer hinaufsteigt, bringt sie zum Einsturz.

Zwei Menschen wollen hinaufsteigen.
Warnend rufe ich ihnen zu:
»Wer hinaufsteigt, stürzt ab!«

Sie hören nicht auf mich, klettern hinauf.
Das Blendwerk kracht in allen Fugen, wankt, stürzt zusammen. Staub steigt auf, verdunkelt den Himmel. Menschen strömen herbei, diskutieren, eine aufgeregte Menge. An die Verschütteten denkt niemand.
Begeistert rufe ich meinen Mann in der Redaktion an. »Jetzt ist die Fassade eingestürzt. Der Prophet hat recht gehabt. Er hat gesagt, sie wird einstürzen. Aber sie wollten nicht glauben, sie sind raufgeklettert.«
»Sind sie tot?«
»Tot? Weiß ich nicht.«
»Was kümmert das auch einen Idealisten.«
»Hör doch mal, der Prophet hat recht gehabt, sie sind abgestürzt, und mit ihnen ist dieses schreckliche Bauwerk zusammengekracht. Der Prophet hat recht gehabt, darum geht's!«
»So? Ich denke, es geht dir um die Menschen?«
»Sie waren gewarnt, sie haben nicht hingehört. Aber das Bauwerk ist weg, nur noch Schutt. Und weißt du, was hinter dem Schutt zu sehen ist?«
»Na?«
»Eine Straße. Eine freie Straße.«

*

Am Freitag, dem 13. März höre ich frühmorgens um sieben im Bayerischen Rundfunk, daß zum erstenmal in der Geschichte der Vereinten Nationen ein Ostblockstaat auf der Anklagebank der UN-Menschenrechtskommission sitzt, die DDR.
Diese Nachricht entschlüsselt mir meinen Traum.
Die Straße Unter den Linden in Ostberlin führt direkt zum Brandenburger Tor, das verschlossen ist zur Welt. Kein Tor – ein Blendwerk.

*

Mein Mann bringt mir aus der Redaktion diese dpa-Meldung mit, die jeder deutschen Redaktion auf den Schreibtisch kam, auch jeder Fernsehredaktion:

byn189 4 vm 106 vvvvy
byn190 5 vm 110 vvvvy

byn191 4 pl 286 vvvvb dpa 149
UNO/Menschenrechte/Korr
Aktivität zwei und Schluß (Genf)

»... eine teilbilanz der sechswöchigen genfer jahrestagung der dreiundvierzig nationen zählenden menschenrechtskommission der vereinten nationen (UN)...
Über eine Woche lang wandte die Kommission hinter verschlossenen Türen die Methode der *diplomatischen Überredung* statt der öffentlichen Konfrontation bei einer ›schwarzen Liste‹ von knapp zehn Ländern an, bei denen es mit der Einhaltung der Menschenrechte hapert. *Auch die DDR war diesmal dabei.* Über die Vorwürfe wurde nichts bekannt.«

Zu Beginn der Debatte, am 2. Februar, wurden als Spitzenmeldungen von ZDF und ARD Berichte aus Genf gebracht, jeder Staat wurde genannt, der auf die Anklagebank der UN-Menschenrechtskommission kommen sollte, am Anfang war die DDR nicht dabei. Als die Entscheidung fiel, nahm das Fernsehen keine Notiz davon. Es war ja nur eine Sensation passiert. Welche Interessen schützten in diesem Augenblick die öffentlich-rechtlichen Fernsehanstalten durch das Verschweigen dieser Nachricht?[48]

★

»Inga, kommst du mit mir nach Tunesien? Ich will anfangen, mein neues Buch zu schreiben.«
»Gibt's da Bazare?«
»Ja, aber sie heißen Soukhs.«
»Wann fliegen wir?«
»Erst mal kaufen wir Badegarderobe.«
Ein Tag der Mode mit Inga.
Wenn mir meine Mutter freie Auswahl geboten hätte – unvorstellbares Glück. Meine Tochter blättert mit spitzen Fingern die Reihe der Bademäntel auf.
»Würg.«
Ein langer Blick auf ein orientalisches Gewand.
»So was ist schöööön!« Mit Sehnsucht in der Stimme.
»Frottee, Mäuschen. Du sollst dir keinen Seidenfummel aussuchen. Und überhaupt, du willst doch nicht solche nachgemachten Fetzen nach Afrika einfliegen? Dort hast du die Auswahl in den Soukhs.«

Als ich meine Beute zahlen will, sehe ich ihre leeren Hände.
»Du hast nichts gefunden, nichts? Vier Stockwerke hat das Haus, vollgepfropft mit Garderobe, und nichts für dich dabei?«
»Da hinten hängen Tücher, wahnsinnig.«
»Hol dir dein Tuch.«
Versunken steht sie vor einem Ständer mit gefalteten Baumwollschals in allen möglichen Farben. Einen weißen und einen olivfarbenen hat sie in die engere Wahl gezogen. Windeln, zwei, drei Meter lang, sorglos in Farbe getaucht, streifig, spottbillig. Kein Kind aus einer unterentwickelten Welt würde begeistert auf solche Tücher schauen.
Inga hat keinen Blick für die feinen Maßarbeiten, zwei Windeln sind ihr ganzes Glück.
Als wir die Rolltreppe zur Sammelkasse hinauffahren, jubelt sie: »Mami, schau, da sind ja noch viel schönere. Blau, sieh dir das wunderbare Blau an.«
»Hol dir dein Tuch.«
Sie will es vom Ständer nehmen, aber es ist festgenageltes Dekorationselement.
»Wo gibt es diese da, nicht angenagelt?«
Die Verkäuferin sagt, mit Lächelblick auf Inga, Hängepullover, älteste Jeans und zwiefach genähte Schnürschuhe, Marke Kickers:
»Im Parterre und Tiefgeschoß ist eine große Auswahl.«
Als Inga wiederkommt, glücklich mit brauner und blauer Windel für den Hals, berichtet sie:
»Da unten hat mich ein Punk-Mädchen bedient mit messinggelben Haaren, in Büscheln vom Kopf abstehend, und grüngeschminkten Augenlidern, mei, war die nett. Sie wollte mich beraten und schlug mir die Kombination vor: Blau mit Schwarz. Ich sagte, Schwarz mag ich nicht tragen. Da sagte sie, ja dann wird's problematisch. Sie konnte sich nichts anderes zu Blau vorstellen. Sieh mal, ich habe dieses Kakaobraun gewählt. Ist das nicht toll?«
Und sie würgt sich Windel braun und Windel blau, ineinander verdreht wie ein Seil, um den Hals, als wollte sie sich aufhängen. In Ingas Alter habe ich mich schön gefühlt in Seide oder Voile. Ingas Vorstellung von schön ist, nur nicht teuer aussehen, nur nicht auffallen.
Götz, der liebe Bruder, wandert zu Hause um sie herum:
»Alternativ-Tick! Oder besser, Alter – naiv – Tick. Gibt sich wieder.«

*

Inga, in Heckis Hemden gewickelt, verwandelt sich am Strand in ein hinreißend schönes, junges Mädchen im Badeanzug. Sie liest Philosophisches, während ich auf die Schreibmaschine einhämmere. Auf einer Wiese am Blumenhang, unmittelbar vor dem Meer.
Jemand wirft einen interessierten Blick in mein Manuskript, liest sich fest, das sehe ich mit Vergnügen.
»Erlauben Sie mir eine Frage?«
»Gern, Sie sind mein erster Leser.«
»Warum dieser Botschafter in Ihrem Buch? Halten Sie Botschafter für höhere Wesen?«
»Nein, durchaus nicht, aber dieser Botschafter ist ein Vermittler höherer Weisheit.«
»Mir scheint es ganz so zu sein, als wollten Sie das Ansehen der Botschafter wieder in Ordnung bringen.«
»Ooo... Sie meinen, die Integrität der Botschafter ist ein Gerücht? Also, ich kenne fünf integre Botschafter von Format.«
»Fünf... gleich fünf auf einmal? Dann kennen Sie wohl die fünf, die integer sind? Oder... zahlt Ihnen das Auswärtige Amt eine Riesensumme, damit Sie das Image der Diplomaten in Ordnung bringen?«
»Sie meinen, die Terroristen knallen in der Welt mit Recht die Diplomaten ab?«
»Das will ich nicht gerade behaupten, das wirklich nicht. Ich bin ein Mann des Friedens. Ich bin ein Bahá'i.«
»Was ist das, ein Bahá'i?«
»Wir sind eine neue Religionsgemeinschaft, in Persien gegründet.«
»Sie sind ein Moslem? Ich sage immer, ich bin ein Moslem, weil ich kein Schweinefleisch vertrage und keinen Alkohol, der Koran wirkt in mir. Aber vielleicht bin ich ein Bahá'i? Wer sind die Bahá'i?«
»Wir werden von fanatischen Moslems verfolgt, seit der Gründung im Jahre 1844. Auch der Schah hat uns nicht unter den Schutz der iranischen Verfassung gestellt. Wir dürfen uns nicht versammeln, unsere heiligen Stätten sind zerstört worden, unsere Friedhöfe werden geschändet.«
»Seit einhundertvierzig Jahren?«
»Seit einhundertvierzig Jahren verfolgt und ermordet. Im letzten Jahr ist eine große Zahl von Bahá'i hingerichtet worden. Im März...«
»... vor gut einem Monat?«
»Ja, im März hat ein islamisches Revolutionsgericht zwei Bahá'i in Täbriz allein aufgrund ihrer Mitgliedschaft im örtlichen Führungs-

gremium zum Tode verurteilt und hingerichtet. Damit besteht akute Lebensgefahr für alle viertausendfünfhundert Mitglieder der örtlichen Führungsgremien. Die neun Mitglieder des obersten Verwaltungsrates sind auch verhaftet worden. Seit über einem Jahr weiß man nicht, wohin sie verschleppt worden sind.«

»Ist Ihre Religionsgemeinschaft denn aggressiv? Mischt sie sich seit einhundertvierzig Jahren in die Geschäfte des Staates ein?«

»Niemals würde ein Bahá'i so handeln. Die Religion der Bahá'i ist die Religion der Einheit. Die Offenbarer der Hochreligionen werden als Einheit betrachtet, und somit werden die historischen Religionen als eine fortschreitende Religion erkannt. Die Einheit aller Menschen ist das Ziel der Bahá'i-Religion, und die Frucht dieser Einheit in der Mannigfaltigkeit wird Friede auf Erden sein. Auch Glaube und Wissen werden im Lichte der Einheit gesehen und als zwei Aspekte der Wahrheit verstanden.«

»Wer ist der Religionsgründer?«

»Bahá'u'llah, Herrlichkeit Gottes genannt. Er steht in der Reihe der großen Stifterpersönlichkeiten mit Laotse, Buddha, Jesus und Mohammed. Die Charta der Vereinten Nationen ist von Bahá'i entscheidend mit formuliert worden.«

»Die Charta der UNO?«

»Ja. Wir glauben fest daran, daß der Weltfrieden von einer Weltregierung im Rahmen eines Weltstaatenbundes verwirklicht werden wird.«

»Ich habe einen Traum – von einem Internationalen Gerichtshof der UNO, der dem einzelnen, vom Staat verfolgt, zu seinem Recht verhilft und der Staatsführung in die Zügel fällt.«

»Wir hoffen auf einen Weltschiedsgerichtshof. Er müßte, um sich durchsetzen zu können, auch eine Weltexekutive besitzen, die stärker ist als die Macht der Supermächte.«

»Ich stelle fest – Übereinstimmung... Haben Sie mich gesucht, hier im Hotel?«

Er lacht.

»Leben die Bahá'i nur in Persien?«

»Nein. Es gibt über einhundertelftausend Bahá'i-Zentren in der Welt, auch in Europa, auch in Deutschland. In Afrika, Indien und in Lateinamerika.«

»In den USA nicht?«

»Auch in den USA.«

»Wie viele Anhänger haben Sie insgesamt?«

»Wir nennen keine Zahlen, nur unsere Zentren. Aber nach meiner Schätzung sind ein Prozent der Menschheit heute schon Bahá'i.«
»Das ist ja außerordentlich, wenn man bedenkt, daß der Gründer Ihres Glaubens erst...«
»... 1892 gestorben ist. Ja. Und die Glaubensgemeinschaft hat ständig Verfolgungen zu erdulden. Und wenn Sie bedenken, daß, na, schätzungsweise erst drei Prozent der Menschheit von unserer Glaubensgemeinschaft wissen...«
»Wo ist das Weltzentrum Ihres Glaubens?«
»In Israel, in Haifa. Weil Bahá'u'llah zuletzt als Gefangener vom Osmanischen Sultan nach Palästina ins Exil geschickt wurde.
In Haifa tagt das höchste Bahá'i-Gremium, das Universale Haus der Gerechtigkeit.«
»Haben Sie schon bei der UNO verlangt, daß die Bahá'i unter den Schutz der iranischen Verfassung gestellt werden?«
»Beim Europäischen Parlament.«[51]
»Wählen sie den Petitionsweg zur UNO und appellieren Sie an die Kommunistische Partei des Iran, Ihnen zu helfen. Die Kommunistische Partei ist, nach Jahren brutaler Unterdrückung, unter den Ajatollahs im Iran zugelassene Partei.«
»Niemals könnten wir das tun. Wir halten uns heraus aus der Politik. Wir können nur an alle Menschen guten Willens appellieren, uns zu helfen.«
»Dann appelliere ich mit diesem Buch an die Kommunistische Partei des Iran. Die Tudeh-Partei weiß aus eigener Erfahrung, wie furchtbar Verfolgung ist. Jedes einzelne Mitglied der kommunistischen Partei weiß das. Helft den Bahá'i, unter den Schutz der iranischen Verfassung gestellt zu werden. Damit die Welt an diesem Beispiel lernen kann, daß der Respekt vor dem anderen im eigenen Haus beginnt. Daß jeder selbst zum Werkzeug des Friedens werden kann.«

⋆

Wir bekommen sein Buch von ihm geschenkt. Huschmand Sabets »Der gespaltene Himmel«[52], eine kurze Darstellung der Bahá'i-Religion.
Inga verschlingt es in einem Atemzug.
»Mami, was nun? Nun hab' ich gar nichts mehr zu lesen.«
»Kauf dir doch einen Krimi.«
»Keine Lust.«

»Dann lies die Bibel.«
»Hab' ich schon.«
»Wirklich?«
»Längst. Die Bibel les' ich gern.«
»Lies I Ging.«
»Versteh' ich nicht, ist mir zu kompliziert.«
»Lies Erich Fromm, ›Über die Liebe‹.«
»Fromm hab' ich schon.«
»Lies...«
Der gelangweilte Blick meiner Tochter verleitet mich, den sicheren Schutz unserer Luxusherberge zu verlassen und endlich Land und Leute anzusehen, auf einer Drei-Tage-Tour mit einem Jeep quer durch die Wüste.
Meine Farben, blau und gelb, sind die Farben der Wüste.
Blauer Himmel, gelblicher Sand... ein Kamelritt in den Sonnenaufgang.

Erschöpft liegen wir auf einer Sanddüne, vielleicht zwanzig Meter hoch. Der Kameltreiber hat uns die letzten Meter hochgezogen, ein hagerer Mann, zahnlos, aber mit Kräften, unfaßbar für einen alten Mann. Sein Atem geht ganz normal, während wir nach Luft japsen. In der Wüste ist die Luft sauerstoffarm. Auf meine Frage: »Wie alt sind Sie?« malt er eine 36 in den Sand.
Sechsunddreißig Jahre lang total ausgedörrt von der Sonne. An ihm begreife ich, welche Strafe Sonne sein kann.
Der weiße Sand ist so fein, niemals sahen wir solchen Sand.
»Mami, den Sand müssen wir mit nach Hause nehmen.«
Mein Fuß steckt in einem sandfarbenen Leinenstiefel, von einem hauchfeinen Perlonsöckchen geschützt. In dieses Söckchen füllen wir Sand, er weht hindurch, staubfein, wir können den Sand nicht einfangen.
»Vielleicht finden wir Wüstenrosen?«
Sie blühen längst nur noch im verborgenen, tief im Erdinneren. Aber von dort werden sie auch schon weggeraubt.
Lichtgelbe Wüstenrosen sehen wir nicht mehr. Ziegelrote liegen in Haufen an den Andenkenständen. Blutende *roses de sable.* Unser Blick wendet sich im Schrecken. Inga kauft silberne Ohrringe für eine Freundin, die Hand Fatimas bringt Glück. Für sich kauft Inga... nichts. Der Taxifahrer hält am Garten seiner Tante, auf dem Weg zum Flugplatz, und legt uns riesengroße Zitronen und Blumen in den

Schoß, für nichts. Ingas Kurs ist in Tunesien beachtlich gestiegen. Am Anfang wurden mir zwei Kamele für meine hennagetönte Inga geboten, jetzt heißt der Spezialpreis dreihundert Kamele für »Henna«.

*

»Hallo, Brigitte, laß mich hören, was macht deine UNO-Aktion?«
»Sie kommen zu Tausenden aus der DDR, seit März. Die Tore der Gefängnisse stehen offen. Leute, die soeben erst einen Antrag auf Entlassung aus der Staatsbürgerschaft der DDR gestellt haben, sind ebenso dabei wie langjährig Inhaftierte.«
»Also hat nicht das Verschweigen, sondern das klare Aussprechen der Rechtsbrüche die Veränderung der Sachlage bewirkt?«
»Ja. Die Bemühungen der UNO helfen nun auch dem Ministerium für innerdeutsche Beziehungen, die unlösbaren Fälle endlich vom Tisch zu bekommen.«
»Erkennst du eine Wandlung im Verhalten der DDR?«
»Ja, der Staatsentscheid für meine Familie war der Anfang vieler Staatsentscheide. Damit ist die Alternative zum Freikauf gefunden. Die DDR ist bereit, bei ausreichender Begründung von Fehlverhalten der DDR selbst, auf höchster Ebene Entscheidungen zu treffen, die das Unrecht tilgen: durch Entlassung der Bürger aus der Staatsbürgerschaft der DDR, mit Hab und Gut. Freiheit ohne Preis.«
»Freiheit hat keinen Preis. Wahrheit zu erkennen, macht frei. Kein Falschspiel, nur Wahrheit bringt Freiheit; denn Wahrheit ist Freiheit. Wahrheit macht frei, Brigitte.«
»So einfach ist das?«
»So einfach ist das. Aber du hast noch etwas auf dem Herzen. Ich fühl' es, sprich es aus.«
»Ich will nicht.«
»Warum?«
»Ich habe es geschrieben.«
»Brigitte, du sollst sagen, was du denkst. Hast du nicht selbst in deinem ›Roten Kloster‹ geschrieben: ›Nur der Mensch ist wahrhaft privilegiert, der sagen kann, was er denkt?‹«
»Ich denke... also... ich will es nicht aussprechen, weil ich meine, Franke ist mißbraucht worden. Er ist unschuldig.«
»Wer ist Franke?«
»Egon Franke ist der Minister für innerdeutsche Beziehungen. Nachfolger im Amt von Wehner.«

»Seit wann ist Franke im Amt?«
»Seit 1969.«
»Ja, und was ist dir in den Sinn gekommen?«
»Das habe ich an Spangenberg geschrieben.«
»Wer ist Spangenberg?«
»Staatssekretär Spangenberg vom Ministerium für innerdeutsche Beziehungen.«
»Und?«
»Ich habe geschrieben, ich würde mein Schreiben veröffentlichen, wenn ich keine Antwort bekäme.«
»Und... hast du Antwort bekommen?«
»Nicht von Spangenberg, von einem Herrn Plewa, ›das Angebot eines gelegentlichen Gesprächs, wenn Sie einmal in Berlin sein sollten‹.«
»Aber du bist doch nie in Berlin?«
»Nein. Das letztemal war ich da zu einer Lesung aus meinem ›Roten Kloster‹, als ich wegen Klaus auch das Rechtsanwaltsbüro der Bundesregierung aufsuchte. Seitdem gab es für mich keinen zwingenden Grund, nach Berlin zu fliegen. Ich werde also keine Gelegenheit zu einem gelegentlichen Gespräch haben.«
»Lies deinen Brief schon vor.«

13. Mai '81

Sehr geehrter Herr Spangenberg,
darf ich mir erlauben, Ihnen meine Feststellungen und Fragen vorzutragen zum Komplex UNO-Resolution 1503 (XLVIII) des Wirtschafts- und Sozialrats (ECOSOC)
und den Vereinbarungen, deutsch-deutsche Querelen nicht vor das Forum der Weltöffentlichkeit zu bringen.
Als Beschwerdeführer vor der UNO in Sachen DDR/Bundesrepublik und als Buchautorin meines demnächst erscheinenden Buches »Freiheit hat keinen Preis, ein deutsch-deutscher Report« ersuche ich um Unterrichtung, damit keine Fehlbeurteilungen der Situation in meinem Buch kostbares Porzellan auf politischer Bühne zerschlagen.

1. Wer zeichnet verantwortlich auf seiten der Bundesregierung für diese Vereinbarung, dem deutschen Volk sorgfältig verborgen?
2. Welches Interesse haben eigentlich... ehemalige Journalisten, jetzt im Staatsdienst, an einer weiteren Vertuschung der Ange-

legenheit? Sollen diese Abreden weiterhin verschleiert werden, im Sinne der DDR möglicherweise...?

3. Ich stelle anhand mir vorgelegter Briefe fest, daß Ihr Ministerium, Herr Staatssekretär, seit Jahr und Tag mit gleichlautenden Formulierungen auf das
   a) Recht der freien Meinungsäußerung des Bürgers einwirkt, ihn einschüchtert, zusätzlich in Angst versetzt und damit handlungsunfähig macht, und
   b) auch Journalisten beeinflußt, jede Veröffentlichung zu unterlassen, weil damit, wie Ihr Ministerium in Schreiben von allen Ihren Mitarbeitern ausdrücklich versichert, ›die Chance für eine positive Regelung praktisch zerstört‹ würde. Der DDR ist damit das Kunststück gelungen, über Ihr Ministerium, Herr Staatssekretär, latent in die Pressefreiheit der Bundesrepublik einzugreifen. Die deutsch-deutschen Vereinbarungen, Rechtsbrüche der DDR nicht coram publica zu debattieren, scheinen mir Vereinbarungen im Interesse des DDR-Regimes zu sein, nicht aber im Interesse der deutschen Bürger.
4. Eine Anmerkung zur Beratungspraxis Ihres Ministeriums. Auskünfte Ihrer Herren... sind Meinungsäußerungen (die man selbst bewerten kann, die Autorin) rechtlich und juristisch nicht einklagbar. Aber die Anfechtbarkeit liegt in der Übereinstimmung der Auskünfte, in der Gleichartigkeit der Formulierungen, tausendfach mit dem Briefkopf des Ministers verteilt, unterschrieben jeweils von einem Sachbearbeiter, und damit wohl doch verbindlich.
   Es hat meinen ganzen Mut gebraucht, denn ich bin juristisch ungeschult, mich von einer extremen Verschlechterung der Situation meiner DDR-Familie freizumachen und anderswo besseren Rat zu suchen...
5. Warum ist die Resolution 1503 (XLVIII) den Mitarbeitern Ihres Hauses niemals zur Kenntnis gebracht worden? Das Archiv des Ministeriums für innerdeutsche Beziehungen, Bonn, rief beim »Stern« an, ob wirklich eine Resolution dieser Art existiere. Im Archiv sei unter 1503 lediglich eine Resolution zu Atomfragen abgelegt.
6. Die Resolution 1503 (XLVIII) ist seit 1973 mit dem Beitritt beider deutscher Staaten in die UNO existent und zugänglich. Mir wurde sie erst 1980 nach Scheitern aller Ihrer Verhandlungen

mit der DDR im Falle Klaus Klump im Auswärtigen Amt vorgelegt. Es ist nun nicht die Angelegenheit des Auswärtigen Amtes, sich um innerdeutsche Beziehungen zu kümmern, die deutsch-deutschen Angelegenheiten sollte das Ministerium für innerdeutsche Beziehungen wahrnehmen, dazu gehörte auch die Unterrichtung der Bevölkerung über die Resolution 1503... dem deutschen Volk seit 1973 bewußt *unterschlagen?*...
Ich habe verzichtet, zur Wahlkampfzeit irgendwelchen Wirbel zu veranstalten. Menschenrechte sollten kein Wahlkampfthema sein, für keine Partei.
Ich habe nicht darauf verzichtet, auf die Popularisierung der »Methode 1503« zu dringen, vom »Spiegel« so genannt. Nur wenige Zeitungen folgten meiner Bitte, die Öffentlichkeit zu unterrichten, daß es einen Beschwerdeweg über die UNO gibt. Die öffentlich-rechtlichen Fernsehanstalten paßten total (mit Ausnahme einer kleinen, quasi Alibi-Sendung in Bayern III, vier Minuten lang, zur ungünstigsten Zeit). Massive Presselenkung, Herr Staatssekretär, besonders des Fernsehens, ist leider mein Schluß aus der Sachlage.
Die geringe Publizierung bewirkte trotzdem eine Flut von Bittschriften an meine Adresse, bis heute tausend oder zweitausend Briefe, ich zähle sie längst nicht mehr. Und fast jeder Brief mit hilflosem Zorn über Ihr Ministerium, Herr Staatssekretär. Sechsundvierzig Petitionen, nach »Methode 1503« verfaßt, liegen bis heute der UNO vor, von mir selbst als Beschwerdeführer eingereicht.
Und sie werden zügig von der DDR mit Hilfe von Staatsentscheiden gelöst, auch die unlösbaren Fälle Ihres Ministeriums, gerade diese, Herr Staatssekretär.

7. Ein Antwortschreiben Ihres Herrn X. mir im Zusammenhang mit (einer) UNO-Petition zur Kenntnis gebracht, schlägt jetzt allerdings dem Faß den Boden aus.
   Herr X. ersucht Frau Y. um eine vollständige Liste der Verwandten in der Bundesrepublik. Welches Interesse kann Ihr Ministerium haben, Verwandte mit Namen und Adressen in der Bundesrepublik ausfindig zu machen? Solche Adressenlisten aber, der DDR übergeben, verwandeln die »besonderen Bemühungen« Ihres Ministeriums in einen sprudelnden Quell der Information für das Ministerium für Staatssicherheit. Frau Y., an ihrer Zitterschrift ist ihr Alter ablesbar, erfüllte die aus-

drückliche Bitte des Herrn X. und übergab die Adressenliste...
mit Anschreiben an Herrn X.
Ich bete zu Gott, daß Herr X. integer ist.

Daß ich Sie von meinen Feststellungen unterrichte, Herr Staatssekretär, liegt lediglich in Ihrer Person begründet. Unmittelbar nach meiner Flucht aus Leipzig verhalfen Sie mir selbst zu einem Studienplatz an der Freien Universität in Westberlin einschließlich Stipendium, ohne mich auf den Weg der Überprüfung von Organen der Sicherheitsdienste zu schicken. Diesem *integren* Verhalten, das in Ihrer Person begründet liegt, verdankt das Ministerium, daß die Auseinandersetzung mit der Beratungspraxis Ihres Ministeriums nicht schon längst in der Presse stattfindet. Sie sind als Staatssekretär noch nicht lange im Amt und möglicherweise niemals unterrichtet worden. Meine Vorhaltungen gelten Ihrem Minister, seit 1969 im Amt.
Mir scheint, Herr Franke ist federführend für das »Vergessen« der Resolution 1503 (XLVIII) und die Meinungsbildung negativer Art über die Hilfsmöglichkeiten der UNO.

Mit freundlichen Grüßen Brigitte Klump

»Und was jetzt, Brigitte?«
»Jetzt bringe ich die Sammelbeschwerde IV[53] nach Genf, und dann fliege ich nach Tunesien.«
»Noch mal? Schon wieder nach Tunesien?«
»Mein Buch ist noch nicht fertig, und Mitte August soll gesetzt werden.«
»Warum schreibst du nicht zu Hause? Dein Haus ist groß.«
»Zu viele Menschen, das Telefon, ich flüchte.«
»Was für Menschen?«
»UNO-Petenten. Außerdem wohnt meine DDR-Familie noch mit in unserem Haus. Mein Bruder sucht immer noch Arbeit, nun schon seit sieben Monaten.«
»Das wußte ich nicht, das hast du mir nie gesagt.«
»Er hilft mir als Chauffeur, Sekretär, Butler. Wir haben ihm einen neuen Titel verliehen, Haushaltsingenieur.«
»Hand aufs Herz, Brigitte, hast du dich verliebt? Du fliegst so gern nach Tunesien.«
»Jaaa...«

»In wen? Sei ehrlich.«
»In... Tunesien, in Sonne und heißen Sand.«
»Paß ganz gut auf dich auf. Wähle diesmal ein anderes Hotel.«
»Immer sagst du, sei auf der Hut, warum?«
»Damit du Fehler vermeidest. Fehler sind wie Risse in einem Kleid. Man kann Fehler ausbessern, aber ein zerrissenes Kleid gehört in den Mülleimer. Ich will nicht, daß du bereust, ich will nicht, daß du dich schämen mußt. Beides kannst du dir sparen, wenn du zur rechten Zeit auf der Hut bist. Aber wenn ein Fehler passiert ist, dann ist Reue die psychologische Kraft, die zu Buße und Besserung führt.«
»Botschafter, die einzigen Fehler, die ich mache, werden Schreibfehler sein. Und dafür gibt es Korrektoren.«
»Für Denkfehler?«
»Gibt es Botschafter. Aber du wolltest mir einmal etwas sagen, in drei, vier Jahren, erinnerst du dich...?«
»Ja, Brigitte, ich erinnere mich.«
»Und?«
»Die Zeit hat sich erfüllt.«
»Wann?«
»Jetztjetztjetzt...«
»Dududu sprichstsprichstsprichst ininin RätselnRätselnRätseln...«
»Diediedie ZeitZeitZeit hathathat sichsichsich erfüllterfüllterfüllt...«

★

Im Hotel Intercontinental in Genf versuche ich, über *swissair* einen Flug nach Tunis zu buchen.
»Haben Sie denn schon ein Hotel?«
»Nein, aber ich will ins Sheraton nach Hammamet.«
»Fürchten Sie nicht, daß da alles ausgebucht ist, jetzt zu Pfingsten? Soll ich den Computer befragen?«
»Ja, aber fragen Sie bitte Ben Mabrouk, den Hoteldirektor, sonst sagt der Computer, alles besetzt.«
Die Antwort: Für zwei Monate ausgebucht, definitely.
»Muß es denn unbedingt Hammamet sein? Heute gäbe es noch einen Abendflug nach Djerba...«
»Djerba? Kenne ich nicht. Haben Sie vielleicht noch eine andere Idee?«
»Das Interconti am Roten Meer. Aber da sind jetzt vierzig Grad.«
»Und keine Blumen?«

»Nein, glaube ich nicht, Sonne und Felsen.«
»Also ich brauche Blumen, Sand und Meer, wo finde ich das?«
»Auf Djerba. Dann brauchen Sie heute nacht auch nicht mehr das Hotel hier zu zahlen, und das Ticket ist günstig, Charterpreis, dreihundert Franken weniger, wenn Sie einen Monat bleiben. Aber genau einen Monat, wenn Sie fünf Wochen bleiben, müssen Sie die dreihundert Franken nachzahlen.«
»Fragen Sie bitte an, ob noch ein Platz frei ist?«
Sie versucht und versucht, der Computer nimmt keine Buchung an.
»Merkwürdig, *airtunis* geht noch nicht einmal ans Telefon, was ist denn da bloß los? Nur die Auskunft, nimmt nicht an.«
»Ich habe ja auch noch gar kein Zimmer.«
Sie schiebt mir das Buch zu:
»Suchen Sie sich selbst ein Hotel und telefonieren Sie vom Zimmer aus, ich versuche, den Computer weiter zu befragen, vielleicht nimmt er doch noch an.«
»Das Ulyssus, kennen Sie das? Vielleicht frage ich da mal?«
»Kenne ich nicht. Das Hotel Menzel[54] soll ausgezeichnet sein, Luxushotel, das beste der Insel.«
»Na gut, dann nehme ich eben das. Wenn man schon hart arbeiten muß, dann wenigstens im Luxus.«
Sie lacht:
»Rufen Sie an, vielleicht haben Sie Glück...«
Ein Anruf, und schon Erfolg.
Der Hoteldirektor fragt:
»Von wo rufen Sie an?«
»Aus Genf, Hotel Interconti.«
»Wann wollen Sie kommen?«
»Heute abend 22 Uhr 30 Landung in Djerba.«
»Soll ich Ihnen ein Taxi schicken?«
»Bitte schön, das wäre sehr freundlich.«
Strahlend betrete ich das *swissair*-Büro.
»Es hat geklappt mit dem Hotel Menzel.«
Sie strahlt auch:
»Plötzlich nimmt *airtunis* wieder an, die Buchung hat auch geklappt.«
»Glück gehabt.«
Wie groß mein Glück ist, begreife ich erst, als ich im Flugzeug sitze, kein Passagier sonst. Ich sitze ganz allein auf weiter Flur in einer großen DC 9.

Meine Buchung war als einzige akzeptiert worden.
Es war der Rückflug einer gecharterten Maschine, keine Passagiere, nur die Crew an Bord.

*

Mein Bruder ist seit August 1981 leitender Ingenieur eines internationalen Engineering Konzerns.
Jede einzelne Absage, die meinen Bruder traf, ist für mich ein Zeichen, daß in diesem Land einiges nicht stimmt.[55] Jedem Menschen, dem ich helfe, verhelfe ich zu einem Leidensweg hier in der Bundesrepublik, als Klinkenputzer. Meine Hilfe für den einzelnen verwandelt sich so in Verzweiflung des einzelnen. *Ein* Mensch ist zu schwach, den Respekt vor dem Nächsten wiederherzustellen. Hier in der Bundesrepublik blüht der Verdacht.
Auch der ehrenwerteste Bürger der DDR, mit Hilfe der UNO in diesen Teilstaat deutscher Nation eingereist, könnte vielleicht ein Verräter sein, eingeschleust mit allerneustem, besonders raffiniertem Trick 17 des Ministeriums für Staatssicherheit.

*

Nachsatz:
Jede in diesem Buch veröffentlichte Person durfte nach Vortrag der Vereinten Nationen bei der DDR innerhalb eines Jahres ausreisen.

Ich klage das Ministerium für Staatssicherheit an, sich über die Staatsgrenzen hinweg einzumischen in die Angelegenheiten der Bürger dieses Staates.

Ich klage das Ministerium für Staatssicherheit an, in den langen Jahren seines Wirkens fortlaufend die Denkweisen der deutschen Bürger zu vergiften.

Mißtrauen, Unterstellungen, Verleumdungen, Verdacht, keiner ist frei in Deutschland von diesen Vorstellungen gegenüber seinem Nächsten, bewirkt vom Ministerium für Staatssicherheit und seiner tatsächlichen Schar geheimer Mitarbeiter an der »heimlichen Front« hier in der Bundesrepublik.

Der Keim der Niedertracht, gesät von diesem Ministerium, ist längst aufgegangen in jedem deutschen Garten. Seine Früchte liegen, zahllos ausgestreut, auf jedem Hinterhof, im erbärmlichsten Büro ebenso wie in den Personalbüros der Konzerne unserer Multis.

Überall geht ein Gespenst um, das Gespenst des Staatssicherheitsdienstes, und erzeugt fortlaufend Verleumdung und Niedertracht. Der Schoß ist wahrlich fruchtbar noch, aus dem die Brut des Nationalsozialismus kroch.

Im Interesse jeden Bürgers aus den beiden Teilstaaten deutscher Nation verlange ich: Löst das Ministerium für Staatssicherheit auf.

Das Ministerium für Staatssicherheit wirkt über die Grenzen auf die Bundesrepublik ein. Es erzeugt die Angelegenheiten des Ministeriums für innerdeutsche Beziehungen.

- Geschädigt ist damit jeder einzelne Steuerzahler der Bundesrepublik, denn die jährlichen hundert Millionen Mark für humanitäre Hilfe, an die DDR überwiesen, werden der Haushaltskasse entnommen.

- Geschädigt ist die Bundesregierung mit der Belastung des Haushaltsplans.

- Geschädigt bin ich selbst, und damit meine Familie. Diesen Schaden laste ich allein dem Ministerium für Staatssicherheit an; denn das rechtsbrechende Verhalten dieses Ministeriums hat mich auf den Weg zur UNO *gezwungen*, um der Staatsführung der DDR, vor den dreiundvierzig Staatenvertretern der Menschenrechtskommission, nachdrücklich zu sagen:
Wer Respekt von der Welt erwartet, muß diesen Respekt zuerst seinen eigenen Bürgern bezeugen.

Fangt an, eure Verfassung zu schützen. Löst das Ministerium für Staatssicherheit auf, dieses Krebsgeschwür in Deutschland. Und ich werde die Erste sein in diesem Land, die den Hut zieht vor der Staatsführung der DDR. Dafür werde ich mir sogar einen Hut kaufen.

28. Juni 1981 Brigitte Klump

Anmerkungen

1 »Ente« bedeutet in Journalistenkreisen Falschmeldung.

2 Sitz der Botschaft ist Bonn. In Hamburg befindet sich jedoch eine Wirtschaftsdependance.

3 Siehe César Vallejo. Gedichte. Übertragen ins Deutsche von Hans Magnus Enzensberger, Suhrkamp 1976.

4 Der »Meinsbur«, 1478 urkundlich erwähnt, ging am 21. 9. 79 in Flammen auf. Totalzerstörung. Wiedereröffnung im April '81. Übrigblieb vom alten Stil der Kachelofen aus blau-weißen Mackum-Fliesen, friesisches Bauernbarock aus dem frühen 18. Jahrhundert.

5 Joachim Rake, Schauspieler, Juli '81:
»Als ich neulich an Ihrem Haus vorbeifuhr, mußte ich doch halten und ein Foto machen: Auf dem schweren Terrassengeländer sitzen links und rechts zwei achtunggebietende Löwen.«
Unser Haus ist seit 1978 verkauft, nicht an den Botschafter.

6 Die Idee des französischen Arztes Docteur Joseph Ignace Guillotin (1738–1814) war, eine »humane« Tötungsmaschine zu schaffen. Er wollte aus humanitären Gründen die Hinrichtungsarten vereinheitlichen. Statt Hängen, Rädern, Verbrennen und Vierteilen nur noch »eine leichte Kälte im Hals«... vom Fallbeil. Seine Guillotine wurde während der Französischen Revolution zum Symbol des neuen republikanischen Zeitalters.

7 »Buch der Lieder« (Sche-djing) von König Wen, etwa 1000 v. Christi.

8 Zitiert nach »Entscheidung in Mogadischu«, »Stern«-Buch, S. 48.

9 »Entscheidung in Mogadischu«, ein »Stern«-Buch, S. 108.

10 *Mein genetisches Gesetz besagt:*
Ein Mensch, der unter Zwang gerät und den Zwang als Zwang erkennt, erträgt ihn vier Jahre. Dann erfolgt ein sprunghafter Umschlag seines Verhaltens in eine andere Qualität.
Möglichkeit 1: Anpassung (Einsicht in Notwendigkeit)
Möglichkeit 2: Rebellion (Auflehnung als Warnung)
Möglichkeit 3: Revolution (Zerschlagung der hindernden Form in einem Befreiungsakt)
Möglichkeit 4: Resignation (Verzicht auf Wünsche, Hoffnungen, Vorstellungen → Krebs)
Möglichkeit 5: Flucht (Verzicht auf angestammtes Territorium, um Leben oder Freiheit zu retten)
Möglichkeit 6: Selbstmord (totaler Verzicht in Verzweiflung)
Möglichkeit 7: Schöpferischer Akt (Verwandlung: das Negativum wird zum Positivum).
(siehe »Das rote Kloster« S. 289/90).

11 »Entscheidung in Mogadischu«, »Stern«-Buch, S. 151, 152. Abdruck mit freundlicher Genehmigung des Verlages Gruner und Jahr.

12 Bilharziose. Tropenseuche. 1853 entdeckte der Deutsche Theodor Bilharz die Erreger der Bluthanrnruhr, *Bilharzia* genannt. Saugwürmer, die sich in den

Blutadern der Bauchhöhle einnisten, im Mastdarm oder der Blase, verursachen chronische Entzündungen, von Nierenbeckenentzündungen bis zu Tumoren. Dringt die Darmbilharziose über die Blutadern bis in die Pfortader vor, kann sie zur Leberzirrhose führen. Die Bilharziose wird beim Baden in stehenden Gewässern übertragen. Dazu der Spiegel, Heft 20/81, S. 215: »Alle reden vom Krebs und vom Infarkt, aber an Tropenkrankheiten sterben in der Welt mehr Menschen als an allen anderen Krankheiten zusammen.«

13 »Plädoyer für Schaffung einer geistigen Elite in der DDR. Berlin, 13. Juli (AFP). Für die Heranbildung einer geistigen Elite in der DDR, nach geltenden Grundsätzen, hat sich der renommierte Dresdner Wissenschaftler, Professor Manfred von Ardenne, ausgesprochen... für die rechtzeitige ›Heranbildung einer Schicht höchster Talente und Könner in Wissenschaft und Technik‹. In der Gesellschaft, so von Ardenne, müsse die Bereitschaft wachsen, ›exzellente Talente nicht nur zu tolerieren, sondern sie zu ermutigen, zu umhegen und auszuzeichnen – ähnlich wie das bei uns im Sport der Fall ist‹...
Es gäbe in der DDR nur wenige Spitzenleistungen von Weltrang, und bisher sei kein DDR-Wissenschaftler mit dem Nobelpreis ausgezeichnet worden.«
»Frankfurter Rundschau«, 14. Juli 81

14 Tudeh-Partei, Kommunistische Partei des Iran, jahrzehntelang verboten, ist unter den Ajatollahs wieder zugelassen.

15 RGW-Rat der Gegenseitigen Wirtschaftshilfe, die EG des Ostblocks.

16 1976/77 förderte ich mit Spenden die (angeblich) humanitären Bestrebungen der Gesellschaft für Menschenrechte. Cornelia Gerstenmaier, Tochter des ehemaligen Bundestagspräsidenten Eugen Gerstenmaier, war bis zu ihrem Rücktritt Präsidentin der GfM.

17 Das Ostberliner Kabarett »Die Distel«.

18 Neonazis: »Bei dem bislang schwersten Verbrechen aus dem rechtsextremistischen Bereich, dem Anschlag auf der Münchner Theresienwiese am 26. September 1980, sind dreizehn Menschen getötet, zweihundertneunzehn verletzt worden.« Siehe »Spiegel«-Heft 27/81.

19 amnesty international berichtigt: Während des Winters 1977/78 wurden in Cottbus Gefangene wegen Arbeitsverweigerung geprügelt, einige von ihnen erlitten schwere Körperverletzungen (ai-Bericht, Febr. '81).

20 MfS: Abk. für Ministerium für Staatssicherheit.

21 Siehe »Rotes Kloster«, Hoffmann und Campe, S. 75.

22 Obwohl nach § 211 der Strafgesetzordnung Gerichtsverfahren öffentlich sind.

23 Kaul, Friedrich Karl, Jahrgang 1906, April 1981 gest., Biographische Daten: Jurist. 1931 Promotion zum Dr. jur. in Berlin. 1931–32 im Anwaltsbüro Justizrat Pinner in Berlin. 1933 aus dem Justizdienst entlassen, danach Versicherungsvertreter und Rechtskonsulent. 1935–36 Häftling in den KZs Lichtenburg und Dachau. 1937 Emigration nach Kolumbien, Mittel- und Nordamerika. 23. 2. 1939 deutsche Staatsbürgerschaft aberkannt. Während des Zweiten Weltkrieges in einem nordamerikanischen Anti-Nazi-Camp (Camp Kennedy, Texas) interniert. September 1945 Rückkehr nach Berlin. 1946 Referendar in Berlin; Hilfsrichter beim Landgericht Berlin. Juli 1946 Justitiar beim Berliner Rundfunk. Juli 1947 Justitiar der Deutschen Verwaltung für Volksbildung. November 1947 Assessorexamen in Berlin. Mai 1948 vorläufige, Juni 1949 endgültige Zulassung als Rechtsanwalt in Ost- und Westberlin. Verteidiger der

KPD im Prozeß vor dem Bundesgerichtshof in Karlsruhe. Mai 1960 zum Professor ernannt. Seit Oktober 1962 Vizepräsident der Vereinigung Demokratischer Juristen (Vereinigung der Juristen der DDR). Seit Dezember 1965 nebenamtlicher Professor mit vollem Lehrauftrag und Direktor des neugegründeten Instituts für zeitgenössische Rechtsgeschichte an der Humboldt-Universität in Ostberlin. Prof. Kaul war der einzige gleichzeitig in der Bundesrepublik und der DDR zugelassene Rechtsanwalt.

24 Wekwerth, Manfred, Jahrgang 1929. Biographische Daten:
Prof. Dr. phil. Seit 1951 Brecht-Schüler und Regisseur beim Berliner Ensemble und dem Deutschen Theater in Ostberlin. Seit Oktober 1965 Sekretär der Sektion Darstellende Kunst der Akademie der Künste in Ostberlin. Bis 1977 Direktor des Instituts für Schauspielregie, Ostberlin. Ab 1. 4. 1977 Nachfolger von Ruth Berghaus als Intendant des Berliner Ensembles.

25 »Die Zeit«, vom 31. März 1980.

26 »Frankfurter Allgemeine Zeitung«, vom 1. November 1979.

27 »I Ging, Das Buch der Wandlungen«, aus dem Chinesischen. Eugen Diederichs Verlag 1978.

28 Kungtse (Konfuzius), 551–479 vor Christus, sieht in der Familie das Fundament des Staates, in den fünf Tugenden Weisheit, Güte, Treue, Ehrfurcht und Mut die Voraussetzungen der Sittlichkeit.

29 R. L. Bindschedlers Münchner Vortrag »Der Schutz der Menschenrechte und das Verbot der Einmischung« ist nachzulesen im Sonderdruck aus der »Festschrift für Hans-Jürgen Schlochauer«. Herausgegeben von Ingo von Münch, Verlag Walter de Gruyter, Berlin, New York 1981.

30 Alfred-Maurice de Zayas: »Die Anglo-Amerikaner und die Vertreibung der Deutschen. Vorgeschichte, Verlauf, Folgen.« C. H. Beck'sche Verlagsbuchhandlung, München 1977. Sechste, überarbeitete und erweiterte Ausgabe Mai 81.

31 Alfred-Maurice de Zayas: »Die Wehrmachtuntersuchungsstelle«, Universitas, 1980.

32 Michel Meyer »Freikauf, Menschenhandel in Deutschland«, Paul Zsolnay-Verlag, Wien, Hamburg 1978. Originaltitel »Des Hommes contre des Marks« 1977, Editions Stock.

33 Siehe »Vereinte Nationen«, Heft 6/77, S. 182.

34 Das »Fakultativprotokoll zu dem Internationalen Pakt über Bürgerliche und Politische Rechte« ist ebenso wie der »Pakt über Bürgerliche und Politische Rechte« am 23. März 1976 in Kraft getreten.
Das Fakultativprotokoll ist bis heute von beiden deutschen Staaten nicht ratifiziert worden. Art. 1 des Fakultativprotokolls bestimmt: »Jeder Vertragsstaat des Paktes, der Vertragspartei dieses Protokolls wird, erkennt die Zuständigkeit des Ausschusses für die Entgegennahme und Prüfung von Mitteilungen seiner Herrschaftsgewalt unterstehender Einzelpersonen an, die behaupten, Opfer einer Verletzung eines in dem Pakt niedergelegten Rechts durch diesen Vertragsstaat zu sein. Der Ausschuß nimmt keine Mitteilung entgegen, die einen Vertragsstaat des Paktes betrifft, der nicht Vertragspartei dieses Protokolls ist.« »Vereinte Nationen«, Heft 6/77, S. 84.

35 Die internationalen Beamten der Menschenrechtsabteilung, also der Division of Human Rights, bereiten alle Studien und anderen Arbeiten der Kommission

und der anderen Gremien vor, ebenso wie deren Konferenzen, und führen deren Beschlüsse anschließend aus. Das Sekretariat ist aber auch innerhalb der Vereinten Nationen die erste Stelle, die sich mit allen an diese Gremien gerichteten Eingängen befaßt, also auch mit Beschwerden über Menschenrechtsverletzungen. Siehe auch »Vereinte Nationen«, Heft 6/77, S. 185.

36 Zitiert aus United Nations Handbook, 1980, Ministry of Foreign Affairs, New Zealand: Die Unterkommission besteht z. Z. aus sechsundzwanzig Staatenvertretern.
Zwölf aus der Afro-Asiatischen Staatengruppe
Sechs von den Western European and other States
Fünf von den Latin American States
Drei von den East European States
Die Menschenrechtskommission besteht z. Z. aus dreiundvierzig Staatenvertretern.
Die Arbeitsgruppe der Menschenrechtskommission, die die Entscheidung trifft, ob ein Thema der Menschenrechtskommission vorgetragen wird, besteht aus fünf Mitgliedern. Diese Mitglieder sind gewählte Vertreter ihrer Staatengruppen:
African group of States
Asian group of States
Eastern European States
Latin American States
Western European and other States
Mit den »other states« sind die USA und Australien gemeint.
Die einfache Mehrheit entscheidet, ob ein Staat auf die Anklagebank der Vereinten Nationen kommt, das sind also von fünf Mitgliedern der Arbeitsgruppe mindestens drei, die ihre Hand dafür heben.

37 »Süddeutsche Zeitung«, 8./9. September '81.

38 Siehe Rudolf Bindschedler »Entspannung und Sicherheit in Europa«, Schulthess Polygraphischer Verlag AG, Zürich 1980.

39 »Stuttgarter Zeitung«, 30. 1. 1981.

40 »Die Zeit«, 30. 1. 1981.

41 Siehe Spiegel Heft 25/81.

42 Walentin Falin, Westpolitiker, früher Botschafter der Sowjetunion in Bonn, jetzt Zentralkomitee der KPdSU.

43 Siehe auch »Stern«, Heft 20, 7. Mai '81, Peter Pragal: »Der Stasi ist immer dabei. Seit Jahren haben DDR-Agenten die antikommunistischen Menschenrechtsorganisationen in der Bundesrepublik unterwandert... vor allem die Frankfurter Gesellschaft für Menschenrechte.«

44 »Die DDR kassiert mit... Im Haushaltsplan des innerdeutschen Ministeriums sind über neunzig Millionen Mark, offiziell deklariert als ›Förderung besonderer Hilfsmaßnahmen gesamtdeutschen Charakters‹, für den Freikauf von Häftlingen aus der DDR vorgesehen.« »Der Spiegel«, S. 16 vom 2. März 1981.

45 Zum Verfahren in der Menschenrechtskommission: Die Kommission erörtert niemals einzelne Fälle, sondern setzt sich auseinander und nimmt Stellung ausschließlich zu den allgemeinen, gegebenenfalls die Menschenrechte verletzenden Verhalten der einzelnen Staaten. Soweit diese Stellung nehmen, legen sie ihr allgemeines Verhalten dar, erörtern aber von sich aus nicht die einzelnen

Fälle. Gerhard Jahn, Vertreter der Bundesrepublik Deutschland in der Menschenrechtskommission der Vereinten Nationen: »Ich kann lediglich erwarten, daß die Tatsache der Auseinandersetzung um das Verhalten der DDR, diese zu einer anderen Verhaltensweise veranlassen«

46 »amnesty international Länderreihe, DDR«, ai publication London, Februar '81.

47 »Stern«, 12. Februar 1981.

48 *Informationsfreiheit:* Das Bundesverfassungsgericht hat 1961 als Gründe für die Einschränkung, Rundfunk und Fernsehen nur öffentlich zu betreiben, den hohen Finanzaufwand geltend gemacht und Rundfunk und Fernsehen als schützenswertes Allgemeingut bezeichnet. Damals gab es nur beschränkte Sendefrequenzen. Die technische Entwicklung der TV-Satelliten und die Möglichkeiten der Glasfaser-Verkabelung haben dieses Monopol zum Relikt einer vergangenen Zeit gemacht. TV-Satelliten bedeuten Zugang zur *freien* Information, über die geographischen und politischen Grenzen hinweg, für jedermann, egal, ob er lesen kann. Das ist eine Weltrevolution. Der erste Direkt-Satellit für Nachrichten und TV soll 1983 über Europa kreisen. Direkt-Satelliten sind also kein technisches Problem mehr, aber sie sind ein völkerrechtliches Problem, denn ihre politische Qualität liegt in ihrer grenzüberschreitenden Qualität. Deshalb will Bundesgeschäftsführer Peter Glotz (SPD) unseren Direkt-Satelliten an die Dritte Welt verschenken, um deutsch-deutschen Konflikten auszuweichen (siehe »Spiegel«, 22. Juni '81). Und das in diesen Tagen, da sich die UNESCO in Belgrad mit einer Medien-Resolution zum MacBride-Bericht verständigt hat, einen ersten Schritt zu einer neuen Weltinformationsordnung zu machen.

Während die überwiegende Mehrheit der UN-Mitgliedstaaten im Weltraumausschuß – darunter die Sowjetunion – auf fremde Territorien gerichtete Rundfunk- und Fernsehsendungen einer Genehmigungspflicht durch den Empfangsstaat unterwerfen will (prior consent), vertritt die Bundesrepublik Deutschland gemeinsam mit anderen westlichen Staaten die Freiheit des Informationsflusses über die Grenzen hinweg und beruft sich dabei auf Artikel 19 des Internationalen Paktes über bürgerliche und politische Rechte, den auch die sozialistischen Staaten ratifiziert haben.

Wenn man auf dem Recht der Informationsfreiheit in *internationalen* Gremien besteht, gibt es keine Legitimation dafür, eine grenzüberschreitende Beschränkung des Fernsehens *national* zu praktizieren. Die Freiheit der Information ist ein Recht der Bürger und nicht eine vom Staat gewährte Gunst.

49 Siehe auch »Frankfurter Rundschau«, 2. Mai 1981, S. 2, »Bahá'i sind in Lebensgefahr«.

50 Mit vierhunderttausend Bekennern die größte religiöse Minderheit des Iran. Siehe auch »Frankfurter Allgemeine Zeitung«, 26. Juni '81.

51 Für die Bahá'i traten in jüngster Zeit mit Resolutionen ein: Das Europäische Parlament am 19. Sept. '80 und am 10. April '81. Das Kanadische Parlament, die Vereinten Nationen, der Deutsche Bundestag (am 25. Juni '81). Im Beschluß des Deutschen Bundestages heißt es: »Der Deutsche Bundestag, in Sorge über die systematische Verfolgungskampagne gegen die dreihunderttausend Angehörigen der Bahá'i-Religionsgemeinschaft (der größten religiösen Minderheit im Iran) und über die damit einhergehenden Verletzungen der

menschlichen Grundrechte... ersucht die iranische Regierung, der Bahá'i-Religionsgemeinschaft die amtliche Anerkennung und den Schutz zu gewähren, der gemäß den verschiedenen Vereinbarungen und Konventionen der UNO über die Menschenrechte jeder Minderheit zusteht...«

52 Verum-Verlag, Stuttgart 1968.

53
Sammelbeschwerde I	26. 1. 1981
Sammelbeschwerde II	11. 4. 1981
Sammelbeschwerde III	6. 5. 1981
Sammelbeschwerde IV	1. 6. 1981
Sammelbeschwerde V	28. 1. 1982
Sammelbeschwerde VI	21. 6. 1982
Sammelbeschwerde VII	25. 7. 1982
Sammelbeschwerde VIII	13. 12. 1982
Sammelbeschwerde IX	18. 5. 1983
Sammelbeschwerde X	14. 6. 1983
Sammelbeschwerde XI	13. 9. 1983
Sammelbeschwerde XII	16. 11. 1983

54 Das Hotel Menzel (Menzel, arabisch Haus) wurde 1971 von Architekt Pierre Gautier de Laye erbaut, einem der besten Architekten Frankreichs. In weiter Wüstenlandschaft stehen zehn »Menzel« auf Rufweite. Um jeden Innenhof, einer Oase mit Palmen, Rosen, Geranien und Ruhebänken, sind vierzehn Zimmer in verschiedenen Höhen gebaut, nach tausendjähriger Tradition Djerbas.

55 Nach einer Hochrechnung der Stuttgarter Industrie- und Handelskammer sind insgesamt mindestens zwanzigtausend Ingenieure gefragt. »Der Spiegel« vom 29. Juni '81: »Überall, klagt die Industrie, fehlen Ingenieure.«

ANHANG

Bilanz

»Der sozialistische Journalist – Sprachrohr und Interpret der Macht«

(Vorlesung von Brigitte Klump, gehalten an der Universität Mainz am 6. Juli 1983)

Einführung

Meine beiden Bücher, »Das rote Kloster« und »Freiheit hat keinen Preis«, haben eine thematisch übereinstimmende Konstruktion.
In »Das rote Kloster« beschreibe ich die erstickend doktrinäre Umklammerung des Milieus, der Fakultät für Journalistik in Leipzig, die ich in meinem Traum von Leipzig (S. 181/182) erkenne und der ich mich entziehen kann kraft der Denkanstöße von Helene Weigel, Bertolt Brechts Frau.
In »Freiheit hat keinen Preis« beschreibe ich die erstickende Selbstbezogenheit des bundesdeutschen Milieus, die ich in meinem Traum vom Moos (S. 73) erkenne. Kraft der Denkanstöße des Botschafters verwandelt sich meine Haltung in Mitgefühl. Und mit dem Auffinden der UNO-Resolution 1503 schlägt meine Haltung um in eine neue Qualität: aktiv Bürgerhilfe zu mobilisieren mit der UNO-Methode 1503: »Ein Bürger hilft dem anderen.«
Helene Weigel und der Botschafter sind die handlungsführenden Personen meiner Bücher.
Die Fakultät für Journalistik, heute Sektion für Journalistik genannt, wurde vom Volksmund Rotes Kloster getauft. Als ich dort anfing zu studieren, wußte ich nicht, daß es ein Ausbildungsinstitut des Zentralkomitees der SED ist, nur formal der Universität unterstellt.
Diplomanden der Fakultät gehören zur Nomenklatura des ZK der SED, zu verstehen als Macht-Elite der DDR, genannt »Führender Kader der Nation«. Ihr beruflicher Einsatz wird vom ZK verfügt und nicht über das Staatssekretariat für das Hoch- und Fachschulwesen abgewickelt. Die Ernennung des Lehrpersonals des roten Klosters erfolgt ebenfalls im ZK; dort werden auch die Lehrpläne aufgestellt.
Die Fakultät wurde, unbemerkt von der Öffentlichkeit, ganz allmählich aus dem Zuständigkeitsbereich der Universität herausgenommen.

1945 war die Publizistik eine Fachrichtung der Wirtschafts- und Sozialwissenschaftlichen Fakultät. Sie wurde 1948 dem Lehrstuhl für Internationales Pressewesen der Gesellschaftswissenschaftlichen Fakultät angegliedert – unter Leitung von Hermann Budzislawski, der einem Ruf aus der Emigration nach Leipzig folgte.
1951 wurde der Lehrstuhl für Publizistik an der Leipziger Universität reorganisiert als »Institut für Publizistik und Zeitungswissenschaft« an der Philosophischen Fakultät. 200 Studenten wurden in Internaten immatrikuliert.
1954 wurde dieses Institut zur selbständigen »Fakultät für Journalistik« erklärt; mit 357 Direkt-Studenten.
1969 erhielt die Fakultät einen neuen Namen: »Sektion Journalistik der Karl-Marx-Universität«.
Eine Zahl aus dem Jahr 1974: Für die Erziehung der 740 Studenten der Sektion standen zur Verfügung: 8 Professoren, 20 Dozenten, 53 wissenschaftliche Mitarbeiter. Außerdem jährlich bis zu 30 Journalisten aus der Praxis (nach Heinrich Bruhn: »Zwanzig Jahre Fakultät/ Sektion Journalistik«).

Erziehungsziel

ist, daß jeder Student der Journalistik sich im Verlauf des Studiums qualifiziert zum inoffiziellen Mitarbeiter des MfS (Ministerium für Staatssicherheit). Mit dem Diplom wird gleichzeitig ein militärischer Rang festgeschrieben, der mit dem Leutnant der Reserve des MfS beginnt und damit zur Konstante des Gehaltes wird.

Die Erteilung des Diploms

ist abhängig vom erfolgreichen Nachweis erfüllter Bewährungsaufgaben für das MfS. Wer diesen Nachweis zu erbringen aus Gewissensgründen verweigert, verliert damit seine Karriere. Er verliert das Recht, als Journalist ausgebildet zu werden und wird vom Universitätsbesuch insgesamt – und zwar jeder anderen Fachrichtung – ausgeschlossen, es sei denn, er entschließt sich, sich in der Produktion zu bewähren. Da aber dies im allgemeinen eine Bewährung vor dem Staatssicherheitsdienst ist, beginnt der Kreislauf von neuem.
Der »harte Kern«, der das Testprogramm des Studiums besteht, ein-

schließlich der Bewährungstest vor dem Kollektiv, der Partei und dem Staatssicherheitsdienst, gehört damit zur Nomenklatura, der Machtelite der DDR, auch führenden Kader der Nation genannt.
Zur Nomenklatura zu gehören, bedeutet, ihr auf Lebenszeit anzugehören, auch wenn die Karriere zwischenzeitlich Einbrüche erlebt. Die Möglichkeit des Aufstiegs bis in die höchsten Positionen der Macht bleibt lebenslänglich gewahrt.
Mein Buch »Das rote Kloster« endet mit dem Auftrag Helene Weigels an mich, einen Prozeß gegen den Staatssicherheitsdienst zu führen, um damit in der DDR gesellschaftlich notwendige Veränderungen einleiten zu helfen, zum Schutz der Einzelperson, die zum Beispiel aus Gewissensgründen eine Zusammenarbeit mit dem Staatssicherheitsdienst ablehnt.
Ich sage nein – und flüchte ins Privatleben.
In »Freiheit hat keinen Preis« wird mir diese Aufgabe wiederum gestellt, genau zwanzig Jahre später, diesmal mit dem entscheidenden Hinweis: »Geh zur UNO«.

Es gelingt, zu einer in Deutschland nicht veröffentlichten Resolution 1503 eine Methode zu entwickeln, die diese Resolution anwendbar macht, und zwar in Form der Sammelbeschwerde, und damit das internationale Gremium der UNO-Menschenrechtskommission ermächtigt, sich mit der *Situation* innerhalb von Staatsgrenzen zu befassen, obwohl die UN-Charta Art. 2, Abs. 7 die Nichteinmischung in die inneren Angelegenheiten der Mitgliedstaaten statuiert. Da die Resolution 1503 von sämtlichen Vertragsstaaten der Vereinten Nationen ratifiziert worden ist, haben auch die DDR und die Bundesrepublik Deutschland mit Zutritt zu den Vereinten Nationen im Jahr 1973 einer möglichen Intervention der Vereinten Nationen ausdrücklich zugestimmt.
Bedauerlicherweise hat die Leitung des Ministeriums für innerdeutsche Beziehungen unter der Federführung von Ex-Minister Franke weder die Sachbearbeiter seines Hauses von den Hilfsmöglichkeiten der Vereinten Nationen unterrichtet, noch den Journalisten die Möglichkeit gegeben, die deutsche Öffentlichkeit unterrichten zu können. Der Regierungswechsel hat auch hier eine Wende gebracht.
Die UNO-Methode 1503 beginnt mit dem Satz: »Kann man sich gegen den Staatssicherheitsdienst und andere Sicherheitsdienste wehren? Ja. Mit der Methode 1503 des Wirtschafts- und Sozialrats der Vereinten Nationen (ECOSOC).

Mit Anwendung der Res. 1503 ist erreicht, daß die DDR seit 1981 ununterbrochen auf der schwarzen Liste der menschenrechtsbrechenden Staaten steht und deshalb beginnt, ein verändertes Verhalten gegenüber den Bürgern der DDR einzunehmen, die bis dahin wehrlos den Übergriffen örtlicher Behörden in Zusammenarbeit mit dem Staatssicherheitsdienst ausgeliefert waren.
Die DDR verkauft seitdem mißliebige Bürger nicht mehr ausschließlich an die Bundesrepublik Deutschland, sondern entläßt sie durch *Staatsentscheide* aus der Staatsbürgerschaft der DDR, und genehmigt die Ausreise mit Hab und Gut zum angegebenen Zielort.

Seit der UNO-Intervention kann sich das bundesdeutsche Ministerium für innerdeutsche Beziehungen Traumzahlen gutschreiben:
Für die Jahre von 1969–1980 waren es in 11 Jahren insgesamt 35 368 Fälle von Häftlingsentlassungen und Familienzusammenführungen, also im Jahresdurchschnitt etwa 3215 gelöste Fälle.
Mit der UNO-Intervention:

1981...	15 433	Haftentlassungen/Familienzusammenführungen
1982...	12 184	

Die Haushaltsmittel, 100 Millionen jährlich für humanitäre Hilfe, der DDR gewährt, wurden nicht erhöht. Das heißt, die Entlassungen aus der DDR erfolgten praktisch zum Null-Tarif, Freiheit *ohne* Preis.

Meine Bemühungen aber zielen darauf, daß durch internationale Vermittlung die Behörden der DDR verfassungskonform ein rechtspflegendes Verhalten einzuüben beginnen, damit es nicht erst zu den Fällen von Petitionen komme.

Ich kann heute schon sagen, daß die DDR die Ziele der Vereinten Nationen durch Anerkennung der Beschlüsse des internen Verfahrens von 1503 vorbildlich unterstützt.

Dies bestätigte am 30. Juni der Generalsekretär der Vereinten Nationen, Perez de Cuellar, gegenüber Erich Honecker in Ostberlin, und zwar am Vorabend des Beginns der Sitzungsperiode der Arbeitsgruppen der Menschenrechtskommission, die im Frühjahr 1984 mit der Beschlußfassung enden wird, welche Staaten wegen Nichteinhaltung internationaler Verträge auf die Anklagebank der Menschenrechtskommission gehören.

Wie es gelungen ist, die Methode 1503 in Deutschland erfolgreich durchzusetzen, ist der Inhalt meiner beiden Bücher:

1. *Die Ausbildung* am Roten Kloster, die entscheidende Akzente gesetzt hatte auf das Training der Psychologie der Massenführung, insbesondere von Fragen der Lenkung, Leitung und Kontrolle.

2. *Die gleichzeitigen Erfahrungen* am Roten Kloster und dem Berliner Ensemble, dem Theater Bertolt Brechts, die mich am Beispiel der Einschätzung von Bertolt Brecht erkennen ließen, daß die DDR national und international eine unterschiedliche Image-Politik betreibt, durch unterschiedliche Interessenlagen bestimmt.

3. *Die persönliche Interessiertheit,* meinem Neffen zu helfen, der im Gefängnis der DDR wegen Fluchtversuch einsaß und den die DDR nicht freikaufen ließ – trotz Verhandlungen des Ministeriums für innerdeutsche Beziehungen und des beauftragten Rechtsanwalts der Bundesregierung.

4. *Die Erkenntnis,* daß die Interessenlage der DDR von zwei Interessenlagen bestimmt ist, und zwar
a) dem materiellen Interesse
b) dem immateriellen Interesse,
beispielsweise auch an einer lupenreinen Imagebildung in den Vereinten Nationen, nur durch strikte Einhaltung der internationalen Verträge zu erreichen.

Da die Deutschlandverträge mit Art. 2 ausdrücklich den Internationalen Verträgen unterstellt sind, ist mir bis heute unerfindlich, daß Journalisten und spätere einflußreiche Deutschlandpolitiker wie Günther Gaus und Egon Bahr die Lesart dieser Verträge jahrelang auf den Kopf stellen durften – und damit die Hilfsmöglichkeiten der Vereinten Nationen blockierten.
Die sogenannten »mündlichen Abreden« der bundesdeutschen und DDR-Staatenvertreter, sich bei den Vereinten Nationen nicht gegenseitig in die Pfanne zu hauen, brechen meine sogenannten »Staatenberichte« seit 1980 für die Vereinten Nationen.
Da ich kein Staatenvertreter bin, sondern nur ein Autor, der mit Petitionen die Interessen einzelner vertritt, die ins Räderwerk der Politik geraten sind, konnten mich solche Abreden nicht binden.

Staatenbericht 1982

Berichte zur Situation beider deutscher Staaten, kurz »Staatenbericht« genannt, von Brigitte Klump, Beschwerdeführer Bundesrepublik Deutschland/Deutsche Demokratische Republik bei den Vereinten Nationen

Brigitte Klump
Ilmstraße 6
D-8069 Rohrbach

21. Juni 82

An die
Division of Human Rights
Palais des Nations
CH-1211 Genève 10

Encl. Dokumentation

1. Unterrichtung des Herrn Bundespräsidenten Karl Carstens ab 23. März 1982, Medienboykott
2. Protestnote an den Europarat (Anfrage wegen Individualbeschwerde) ab 25. April 1982
3. Hilfsersuchen an den Petitionsausschuß des Deutschen Bundestages ab 4. Mai 1982.

Sehr geehrte Damen und Herren,
ich bezeuge erneut mit exemplarischen Petitionen von Bürgern der Bundesrepublik Deutschland für Bürger der DDR andauernde Verletzungen von Menschenrechten und Grundfreiheiten in der DDR. Aus diesen dokumentierten Petitionen sind

I. Verfassungsbrüche in der DDR

ablesbar, verübt von *örtlichen* Behördenvertretern und Mitarbeitern des Ministeriums für Staatssicherheit der DDR.
Bürgerbeschwerden dagegen werden von Gerichten zurückgewiesen, so daß kein Rechtsschutz herstellbar ist. Damit werden Art. 102–104 der Verfassung der DDR außer Kraft gesetzt, die den Bürgern bei Behörden und Gerichten Gehör und Schutz garantieren.

Außer Kraft gesetzt ist ebenso in der DDR die

II. »Erklärung über den Schutz aller Personen...«

vom 9. 12. 75 der Generalversammlung der Vereinten Nationen, die Mitgliedstaaten bindend verpflichtet, jede Form von Folter zu unterlassen. In der DDR wurde und wird fortgesetzt handelnd insbesondere ggen Art. 1,1 und 2 verstoßen.
Es handelt sich dabei nicht um Anwendung körperlicher Folter, sondern um

> »Handlungen, durch die eine Person von einem Träger staatlicher Gewalt oder auf dessen Veranlassung hin vorsätzlich geistig-seelische Schmerzen oder Leiden zugefügt werden, um von ihr oder einem Dritten eine Aussage oder ein Geständnis zu erzwingen, sie für eine tatsächliche oder mutmaßlich von ihr begangene Tat zu bestrafen oder sie oder andere Personen einzuschüchtern.« (ebenda.)

Prinzip örtlicher Behörden ist, den Bürger solange einzuschüchtern, unter Druck zu setzen, oder mit falschen Erklärungen oder Versprechungen, die nicht gehalten werden, zu beeinflussen, sein Ausreisebegehren zu dementieren.
Dabei wird in Kauf genommen, daß sich Bürger in der anschließend hoffnungslosen Situation umbringen. Die DDR hat die höchste Selbstmordquote der Welt aufzuweisen.

Jahrelange Leiden manifestieren sich zu psychischen Schäden – von außen nicht erkennbar – wie Angst, Alpträume, Verlust des Selbstwertgefühls, Erinnerungslücken, Konzentrationsschwächen bis hin zu körperlichen Schäden, die zu diagnostizieren sind, wie Kreislaufzusammenbrüche, Herzinfarkte.
Das betrifft die unmittelbar Leidenden ebenso wie die mittelbar Betroffenen in der Bundesrepublik, denen es nicht gelingt, trotz jahrelanger Bemühungen z. B. über das Ministerium für innerdeutsche Beziehungen, die Anliegen auf humanitäre Weise lösen zu lassen.

Aus eigener Kenntnis der Sache seit nunmehr vier Jahren bezeuge ich mit diesem Bericht zur innerdeutschen Situation, daß die Beschwerdemöglichkeit der Res. 1503 (XL VIII) bei den Vereinten Nationen deutschen Bürgern seit 1973 systematisch verschwiegen wird.

Zuständig dafür ist das Ministerium für innerdeutsche Beziehungen, Bonn, das die deutsch-deutschen Angelegenheiten auf dem Boden der Bundesrepublik Deutschland bis zur Anbindung der Deutschlandpolitik ans Kanzleramt (seit 6. Mai 82) ausschließlich wahrnahm.
Es bewirkt seit 1972 unter dem Deckmantel humanitärer Ziele Pressionen, die zu einem massiven

III. Eingriff in die bundesdeutsche Presse-, Meinungs- und Informationsfreiheit

führten. Offensichtlich verursacht durch die *Geschäftsgrundlage* des deutsch-deutschen Grundvertrags von 1972, die von den Unterhändlern beider deutscher Staaten vereinbart wurde.

1. Deutsche Bürger werden zum Schweigen über die selbsterlebten Verfassungsbrüche in der DDR verpflichtet, sowie sie den Boden der Bundesrepublik Deutschland betreten (von Rechtsanwälten der Bundesregierung, die im deutsch-deutschen Freikaufgeschäft tätig sind).

2. Die Medien der Bundesrepublik Deutschland werden insgesamt zum Verschweigen innerdeutscher Problemfälle motiviert, weil sonst – wie das Ministerium für innerdeutsche Beziehungen darüber hinaus in unzähligen Briefen an deutsche Bürger verbreitet – »die Chancen für eine positive Lösung praktisch zerstört« würden.

3. Bundesdeutsche Staatenvertreter sind gehalten, deutsch-deutsche Angelegenheiten vor dem internationalen Forum der Vereinten Nationen nicht zur Sprache zu bringen, wie »Der Stern« (bundesdeutsche Illustrierte) im Herbst 1980 aufdeckte.

Damit ist seit 1972 und fortwirkend die demokratische Verfassung der Bundesrepublik Deutschland zur Disposition gestellt. Auch wenn die Verfassung formal unangetastet blieb, der Sache nach wurde sie inhaltlich ausgehöhlt.
Die Grundrechte aber sind das tragende Prinzip der Verfassung und ausdrücklich jeder Veränderung entzogen. Auch völkerrechtliche Verträge dürfen in dieser Hinsicht keine Änderung bewirken – auch nicht mit Zustimmung des Parlaments.

Außer Kraft gesetzt ist ebenso

IV. Die Medien-Deklaration (UNESCO) der Vereinten Nationen vom 25. 11. 78

insbesondere Art. II, X und XI.

Zur Erklärung:
Eine Berichterstattung gleich Null über den Beschwerdeweg der UNO bewirkte, daß den Deutschen in Ost und West die hilfreichen Möglichkeiten der Res. 1503 (XLVIII) bis heute fast verborgen blieben. Solange es aber nicht ins öffentliche Bewußtsein eingedrungen ist, daß die gleichsam versammelten Völker Unterzeichner der UN-Deklarationen sind, *nicht* Regierungen und Staaten, bleiben die Bemühungen der Vereinten Nationen unwirksam.

Bis vor 1980
berichteten die Medien der Bundesrepublik einschließlich des in der DDR zu empfangenden bundesdeutschen Fernsehens in *keinem* Fall von der Beschwerdemöglichkeit im Zusammenhang mit 1503 bei den Vereinten Nationen.

Im Jahr 1980
begrüßten »Spiegel«, »Stern« und »Zeit« mit je einem Artikel das Auffinden der Resolution 1503.

Im Jahr 1981/82
nahmen die Medien der Bundesrepublik keine Notiz, daß

1. die DDR als erster Ostblockstaat in der Geschichte der Vereinten Nationen auf der Anklagebank der Menschenrechtskommission sitzt.
   Ausnahme 1981: Bayerischer Rundfunk, Südwestpresse Ulm, Die Bunte Illustrierte
   Ausnahme 1982: Frankfurter Allgemeine, Südwestpresse, Sonntag Aktuell
2. noch vom spektakulären Ergebnis der UNO-Intervention auf die DDR.
   Ausnahme 1981: Südwestpresse Ulm
   Ausnahme 1982: Südfunk Stuttgart, Südwestpresse, Sonntag Aktuell

Bis heute nahm das bundesdeutsche Fernsehen insgesamt keinmal Notiz, obwohl ich unter anderen auch die Programmdirektion des ZDF darauf hinwies, daß »mit der Medienresolution (UNESCO) der Vereinten Nationen vom 25. 11. 78 auch die Öffentlich-Rechtlichen Fernsehanstalten in die Informationspflicht« genommen sind.
Es ist auf den Leidensdruck in der DDR zurückzuführen, daß die fehlende Publizierung der Beschwerdemöglichkeit meiner »Sammelstelle für UNO-Petitionen« noch immer nicht das Lebenslicht ausgeblasen hat.
Eine Klage vor dem Verfassungsgericht der Bundesrepublik Deutschland habe ich bis heute vermieden, weil ich durch das mühevolle Finden und Verbreiten der Res. 1503 gegen den hinhaltenden Widerstand des Ministeriums für innerdeutsche Beziehungen bis heute im Privatvermögen um nachweisbare 50000 Mark (DM) geschädigt worden bin und kein Geld mehr für Anwaltskosten habe.

V. Ergebnisse des 1503-Verfahrens

Ergebnis I DDR

Die DDR fällt seit Beginn der UNO-Intervention auf die DDR, also seit nunmehr zwei Jahren, *Staatsentscheide* zugunsten von Bürgern der DDR, die nachweisbar Brüche von Rechten und Grundfreiheiten der UNO vortrugen (Form der Sammelbeschwerde), und »heilt« sie durch Entlassung aus der Staatsbürgerschaft der DDR.
Die Ausreise wird *bedingungslos* gewährt, erfolgt im Zug oder mit eigenem Wagen zum angegebenen Zielort in der Bundesrepublik. Hab und Gut können seit einem Erlaß vom Jan. 82 mit Möbelwagen für DM-Ost aus der DDR in die Bundesrepublik überführt werden. Eine Beschlagnahme der Vermögen findet nicht mehr statt.
Rechtsanwalt Vogel, Ostberlin, ist mit den Staatsentscheiden nicht befaßt, noch wird er über die Einzelfälle informiert, die auf diesem Weg gelöst werden.

Damit hat die DDR von sich aus in jedem von der UNO vorgetragenem Fall die seit 1963 geübte Praxis ausgesetzt, politische Häftlinge und Angehörige von in die Bundesrepublik geflüchteten DDR-Bewohnern gegen DM-West an die Bundesrepublik Deutschland zu verkaufen.

Fast jeder der UNO-Fälle konnte im Zeitraum zwei bis zu 12 Monaten zufriedenstellend gelöst werden. Die *ergebnislose* Verhandlungszeit des Min. für innerdeutsche Beziehungen, Bonn, mit der DDR währte für diese Fälle bis zu zehn und über zehn Jahre.

Ergebnis II DDR/Bundesrepublik Deutschland
Das Bestreben der DDR zielt darauf, die gegen sie erhobenen Anklagen bei den Vereinten Nationen zu entkräften oder ihnen mit Gesten guten Willens zuvorzukommen, um wieder aus dem von der Menschenrechtskommission angestrengten Verfahren herauszukommen.
Im Zusammenhang mit der UNO-Intervention auf die DDR gelang es dem Ministerium für innerdeutsche Beziehungen, Bonn, im Jahr 1981 für 15000 Bürger der DDR die Einreise in die Bundesrepublik Deutschland zu erwirken.

Offensichtlich wird damit, daß durch das Verschweigen der Rechtsbrüche in der DDR eine ungestörte Entwicklung zur Diktatur des Staatssicherheitsdienstes programmiert wurde. Eine schuldhafte Entwicklung, in die sich beide deutsche Regierungen dank ihrer Unterhändler gemeinsam hineinmanövriert haben.

Erst das Aussprechen der Rechtsbrüche und Verletzungen von Menschenrechten und Grundfreiheiten vor den 43 Staatenvertretern der Menschenrechtskommission bremste die unheilvolle Entwicklung und bewirkte unmittelbar, daß die Staatsführung der DDR dem Staatssicherheitsdienst gegenwärtig in die Zügel greift.

Ergebnis III Bundesrepublik Deutschland
Statt den Bemühungen der UNO fairerweise die Ehre zu geben, ließ das Ministerium für innerdeutsche Beziehungen, Bonn, zu, daß die bundesdeutschen Medien die erfolgreichen Familienzusammenführungen des Jahres 1981 interpretierten als *Gegengeschäft* für den DDR-Agenten Günter Guillaume.

Zur Affaire Guillaume:
Guillaume, Kanzlervertrauter, aber Mitarbeiter des Staatssicherheitsdienstes der DDR, bewirkte 1974 den Rücktritt des bundesdeut-

schen Kanzlers Willy Brandt. Guillaume wurde im Herbst 1981 ausgeliefert, im Ringtausch gegen 7 Spione.

Ausnahme: Die besserinformierte Frankfurter Rundschau dementierte und erklärte, die Familienzusammenführungen seien nur »technisch« in die Abwicklung des Guillaume–Austauschs geraten.

Mein Schreiben vom 5. Okt. 81 – auch als Rundschreiben an führende Zeitungen der Bundesrepublik – an den Minister für innerdeutsche Beziehungen, Herrn Egon Franke, blieb *ohne* Reaktion.

Zitat: »Sie selbst, Herr Minister, wissen, daß seit der letzten Tagung der Menschenrechtskommission der UNO die DDR dazu übergegangen ist, Bürger der DDR in die Bundesrepublik zu entlassen, auf dem Weg von *Staatsentscheiden*, ohne den Freikauf zu praktizieren.
Das gegenwärtige Angebot der DDR, 7000 ihrer Bürger im Zuge der Familienzusammenführung aus der Staatsbürgerschaft der DDR zu entlassen, ist ein faires und einsichtiges Angebot.
Es würde Ihnen wohlanstehen, Herr Minister, das deutsche Volk via Fernsehschirm in Ost und West zu unterrichten, daß die DDR mit einer Geste guten Willens vom Menschenhandel abgesehen hat...
Erklären Sie dem deutschen Volk, daß die Veränderung des Verhaltens der DDR ein Ergebnis der Bemühungen der UNO ist, so wie ich es weiß, und wie Sie es wissen, Herr Minister.«

VI. Zusammenfassung

Die Res. 1503 (XLVIII) ECOSOC ist *kein* Torpedo gegen das Ansehen von Regierungen.
Sie könnte in der Welt zum Rettungsring von Regierungen werden, die mächtig und gleichzeitig sehr zerbrechlich sind, weil sie die öffentliche Meinung unterdrücken.

Ich glaube,
daß nur die Vereinten Nationen in der Lage sind, einen grundsätzlichen Wandel einzuleiten, daß Rechte und Grundfreiheiten da wieder respektiert werden, wo sie gebrochen worden sind.

Ich glaube,
daß die Ursache der Angst, die man heute in der Welt spürt, nicht die Anhäufung der Waffen ist. Waffen sind nur ein Symptom.
Die Ursache ist die unerträgliche Situation, die aus der Vernichtung von Rechten und Grundfreiheiten in millionenfachen Einzelfällen resultiert.
Das ist der Sprengstoff, der erst den einzelnen, dann die Menschheit vernichten wird.

Die Respektierung der eigenen Verfassung von den Staatsorganen würde den Bürgern erlauben, wieder im eigenen Land aufzuleben.
Würde Flüchtlingsströme zum Versiegen bringen.
Würde den Wunsch nach Entlassung aus der Staatsbürgerschaft verwandeln in – Reisewünsche.
Eine solche progressive Evolution würde den gewissen Status quo zwischen Staaten unterschiedlicher Systeme bewahren helfen.

Dann bliebe der Frieden erhalten.

Brigitte Klump

An
European Commission of Human Rights
Council of Europe
67006 Strasbourg Cedex

Brigitte Klump
Anfrage betr. Individualbeschwerde 25. 4. 82

Brigitte Klump, Autor und Hausfrau, gegen Medienpolitik der Bundesregierung, Bundesrepublik Deutschland.
Vertreten von: Staatssekretär Kurt Becker, Bundespressechef, Nachfolger im Amt von Claus Bölling (15. Dez. 80 bis heute, 25. Apr. 82).
Betrifft: Deutsch-deutsche Angelegenheiten. Unterlassung der Popularisierung des Beschwerdewegs bei der UNO. Unterlassung der Erläuterung der Res. 1503 (XLVIII) ECOSOC.
Verantwortlich: Der Minister für Innerdeutsche Beziehungen, Egon Franke, für die Amtszeit von 1973 (Beitritt beider deutscher Staaten in die UNO) bis heute.

Kurze Darlegung der Situation

Aus Gründen persönlicher Betroffenheit habe ich den Beschwerdeweg bei der UNO (Res. 1503) gegen den Widerstand des Ministeriums für innerdeutsche Beziehungen, Bonn, auf eigene Kosten im Ausland recherchiert, nach Ratsuche im Auswärtigen Amt, Bonn, bei der UNO in deutsch-deutschen Angelegenheiten erfolgreich praktiziert und auf *eigene Kosten* jeden Bürger auf dieser Schiene fahren lassen, der seine Petition der UNO vorzulegen wünscht und wünschte.

Mein Buch »Freiheit hat keinen Preis, ein deutsch-deutscher Report« beschreibt in belletristischer Form mit dokumentierten Einzelheiten das Finden dieses Wegs und den Weg selbst, der vielen Bürgern inzwischen durch die Intervention der UNO auf die DDR die Entlassung aus der Staatsbürgerschaft der DDR schenkte. Es ist ein Buch der Ratschläge. Kritisch gegenüber dem Ministerium für innerdeutsche Beziehungen.
Der Erlös aus meinem Buch sollte meine Sammelstelle für UNO-Petitionen so lange finanzieren, bis sich das Ministerium für innerdeut-

sche Beziehungen entschließen würde, im Falle von eklatanten *Rechtsverletzungen* den Bürgern zu empfehlen, sich auf den Petitionsweg zur UNO zu begeben, in Anwendung des 1503-Beschwerdeverfahrens, in Gang zu setzen von Einzelpersonen. Die bis heute nicht ausgesprochene Empfehlung bewirkte, daß mir nach wie vor die ungelösten Fälle des Ministeriums für innerdeutsche Beziehungen von Bürgern auf den Tisch gelegt werden, die ihre Hoffnung auf die Anwendung der Res. 1503 (Form der Sammelbeschwerde) durch meine Sammelstelle für UNO-Petitionen setzen.
Die von mir der Division of Human Rights in Genf mehrfach überreichten Sammelbeschwerden wurden in beinahe jedem Fall *innerhalb von zwei bis zu 12 Monaten von der DDR zufriedenstellend und auf dem Weg von Staatsentscheiden gelöst, nicht auf dem Weg des Menschenhandels.*
Die ergebnislose Verhandlungzeit des Ministeriums für innerdeutsche Beziehungen lag in Zeiträumen bis zu 10 und über 10 Jahren. (Beweislage ist eindeutig, liegt der Division of Human Rights, Genf, komplett vor.)

Direkter Schaden, nachweisbar

I. *Ideeller Schaden*
Untergrabung von Ehre und Ansehen.
Bewirkt durch Nachrichtensperre gegen die UNO-Methode 1503, Medienboykott. Siehe Protestschreiben an den Herrn Bundespräsidenten und an hundert deutsche Redaktionen. (Adressenliste in der Anlage.)

II. *Materieller Schaden.*
Die Versäumnisse in der Unterrichtspflicht dem deutschen Volk gegenüber, auch durch die Gesamtheit der Medien, bewirkte, daß ich diese Unterrichtung – nach Finden des Weges – in Einzelberatungen nachholte und dabei im Privatvermögen bis heute um 50 000 DM geschädigt wurde, das aber ist alles, was ich jemals besaß.
Die Erschöpfung meiner Eigenmittel ermöglicht mir nicht, das *Staatshaftungsgesetz* gegen das Ministerium für innerdeutsche Beziehungen in Anwendung zu bringen (Akte in jedem Detail komplett vorlegbar).

III. Schädigung der Hilfsbedürftigen.
Meine Sammelstelle für UNO-Petitionen war als vorübergehende Einrichtung gedacht, ohne Unkostenrechnung für die einzelnen. Die Hartleibigkeit des Ministeriums für innerdeutsche Beziehungen bewirkte, daß ich mit Datum vom 23. April 82 den Petenten einen Unkostenanteil berechnen muß, gegen meinen eigenen Widerstand, denn meine »Sammelstelle für UNO-Petitionen« war von mir aus gedacht als Akt reiner Bürgerhilfe.
Die Freiheit, die über die UNO im Fall von Rechtsverletzungen durch Intervention auf die DDR zu bewirken ist, sollte von mir aus keine Freiheit gegen Preis sein, wie ihn die deutsche Bundesregierung und Fluchthilfeorganisationen seit Jahr und Tag praktizieren.

Ich protestiere schon heute mit dieser Anfrage an die Europäische Kommission für Menschenrechte gegen die Situation, in die ich durch das Verhalten des Ministeriums für innerdeutsche Beziehungen laviert worden bin, Freiheit gegen Geld verschaffen zu können.
Die Freiheit wird durch die Bemühungen der Menschenrechtskommission der Vereinten Nationen verschafft. Meine Petitionen sind nur das Basismaterial, aus denen die Rechtsbrüche ablesbar sind, für deren Verschweigen das Ministerium für innerdeutsche Beziehungen zuständig ist. Rechtsbrüche, für die das Ministerium für innerdeutsche Beziehungen mit Hunderten von Millionen seit Jahr und Tag die DDR *belohnt,* das ist die Kehrseite der Medaille des Menschenhandels.

Mit freundlichen Grüßen
Brigitte Klump

An die
Europäische Kommission
für Menschenrechte

8. Juli 82

Sehr geehrter Herr Dr. S....,
leider komme ich erst heute dazu, Ihnen für Ihr ausführliches Schreiben vom 8. Juni zu danken.
Es hat mich veranlaßt, nun doch den Weg über die Vereinten Nationen zu gehen.
In meinem »Begleitbrief« – und Sie wissen, wie gern ich ihn vermieden hätte – heißt es am 21. Juni 82:

> »Eine Klage vor dem Verfassungsgericht der Bundesrepublik Deutschland habe ich bis heute vermieden, weil ich durch das mühevolle Finden und Verbreiten der Res. 1503 gegen den hinhaltenden Widerstand des Ministeriums für innerdeutsche Beziehungen bis heute im Privatvermögen um nachweisbare 50000 DM geschädigt worden bin und kein Geld mehr für Anwaltskosten habe.«

Es ist ja nicht meine Schuld, daß die Hürde dieser Verfassungsklage z. B. vor der Individualbeschwerde bei der Europäischen Kommission steht. Dadurch werden wirklich Geschädigte wie ich armer Bürger gehindert, Recht zu finden, Schutz zu bekommen, das ist eine schlimme Sache.

Sie werden verstehen, daß ich nun nicht unbedingt auch noch mein Haus verkaufen will, um Geld für eine Klage zur Verfügung zu haben. Ganz so ein Michel Kohlhaas bin ich nicht.
Da sich in den letzten Tagen, quasi in letzter Sekunde, zwei Zeitungen der Problematik angenommen haben, konnte ich ausreichend Petitionen bei den Vereinten Nationen vorlegen. Da sich inzwischen auch der Petitionsausschuß der Sache angenommen hat, bin ich guter Hoffnung, daß es zu einer baldigen, guten Klärung kommen wird. Eine Kopie des Antwortschreibens des Petitionsausschusses des Deutschen Bundestages habe ich Herrn H.-T. Sch. vom Conseil de Europe aufgrund seiner Anfrage vom 28. Juni übergeben.

Herzlichen Dank, daß Sie mich angehört haben,
Ihre
Brigitte Klump

COMMISSION EUROPÉENNE
DES
DROITS DE L'HOMME

CONSEIL DE L'EUROPE
STRASBOURG

EUROPEAN COMMISSION
OF
HUMAN RIGHTS

COUNCIL OF EUROPE
STRASBOURG

HR
WS/bbk

19. Juli 1982

Sehr geehrte Frau Klump!

Hiermit bestätige ich den Erhalt Ihrer beiden Schreiben vom 8. Juli 1982 an Frau Schoepfer und mich (jeweils mit Anlagen).

Da sich Ihre Lage erfreulicherweise so entwickelt hat, dass Sie von der Beschwerdeführung absehen, wird hier nichts weiter veranlasst.

Hochachtungsvoll

Der Sekretär der Europäischen
Menschenrechtskommission
i.A.

J. Marcetus

Frau
Brigitte KLUMP
Ilmstrasse 6
D 8069 ROHRBACH

Adresse postale : 67006 Strasbourg Cedex — Téléphone : Strasbourg (88) 61.49.61
Adresse télégraphique : EUROPA Strasbourg — Télex : Strasbourg 870943

Brigitte Klump
Ilmstraße 6
D-8069 Rohrbach

14. Juni 83
13. Sept. 83
16. Nov. 83

Centre for Human Rights
Palais des Nations
CH-1211 Genève 10

Ich bezeuge mit meiner Sammelbeschwerde vom 13. Dezember 82 bis zur Gegenwart

daß in der DDR seit Nov. 82 ein Beschluß der Staatsführung der DDR wirksam geworden ist, Familienzusammenführungen zwischen der DDR und der Bundesrepublik Deutschland abzuweisen oder auszusetzen, wenn Bürger der DDR einen von den örtlichen Behörden der DDR genehmigten Aufenthalt in der Bundesrepublik Deutschland oder im westlichen Ausland zur Flucht ausnutzten.
Die hohe Zahl der Nichtzurückgekehrten hat die Staatsführung der DDR bewogen, restriktiv durchzugreifen und eine Übersiedlung der Familienangehörigen in die Bundesrepublik Deutschland *grundsätzlich* abzulehnen.
Der von der DDR-Staatsführung beauftragte Rechtsanwalt Wolfgang Vogel, Ostberlin, hat mit Schreiben vom 8. Nov. 82 dem Bundesministerium für innerdeutsche Beziehungen, Bonn, die Einstellung seiner Bemühungen in diesen Fällen bekanntgegeben.
Seiner weiteren Information ist zu entnehmen, daß *rückwirkend über zwei Jahre ab Januar 81* auch bereits positiv entschiedene Zusammenführungen von Familien ausgesetzt wurden. Das Bundesministerium für innerdeutsche Beziehungen, Bonn, scheitert seitdem in jedem Fall am unerbittlichen Nein der DDR.
Aus den mir vorgelegten Petitionen ist ablesbar, daß den in der DDR zurückgebliebenen Angehörigen nicht nur die Entlassung aus der Staatsbürgerschaft der DDR und Übersiedlung in die Bundesrepublik Deutschland untersagt wird, sie werden wie Geiseln behandelt:

1. Zurückbleibenden Ehepartnern wird Mitwisserschaft unterstellt bei Verhören durch Kriminalpolizei und Staatssicherheit.

2. Sie werden genötigt, die Scheidung einzureichen, weil eine Ausreise niemals bewilligt werden würde.
3. Wird nächtlicher Telefonterror inszeniert mit obszönen Anrufen und Unterstellungen, wie: der Ehepartner nehme sich in der Bundesrepublik Deutschland jede sexuelle Freiheit und sei selbst nicht an einer Familienzusammenführung interessiert.
4. Beschlagnahmen örtliche Behörden vielfach anteilig das Familienvermögen und Sachwerte für die Abteilung »Staatliches Eigentum der DDR«. Abgeschlossene Versicherungsverträge, auch für die Kinder, werden für ungültig erklärt, die einbezahlten Gelder beschlagnahmt.
5. Werden die Kinder in Art von Sippenhaft von jeder beruflichen Weiterbildung ausgesperrt, sie werden aus Lehrverträgen entlassen, von Gymnasien und Universitäten gewiesen.
6. Sämtliche Dokumente des in der Bundesrepublik Deutschland verbliebenen Ehepartners werden beschlagnahmt, einschließlich aller Papiere, die z. B. für Rentenberechnungen unerläßlich sind.
7. In einem Punkt ist ein verändertes Verhalten der örtlichen Behörden erkennbar:
   Die Arbeitsverträge der in der DDR zurückbleibenden Ehepartner werden nicht mehr nach Antragstellung auf Familienzusammenführung fristlos aufgekündigt. Die Ehepartner werden lediglich aus leitenden Funktionen herabgestuft, von Förderung, Weiterbildung ausgeschlossen.
   Die Kündigung von Anstellungsverträgen erfolgt weiterhin auf der staatlichen Ebene, dann aber auch in den untersten Diensträngen.

Der Grund für die Abweisung der Familienzusammenführungen liegt darin:
Die örtlichen Behörden der DDR, die bei triftigen Gründen Einzelpersonen eine Reise in die Bundesrepublik/das westliche Ausland gewähren können, fühlen sich getäuscht, wenn die Bürger der DDR nicht, wie vereinbart, zurückkehren.

So wird das Vertrauensverhältnis zwischen Bürger und Staat zerrüttet – vom Bürger her.
Die Bürger aber berufen sich darauf, daß das Vertrauensverhältnis von den Behörden selbst zerrüttet worden ist:

Beweis

In meinen gesammelten Petitionen von Juli 82 bis heute ist ein übereinstimmendes Muster von rechtsbrechendem Verhalten örtlicher Behördenvertreter in Zusammenarbeit mit Beauftragten des Ministeriums für Staatssicherheit (MfS) erkennbar.

Anzulasten ist, daß generell versucht wird,

- die Erteilung von Reisegenehmigungen/Gewährung von Übersiedlungsanträgen in die Bundesrepublik Deutschland abhängig zu machen von der Zusage des Bürgers, Spionageaufträge in der Bundesrepublik Deutschland auszuführen gegen Verwandte, Freunde und künftige Arbeitskollegen. Die angeworbenen Agenten tragen den Titel »Kundschafter des Friedens«.
- Bürger solange einzuschüchtern, unter Druck zu setzen oder mit Erklärungen und Versprechungen zu veranlassen, das Ausreisebegehren zu dementieren. Dabei werden willkürliche Eingriffe in das Privatleben, die Familie, das Heim, in Brief- und Telefonverkehr vorgenommen, sowie gesetzwidrige Angriffe auf die Ehre oder das Ansehen der Person organisiert.

In dieser auf dem innerdeutschen Verhandlungsweg nicht zu verändernden Situation bitte ich im Namen aller meiner Petenten, die Staatsführung der DDR an die Einhaltung der internationalen Verträge zu erinnern, wie des

- Paktes für bürgerliche und politische Rechte
- und der Erklärung über den Schutz aller Personen vom 9. 12. 75 der Generalversammlung der Vereinten Nationen, insbesondere Art. 1,1 und 2

und mit internationalem Einfluß einen Wandel im Verhalten der örtlichen Behörden der DDR herbeizuführen.

Brigitte Klump

Offizielle Stellungnahmen

REPORT, Fernsehsendung im 1. Programm (ARD) am 31. Mai 1983 um 21 Uhr

Moderation: Günther von Lojewski

Guten Abend, meine Damen und Herren, an diesem wunderschönen Sommerabend.
Eine Frau allein gegen ein totalitäres Regime – auf den ersten Blick scheint das so aussichtslos wie der Kampf des Don Quichotte. Mühlen systematischen Unrechts anzuhalten, ihnen zu entreißen, was bereits in ihr Räderwerk geraten ist – wer von uns hat dazu schon die Kraft, die Ausdauer und die Energie, und wer hat da am Ende gar Erfolg?
Brigitte Klump, die heute in Bayern lebt, einst selbst aus der DDR geflohen ist, hat ein solches Beispiel gegeben. Hundert Menschen, die in der DDR »eingemauert« waren, hat sie zur Freiheit verholfen. Und erstaunlich genug, dieses ist geschehen ohne Geld, allein mit den Mitteln des Rechtes.
Klaus Wiendl: »Die UN-Resolution 1503 – ein Ticket in die Freiheit«.

Beitrag Klaus Wiendl

Eine Familie aus der DDR, legal ausgereist. Sie will anonym bleiben, weil sie Repressalien gegen Zurückgebliebene fürchtet. Denn sie hatte es gewagt, die DDR wegen Verletzung der Menschenrechte vor den Vereinten Nationen anzuklagen.

> Die Familie im Originalton:
> »Die Antragstellung war vor vier Jahren gewesen und lief sowohl von den DDR-Bürgen aus, als auch von der Bundesrepublik, d. h. dem Ministerium für innerdeutsche Beziehungen. Aber seit Juni 82 läuft die Beschwerde über die Vereinigten Nationen, dort wurde die Tragik unserer Situation, in der wir leben mußten, verdeutlicht und klargemacht... Ich bin sicher, daß diese Entscheidung von der

UNO den Ausschlag gegeben hat für unsere Übersiedlung, denn die anderen Wege führten praktisch zu nichts, die ganzen jahrelangen Bemühungen waren eigentlich umsonst.
Ich habe nun gestern, nachdem unsere Kinder bereits 5 Tage in der Bundesrepublik sind, noch mal abschließend das Ministerium für innerdeutsche Beziehungen angerufen und wollte unserem Sachbearbeiter mitteilen, was sich bei uns ergeben hat. Er hat mir geantwortet, daß die Bemühungen von dem Innerdeutschen Ministerium aus frühestens bis Oktober/November 83 zur Ausreise führen könnten. Worauf ich ihm die Mitteilung machte, daß wir mit unseren Kindern bereits über die UNO ausgesiedelt sind.«

Ein anderer Fall: Seit Ende vergangenen Jahres lebt diese Frau mit ihrem Sohn in der Nähe Stuttgarts. Sie kamen aus Frankfurt/Oder. Und auch für sie war der Beschwerdeweg vor der UNO die letzte Chance. Denn bundesdeutsche Hilfe schien aussichtslos.
Im März schrieb das Gesamtdeutsche Institut: Da den DDR-Behörden eine große Anzahl von Ausreiseanträgen vorliege, seien die Aussichten im Einzelfall sehr gering.
Und in der DDR gab es auf einen Übersiedlungsantrag nur hinhaltenden Bescheid; bis man im Frühjahr '82 auf die Menschenrechtskonvention stieß.

Die Schwägerin im Originalton:
»Ja, zunächst fanden erst mal Unterredungen statt, und dann beim ersten oder zweiten Mal sagte man mir, ich müßte damit rechnen, daß ich den Arbeitsplatz wechseln müßte aufgrund dessen und ob ich mir die Sache gründlich überlegt habe im Zusammenhang mit meinem Sohn, ich meine, denn er wird hier aufwachsen, und letztendlich führte es dahin, daß meine Verwandten nicht rüberkommen durften.«

Den Weg geebnet hat in beiden Fällen Brigitte Klump, Schriftstellerin aus Rohrbach in Oberbayern. Sie fand ihn auf der Suche nach Hilfe für ihren Neffen, der in der DDR nach einem Fluchtversuch 1978 verurteilt, später amnestiert worden war und seitdem ausreisen wollte. Auch Brigitte Klump scheiterte zunächst am innerdeutschen Ministerium. In den Vereinten Nationen geriet sie in einen wahren Behördendschungel, aber in einem der unzähligen Gespräche in New York brachte sie ein hoher Beamter schließlich auf eine erfolgverspre-

chende Spur: Die Resolution 1503 des Wirtschafts- und Sozialrates, verabschiedet 1970. Nach dieser Resolution muß sich die UN-Menschenrechtskommission öffentlich mit dem Gebaren eines Mitgliedstaates beschäftigen, wenn dort »grobe und zuverlässig belegte systematische Verletzungen von Menschenrechten« begangen werden. Bereits 1973 hatten beide deutsche Staaten diese Resolution ratifiziert. Doch die sozial-liberale Bundesregierung schwieg darüber, statt private Initiative zu ermuntern. Brigitte Klump aber hatte ihren Weg gefunden. Sie drohte, die DDR auf die Anklagebank der Menschenrechtskommission zu bringen. Da durfte ihr Neffe plötzlich ausreisen.
Sie machte weiter.

Klaus Wiendl im Gespräch mit Brigitte Klump:

WIENDL: »Sie haben heute wieder eine Sammelbeschwerde unter dem Arm. Wieviel Petitionen sind es denn diesmal?«

KLUMP: »23 und eine Zusatzbeschwerde.«

WIENDL: »Eine Zusatzbeschwerde – also alles vermeintliche Rechtsbrüche der DDR.«

KLUMP: »Ja, nachgewiesene Rechtsbrüche. Ich mache nur dokumentierte Arbeit.«

WIENDL: »Hier liegen bereits Ansichtskarten.«

KLUMP: »Ja, das ist eine Information an die Petenten; wenn ich diese Petitionsakte übergeben habe, dann schicke ich sofort eine Briefkarte.«

WIENDL: »Können Sie etwa sagen, wieviel Beschwerden, Petitionen, Sie insgesamt eingereicht haben bisher?

KLUMP: »Über die Zahl soll ich auch nicht sprechen, ich kann nur sagen, daß wir praktisch eine hundertprozentige Lösung haben.«

Das war vor zwei Wochen, am 18. Mai, in Genf. Inzwischen ist uns bekannt, daß diese Einzelkämpferin allein etwa 100 DDR-Bürgern zur Freiheit verholfen hat. Für die Übergabe der neuen Sammelbeschwerde im Genfer Büro der Menschenrechtskommission bekamen wir keine Dreherlaubnis. Begründung: »Angesichts der Vertraulichkeit des Verfahrens gemäß Resolution 1503 darf die Übermittlung von Beschwerden an das Zentrum für Menschenrechte nicht gefilmt werden.«

WIENDL: »Machen Sie mit Ihren öffentlichen spektakulären Aktionen diese zarte Pflanze, die demnach in den innerdeutschen Beziehungen am Gedeihen ist, nicht wieder kaputt?«

KLUMP: »Ich habe überhaupt keine spektakulären öffentlichen Aktionen gemacht, weil...«

WIENDL: »Aber Sie gehen in die Öffentlichkeit?«

KLUMP: »Jetzt endlich. Wenn man aber die Leute oder die Menschen nicht informiert, daß dieser Beschwerdeweg möglich ist, kann ihn ja keiner benutzen und das Verfahren bei der UNO muß wieder eingestellt werden mangels Masse.«

Bisher hat die DDR alles unternommen, um nicht als Menschenrechtsverletzer aktenkundig zu werden. Die Kommission kann zwar nur moralischen Druck ausüben, aber gegenüber der DDR erweist er sich als stark genug.
Um so erstaunlicher, daß die sozial-liberale Koalition so wenig Interesse am Verfahren 1503 zeigte.

Gerhard Jahn, Bonns langjähriger Delegierter und ehemaliger Justizminister der SPD im Gespräch mit Klaus Wiendl:

WIENDL: »Herr Jahn, könnte die Menschenrechtskommission in Bonn noch effizienter arbeiten, mehr Menschen helfen – mangelt es an Beschwerden, an Eingaben?

JAHN: »Es mangelt nicht an Beschwerden, aber es ist sehr schwierig in dem dortigen Verfahren Beschwerden zum Erfolg zu bringen. Es ist häufig nur eine Frage einer hinreichenden Zahl und einer richtigen Begründung.
Und weil das niemand so richtig kennt, kommt man in vielen Fragen nicht zu einem geregelten Verfahren. Ich werbe dafür, daß jeder, der Menschenrechtsverletzungen behauptet, sie so gut, so intensiv aber auch von so vielen Menschen wie möglich durch Einzelbeschwerden dort vortragen läßt.«

WIENDL: »Woran liegt es, Herr Jahn, daß diese Form der Einzelbeschwerde oder auch der Sammelbeschwerde einfach bei den betroffenen Bürgern noch nicht so bekannt ist?«

JAHN: »Weil die Mehrzahl der Bürger über das schwierige Instrument eines Ausschusses der Vereinten Nationen noch keine klaren Vorstellungen hat und es leider wenig Gelegenheiten gibt, darüber zu reden.«

Der Regierungswechsel hat auch hier eine »Wende« gebracht. Brigitte Klump findet jetzt in Bonn mehr Aufmerksamkeit. Der Innerdeutsche Ausschuß hat für Juni erstmals eine Aussprache über die Methode 1503 vorgesehen. Sein Vorsitzender, der CDU-Abgeordnete Reddemann, will sich in den nächsten Tagen in Genf sachkundig machen.

Der Vorsitzende des Innerdeutschen Ausschusses des Deutschen Bundestages, Herr Reddemann im Gespräch mit Klaus Wiendl:

WIENDL: »Ist die Methode 1503 der richtige Weg, um manchen in ihren Grundrechten behelligten DDR-Bürgern die Ausreise in den Westen zu ermöglichen?«

REDDEMANN: »Es kann ein Weg sein, aber es ist ein komplizierter Weg deswegen, weil eine Reihe internationaler Institutionen und vor allem die Vertreter sehr unterschiedlicher Regierungen angesprochen werden müssen. Wir sollten auf jeden Fall versuchen diesen Weg fortzuschreiten, aber man kann nicht jedesmal dafür garantieren.«

WIENDL: »Welche Rolle spielt in diesem Verfahren Brigitte Klump?«

REDDEMANN: »Frau Klump hat diesen Weg sehr frühzeitig beschritten – ich muß gestehen, daß es mich gefreut hat, und ich bedaure, daß zumindest in früherer Zeit nicht rechtzeitig von der Bundesregierung mit ihr Kontakt aufgenommen wurde bzw. das, was sie der Bundesregierung damals, vor allem dem Minister Franke, vorgetragen hat, nicht in der Weise aufgenommen wurde, wie es notwendig gewesen wäre.«

Klaus Wiendl befragt hierzu Brigitte Klump:

WIENDL: »Warum machen Sie Ihre Aktionen am Innerdeutschen Ministerium vorbei – widerspricht dieses denn nicht dem Geist des Grundlagenvertrages zwischen der Bundesrepublik und der DDR?«

KLUMP: »Ich mache meine Aktionen überhaupt nicht am Ministerium vorbei, denn ich nehme mich nur der Fälle an, die vom Ministerium nicht gelöst werden können. Wenn der nationale Verhandlungsweg keine Erfolge zeigt und die Bürger nicht ausreisen können, dann kann man sich auf den internationalen Beschwerdeweg begeben. Ich arbeite nicht am Ministerium vorbei, sondern meine Akti-

vitäten beruhen auf den Grundlagen der Ausarbeitung des Ministeriums für Innerdeutsche Beziehungen.
Aber die Unterstützung kam nicht – die Unterstützung kommt aber jetzt.«

Moderation: Günther von Lojewski

Zitat aus einem Brief, den Brigitte Klump am 13. Mai 1981 an den Staatssekretär im Innerdeutschen Ministerium geschrieben hat:

»Warum ist die Resolution 1503 den Mitarbeitern Ihres Hauses niemals zur Kenntnis gebracht worden?« – und
»Mir scheint, Herr Franke ist federführend für das ›Vergessen‹ der Resolution 1503 und die Meinungsbildung negativer Art über die Hilfsmöglichkeiten der UNO.«

In der Tat, die Hilfsmöglichkeiten des Innerdeutschen Ministers Egon Franke waren ja andere: er hat Menschen bevorzugt freigekauft, Stückpreis 40000 bis 120000 Mark; Hunderte von Millionen hat Ostberlin dabei eingenommen. Wie und wofür einige Millionen davon an allen Kontrollen vorbei ausgegeben werden konnten, wird von der Staatsanwaltschaft Bonn gegenwärtig ermittelt. Darüber hinaus scheint mir aber eine grundsätzlichere Diskussion jetzt auch notwendig, nämlich darüber, ob der sozialdemokratische Minister im Graubereich innerdeutschen Menschenhandels vielleicht Steuergelder allzu leichtfertig hergegeben hat. Man mag der Methode 1503 politisch mißtrauen, aber Brigitte Klumps Erfolge sprechen einstweilen für sie. Egon Franke hat gegenüber REPORT jede Stellungnahme abgelehnt.

Nachsatz

Der Bundesminister
für Innerdeutsche Beziehungen

5. 5. 83

»... Ich erlaube mir, darauf hinzuweisen, daß der Staatssekretär unseres Ministeriums, Herr Rehlinger, Frau Klump... in ihren Bemühungen viel Erfolg gewünscht hat...
Entschlossenheit zur rechten Zeit und diskrete Bemühungen schließen sich keinesfalls aus. Maßgebend ist, daß denen geholfen wird, die der Hilfe bedürfen. Hierin können sich private Bemühungen und die der Regierung durchaus ergänzen, wenn bedacht wird, daß die Mittel des einen und die Möglichkeiten des anderen verschieden sind und nur entsprechend gehandhabt werden können.«

Knaur

Jürgen Thorwald im Knaur-Taschenbuch-Programm:

Foto: Isolde Ohlbaum

Jügen Thorwald, 1916 in Solingen geboren, bis zum Zweiten Weltkrieg Student der Medizin und Philologie, danach Angehöriger der Kriegsmarine, wurde nach dem Krieg mit Büchern wie »Die große Flucht«, »Das Jahrhundert der Chirurgen«, »Die Entlassung« und »Das Jahrhundert der Detektive« bekannt.

Die Entlassung
Das Ende des Chirurgen Ferdinand Sauerbruch.
Roman. 224 S. Band 11

Hoch über Kaprun
Ein packendes Geschehen um das größte Kraftwerk Europas.
Roman. 298 S. Band 191

Der Mann auf dem Kliff
Ein ungewöhnlicher Kriminalfall – von Jürgen Thorwald meisterhaft erzählt.
Roman. 256 S.
Band 1042

Blut der Könige
Das Drama der Bluterkrankheit in den europäischen Fürstenhäusern.
192 S. Band 3468

Die Illusion
Das Drama der Rotarmisten in Hitlers Heeren.
367 S. Band 3428

Das Ende an der Elbe
Ein dokumentarischer Bericht vom Ende des Zweiten Weltkrieges.
344 S. Band 3093

Es begann an der Weichsel
Ein fesselnder und eindringlicher Bericht über den Zusammenbruch der deutschen Ostfront 1944/45.
304 S. Band 3092

Das Gewürz
Die Saga der Juden in Amerika.
592 S. Band 3666

Das Jahrhundert der Detektive
Weg und Abenteuer der Kriminalistik.
Band 1:
Das Zeichen des Kain
221 S. mit 37 Abb.
Band 3157
Band 2:
Report der Toten
223 S. Band 3160
Band 3:
Handbuch für Giftmörder
204 S. Band 3164

Das Jahrhundert der Chirurgen
Ein Klassiker der Medizinhistorie.
203 S. mit 43 Abb.
Band 3275

Macht und Geheimnis der frühen Ärzte
Die Welt der frühen Ärzte in den frühen Hochkulturen: Ägypten, Babylonien, Indien, China, Mexiko und Peru.
320 S. mit 300 Abb.
Band 3138

Die Patienten
Menschen wie du und ich stehen im Mittelpunkt dieses großen Tatsachenromans.
544 S. mit 14 Abb.
Band 3383

Die Stunde der Detektive
Werden und Welten der Kriminalistik.
Band 1:
Blutiges Geheimnis
298 S. Band 3210
Band 2:
Spuren im Staub
317 S. Band 3211

Das Weltreich der Chirurgen
Dramatische Höhepunkte und Niederlagen der modernen Chirurgie.
296 S. mit 26 Abb.
Band 3281

Knaur®

Die großen Romane der Pearl S. Buck

Lebendiger Bambus
360 S. Band 127

Die verborgene Blume
224 S. Band 1048
In ihrer vielleicht schönsten Liebesgeschichte erzählt die weltberühmte Autorin und Nobelpreisträgerin das Schicksal einer lieblichen Japanerin und eines jungen Amerikaners, auf deren gemeinsamem Lebensweg von Anbeginn die Schatten engstirniger Traditionen und rassistischer Vorurteile liegen.

Das Gelöbnis
224 S. Band 733
Die Geschichte einer unbeirrbaren Liebe zweier Menschen in China.

Drachensaat
234 S. Band 796
Heiterkeit, der Glaube an das Gute und Vertrauen zu den Menschen haben Ling Tan alle Schwierigkeiten des kargen Lebens überwinden lassen.

Die Frauen des Hauses K
128 S. Band 676

Geschöpfe Gottes
216 S. Band 1033
Der ewigwährende Konflikt zwischen Machtgier und Nächstenliebe, in dessen Mittelpunkt zwei erfolgreiche Männer stehen: Beide sind zu Ruhm und Reichtum gekommen, doch ihre Lebenswege trennen sie wie Tag und Nacht.

Die chinesische Heirat
160 S. Band 493

Eine Liebesehe
175 S. Band 755
In der fruchtbaren Landschaft Pennsylvaniens findet der Maler William Barton die Motive für seine Kunst und eine Frau, die ihm Ergänzung und Erfüllung ist. [755] DM 5,80

Das Mädchen von Kwangtung
160 S. Band 812
China im Bürgerkrieg. Auf der Missionsstation finden eine Handvoll grundverschiedener Menschen zueinander und bewähren sich im Augenblick höchster Gefahr.

Wo die Sonne aufgeht
173 S. Band 310

Am Teich der Lotosblüten
192 S. Band 786
Märchen aus dem Nahen und Fernen Osten.

Zuflucht im Herzen
153 S. Band 1010
Die weltberühmte Autorin berichtet über ihre schmerzlichste Lebensspanne: die Bewältigung der Einsamkeit. Ein Buch der Weisheit, des Trostes.

Krimi

Knaur®

Atwood, Taylor, Elisabeth: Endstation Mord
240 S. Band 4943

Cunningham, E.V.: Sylvia
336 S. Band 4937

Dickinson, Peter: Das letzte Fest
224 S. Band 4938

Greenleaf, Stephen: Auf Doppelspur
238 S. Band 4924

Greenleaf, Stephen: Der erste Mann
272 S. Band 4940

Kallen, Lucille: Sag mir, wo die Frauen sind
176 S. Band 4939

Pronzini, Bill: Vier unheimliche Gäste
128 S. Band 4903

Pronzini, Bill: Nostalgie mit Todesfolge
192 S. Band 4935

Rutherford, Douglas: Kopfgeld für den falschen Mann
158 S. Band 4936

Rutherford, Douglas: Turbo
199 S. Band 4919

Tews, Lydia: Sie sind ein schlechter Bulle, gnädige Frau!
160 S. Band 4932

Tews, Lydia: Leichen brauchen kein Make-up
144 S. Band 4941

Williams, David: Treasure und der Papagei
176 S. Band 4942

Williams, David: Zigarren für Treasure
171 S. Band 4933

Zeindler, Peter: Tarock
190 S. Band 4934